復興に抗する

地域開発の経験と東日本大震災後の日本

中田英樹・高村竜平

［編］

有志舎

復興に抗する——地域開発の経験と東日本大震災後の日本——《目次》

序章　地域固有の生活史から描く開発・被災・復興　髙村竜平・猪瀬浩平　1

第一章　ここはここのやり方しかない　友澤悠季　31
——陸前高田市「広田湾問題」をめぐる人びとの記憶

埼玉県
松伏町
茨城県
越谷市
吉川市
取手市
流山市
草加市
三郷市
柏市
八潮市
松戸市
東京都
千葉県
小坂町
大館市
久慈市
岩手県
秋田県
陸前高田市
宮城県
福島市
角田市
東電福島第一原発
南相馬市
東電福島第二原発
福島県
埼玉県
茨城県
小牧市
千葉県
愛知県
高知県
旧窪川町

関連地図

序章　地域固有の生活史から描く開発・被災・復興

髙村竜平
猪瀬浩平

1 「今まで誰も見向きもしなかったくせに」
――ドラマ『あまちゃん』より

二〇一一年三月一一日一四時四六分、東北地方太平洋沖で大地震が起き、つづけて東北から関東にかけた太平洋岸を大きな津波が襲った。またこの地震と津波により東京電力が設置した福島第一原子力発電所の四つの原子炉は全電源を喪失し、五七万テラベクレルとも九〇万テラベクレルともされる放射性物質の飛散・漏出と炉心溶融がおこった。[1] 東日本大震災あるいは「三・一一」と呼ばれる震災のはじまりである。

その二年後、二〇一三年に放送されたNHK朝の連続テレビ小説『あまちゃん』は、岩手県の架空の町「北三陸市」（久慈《くじ》市をモデルとしている）の現代史を描いた「人情喜劇」（NHKの作成したチラシより）であった。しかし大震災のわずか二年後に、その被災地を舞台としてなぜ「人情喜劇」だったのか。まずはこのドラマに触れつつ、「被災地」について考えることから本書をはじめたい。

物語は高校二年生である主人公の天野アキが、母春子とともに東京から北三陸市の祖母のもとを訪れる二〇〇八年六月三〇日から始まり、大地震を挟んで二〇一二年七月一日で終わる。またこのドラマでは、一九八四年夏から一九八九年までの若き春子の物語も、単なる回想シーンをこえて重要な役割を持っている。かつてこの春子も一九八四年七月一日、第三セクター「北三陸鉄道」（三陸鉄道北リアス線をモデルとしている）の開通日に、その一番列車に乗って東京に家出し、アイドルを目指すが挫折していた。その後アキを産み専業主婦となった春子は、夫との離婚を決意して二〇〇八年に北三陸に帰って来るのである。北三陸に住むことに決めたアキは、まず祖母の夏にしたがって観光海女となり、さらに親友ユイとともにご当地アイドルとして活動することになる。アキは二〇〇九年夏に上京し、アイドルとしてある程度の成功を収めるが、その時期に大地震が起こる。震災後、アキは北三陸に帰りふたたびご当地アイドルとなり、復興に関わる。そして二〇一二年七月一日、地震によって寸断された北三陸鉄道が中間地点まで開通するところで物語は終わる。

『あまちゃん』はこのように震災を前後する物語である。そしてそれによって描かれるのは、この地域の困難な状況は震災によってはじめて起こったものではなく、震災前から続くものだということである。

たとえば第一回で、主人公アキは母の春子に連れられて北三陸駅に降り立つ。迎えるのは春子の幼なじみにして北三陸駅長の大吉である。大吉は市内を車で案内しながら、こういう。「あそこにジーンズショップがあったべ。つぶれて、カラオケボックスになって、つぶれて、百円ショップになって、それもつぶれた。百円ショップがつぶれたら、街はおしまいだじゃ」(以下、場面やセリフの引用はすべてDVD—BOX版による)。

大吉は一九八四年に北三陸鉄道（略して「北鉄」）が開通した時の新入社員であった。宮古行の開通一番列車に乗務した大吉は、家出してその列車で東京に向かう春子にむかって車内でこういう。「これからは地方の時代だべ。北鉄も通ってこの町もますます活性化するべ」（第四回、その後回想シーンとして頻出する）。二〇〇八年のさびれた北三陸の街は、「地方の時代」に裏切られた結果である。そして大吉は、地域の活性化の起爆剤としての役割を期待して、春子を北三陸に呼び戻したのだった。このように『あまちゃん』は、物語の始まりから地方の困窮を描いているのである。

とはいえ、このドラマはあくまで「人情喜劇」であって、軽妙洒脱な会話とバイタリティあふれる人びとの様子が描写され、笑いに満ちた内容となっている。それによって強調されるのは、困窮した状況よりもむしろ、そのような状況のもとでも人々は笑って生きている、生きなければならないというメッセージである。そして、震災後の描写であってもそのようなシリアスな状況設定におけるコミカルな演出は変わらずに維持され、そのことがこのドラマが人気をあつめた一つの要因であったとも考えられる。たとえば、震災後の北三陸でアキが祖母の夏に海女をやめるように言う場面がある（第一四〇回）。ここでは、津波やその被害を直接目にして海が恐ろしくないのか、と聞くアキに対して、夏はこれまでも津波は何度もあったことを語り、「家が流され、船が流され、多くの命が奪われたのは痛ましい。忘れではなんね。んでもな、だからって海は恐えって決めつけで、もぐるのやめで、よそで暮らすべなんて、おらそんな気にはなんね」

という。ここでは、津波の被害や復興の方向性について、NHKのしかもドラマとしては珍しく、かなり踏み込んだ表現がなされている。しかしその場面には、「もう六七だべ、四捨五入したら一〇〇歳だべ」「どこで四捨五入してんだ」という会話や、復興祈願のミサンガを編んでいる男性が、すね毛を編み込んでしまう場面が挿入される。深刻な場面や感動的な場面に、このような笑いの要素が必ずと言っていいほど盛り込まれているのがこのドラマの特徴であり、それは震災前後で一貫している。

さらに、「四捨五入したら一〇〇歳」という台詞と類似したものとして、震災前の場面での「四二かあ、まあ四捨五入して四〇には見えるべ」（第一六回）という台詞がある。これは地域おこしのためのミスコンテストの年齢制限を四〇歳と設定しておきながら、四二歳の（子供すらいる）春子を出場させようとする男たちの言葉である。このように、震災前の場面での細かいクスグリを、形を変えて震災後の場面に登場させることが繰り返されており、そのことによっても震災前後の連続性が印象づけられる。

北三陸は、震災前から「二五年間、ずっと元気無え」（第六一回）町であった。しかし「元気がない」といいながらも、どうにかこうにか人は生活し続けてきたし、震災後もそうやって生きていくはずだ、ということを、深刻な場面にも軽妙なクスグリを織り交ぜながら描き切ったのが

『あまちゃん』だった。そしてそれは、三陸地方を「被災地」としてのみ認識し、震災前の地域格差については気づかない人びとや、あるいは震災によってはじめて「地方」と「中央」あるいは「東北」と「東京」の構造に気付いた人々への批判になりえるものである。

ドラマの最終盤（二〇一二年六月と設定されている）で、アキの親友ユイを芸能界にスカウトし続けたアイドルプロデューサー「太巻」が、東京から北三陸に訪ねてくる（第一五一回）。「やっと会えたね」と、まるでメロドラマの結末のように太巻は声をかけるが、ユイはトイレに駆け込み、アキに向かってこう叫ぶ。「なんで？　なんでGMTとかさ、鈴鹿ひろみとか、なんで来んの？　急に来んの？　太巻さん、太巻さんまで、なんで？　こんなど田舎の終わってる過疎の町に、なんで？　今まで誰も見向きもしなかったくせに、なんで急に来んの？　ねえ？　地震があったから？」。

「鈴鹿ひろみ」はアキが東京時代に付き人をつとめていた大女優、「GMT」はアイドルグループで、太巻はそのプロデューサーである。彼らは震災後次々と、慰問公演のためこの街に現れる。アイドルをめざし東京にあこがれるユイにとって、芸能界の人々は震災前にはただ東京にいて画面の向こうから彼女を誘うだけであったのに、震災後は次々と、わざわざこの「終わってる過疎の町」に訪ねてくる。ユイの叫びは、そのような「今まで見向きもしなかった」人々に向けられている。

2　画一化と格差

このように、『あまちゃん』は八〇年代以降の日本における中央と地方、あるいは東京と東北の関係を下敷きにして震災を描いた物語である。このような点に注目してこのドラマについて論じたものとして、宇野常寛がいる。宇野は、作者である宮藤官九郎のこれまでの作品と、『あまちゃん』もその一つである「朝ドラ」の特徴に触れながら、この作品を次のように評価する。(2)

宮藤の作品は、すでに北海道から九州・沖縄まで「消費環境の画一化が地方の風景をも画一化し、その文化空間をも画一化していく(3)」状況を前提としている。しかしそのうえで「「いま・ここ」にあるものをその場のコミュニティを充実させ、サブカルチャー（アイドル）の力を用いればそこを後付けで意味のある街に、なにかの「ある」街にすることができる――。／「あまちゃん」北三陸編のメッセージの中核はここにある」と宇野は指摘する。(4) 物語の前半では、ユイとアキがインターネットを通じて全国に知られるようになり、ファンが北三陸に集まるようになる姿が描かれているが、これが全国を画一化させた情報網を逆に利用して、何もない「いま・ここ」

を「なにかの「ある」街」とする方法の提示なのだというわけである。ここでの「なにかの「ある」街」とは、いいかえれば他とは代替不可能な独自性を持った地域のことだといってもよいだろう。それでこそ、人がわざわざ訪ねてくる場所になるというわけである。そして実際に、舞台となった久慈や三陸鉄道は、その後観光客が頻繁に訪れる「聖地」となった。

しかしもちろん、そのような画一化現象だけが『あまちゃん』の北三陸にみられるわけではない。それはとくに、北三陸にいて東京にあこがれる若き春子やユイの行動が、このドラマを展開させる大きな軸となっていることに現れている。物語冒頭で春子はアイドルを目指して家出し、物語中盤の主要な構図は、東京でアイドルとなることを目指すユイやアキと、ご当地アイドルを失うことを恐れる北三陸の大人たちの対立である。春子やユイのいらだちは、消費や情報についでは画一化しているにもかかわらず、相変わらず絶望的な距離が二つの地域の間にあることによって生まれている。交通や情報網が整備され、画一化が進めば進むほど、その距離はむしろ大きなものとして実感されるだろう。「ネット使えば欲しいものたいてい買えるし、もう東京も田舎も変わんないって感じするけど」という東京出身のアキに対して、北三陸から出たことのないユイは、自分が同じことを言うのは「田舎者の負け惜しみ」だとして、「ビルが好き、地下鉄が好き、ネットカフェが好き。（自嘲気味に笑って）行ったことないけど。だから行きたい。この目で見たい」という（第一七回）。

もちろん、東京と北三陸の距離は、物理的なものだけではなく、経済的なものでもある。日本全国で「消費環境」や「文化空間」は画一化したかもしれないが、その一方で生産条件や労働条件は画一化されていない。物理的な距離と同様、生産や労働の面での格差の存在により、消費の場面での画一化によって経済的な距離はますます大きくなる。このドラマで描かれている画一化した状況が地域格差を前提としたものであることは宇野も認めている。

3 『あまちゃん』は「地方の歴史」を語ったのか？

このように『あまちゃん』は、被災地の「被災地」としての側面のみならず、震災前からつづく地方の困難な状況を描いたドラマであったが、一方で原発災害を充分に扱っていない、という批判もあった。たしかに原発災害については、震災後に飛び交った「耳なれない言葉」のうちの一つとして「風評被害」をあげる場面（第一三四回）、海女の一人がやはり「風評被害」で海産物が売れないと憤慨する場面（第一三九回）、そして節電を訴えるスポット広告（第一四四回）などで間接的に描かれた程度である。第一節でみたような、津波の被害や復興過程についての踏

み込みに比べれば、原発災害の扱いはいかにも軽い。それに対して、宇野は次のように述べる。(5)

中には原発問題をもっと直接的に描くべきだったと批判する声も挙がったが、私は全くそうは思わない。春子というキャラクターの人生を通して本作が描いていたのは、まさに原発を受け入れなければやっていけなくなった地方の歴史そのものである。むしろここまでしっかりとさかのぼって、「東北」というものが受け止めざるを得なかったものを描き出した作品は稀有なはずだ。

春子（一九六六年生まれという設定である）は、高度経済成長に取り残された北三陸を一九八四年に出奔して上京し、一九八九年にアイドルになる夢をあきらめて専業主婦となり、二〇〇八年に北三陸に戻る。つまり、『あまちゃん』が地方の疲弊を高度経済成長期やバブル期までさかのぼって描いていることから、このドラマは原発が地方に立地してきた構造を充分描写しており、したがって「原発問題をもっと直接的に描くべき」という批判はあたらないのだ、と宇野は主張しているわけである。ただ先の引用をよく読むと、前節で見たように、物語前半の地域おこしに関わるメッセージについては他の場所とは代替不可能な「いま、ここ」の重要性に着目した宇野が、原発とこのドラマとの関係を語ろうとするときには、一般化した範疇に頼っていることがわかる。物語の舞台を「地方」「東北」として一般化することによって、『あまちゃん』

は原発事故を間接的に、しかし充分に描いていると言っているわけである。

たしかに、すでに確認したようにこのドラマは震災前にさかのぼって地方の疲弊を描いている。だがその一方で、『あまちゃん』は決して、「地方」や「東北」一般あるいは全体を描いてはいない。このドラマが架空の町を舞台にしていたり、あるいは複数の地方で集めた素材をくみあわせたものであったのなら、「日本の地方（あるいは東北）の歴史」を描いた物語だと位置づけることも可能かもしれない。しかし実際には、琥珀や海女、南部もぐりといった名物をはじめとして、モデルとなった久慈周辺の現実にはっきりと基盤をおいていた。一九八四年の第三セクター方式によるローカル線の開通とその後の危機を物語の始まりにすえ、この鉄道が大地震によって受けた被害とその復旧過程を終盤で描いているのもそのひとつである。もちろんこのドラマはフィクションであって、久慈周辺地域の実際の歴史や生活文化を忠実に再現しているわけではない。しかし採用されている素材はこの地域に現実にあるもので、直接に物語を動かす要素以外にも、「つりがね洞」や「巽《たつみ》公園」といった、久慈に実在する地名がとくに注釈なくドラマの中に登場するのである。

このドラマの中のフィクションとして、ドラマの中で海女たちにとっての郷土料理とされている「まめぶ」の例を挙げておこう。まめぶは「黒砂糖とクルミ入れた団子っこを、ニンジン・豆腐・ごんぼ・しめじを醤油で味付けした熱いおづけで煮た」（第一回）もので、海産物はせいぜい出汁をとるための昆布や煮干しぐらいしか使用されていない。じつは、まめぶは二〇〇六年に久慈市と合併した旧山形町などに伝わる料理である。山形町は冷涼な内陸部に位置し、戦前の農業はヒエ―ムギ―ダイズの二年三作方式の輪作が中心であった。水稲栽培はわずかで、戦後には開田がすすんだものの、その後も繰り返し冷害におそわれているほど水田耕作が困難な地域である。したがって、戦前の食生活の中でのコメの比重は少なく、主食をごはん（粒食）・こねもの（粉食）・もちの三つに分けた時、こねものの比重がとびぬけていた。このような食文化を持つ地域で、小麦粉でつくられる「まめぶ」は結婚式・法事・正月などのための行事食として食べられるものであったという[6]。

この料理は岩手県北内陸部の環境と農業生産の特質を反映しており、現在では「久慈」の郷土料理として位置づけられているが、そこでの「久慈」は合併後の久慈市にほかならない。つまり、「漁村の郷土料理としてのまめぶ」という設定はフィクションを交えているが、しかしそのフィクションにさえ、「平成の大合併」というこの地域の現実が反映されているのである。

『あまちゃん』が原発を受け入れなかった地域を舞台にしている以上、原発に関する描写が不足していることだけをもって、このドラマの震災描写を批判することはもちろんできないだろう。

そしてそれはまた、津波による被害など、他のかたちの被害を軽視することになるだろう。しかしそれと同時に、震災前から続く地方の困難な状況を描いていることをもって、『あまちゃん』が原発の問題を充分に取り扱っているということもできないはずだ。*『あまちゃん』における原発描写（の欠落）にたいしては、震災を描くのであれば当然描かれるべきものが描かれていないと批判するだけでも、また地方の問題の一つとしてすでに含まれていると弁護するだけでも不十分である。それは、このような二通りの評価が、このドラマが徹底的に特定の地域に即して物語を展開してきたという点を見落としてしまうからである。

＊このドラマの音楽を担当した大友良英によれば、ディレクターの井上剛は福島を含めた東北各地を取材したうえで、「あまりにも被害が酷いところはドラマにできない」と言ったという。そして福島出身の大友は、ドラマの舞台が久慈になると聞いて「ああ、やっぱり福島じゃないんだ」とやや残念に思ったとも述べている(7)。このドラマと原発事故との関係を宇野のように理解することは、制作過程からみても、「人情喜劇」というスタイルをとったがための限界を看過してしまうことになるだろう。

もし原発描写にかかわって『あまちゃん』について議論するとすれば、原発と地方との関係についても、上記のようなこのドラマの叙述方法に沿ったものであるべきだろう。そしてその場合、かつて三陸地方も原発の立地候補地とされていたという歴史的事実は無視できない。一九七五年、現在は宮古市に属する田老《たろう》町摂待地区に電源開発株式会社から原発立地調査が申し入れられ、また一九八二年には久慈・野田・下閉伊《しもへい》・釜石湾の四ヵ所が、県が日本立地センターに依頼した調査によって原子力発電所候補地とされた[8]。しかし漁業を主たる産業とするこの地域の住民は猛反対し、地元選出の総理大臣鈴木善幸の意向もあって、八〇年代のあいだに原発計画は立ち消えとなったという[9]。『あまちゃん』の主要な題材となった三陸鉄道は一九八四年に開通しており、原発立地計画があった時期はまさに建設計画も大詰めで、三陸鉄道の建設を推進した当時の県知事は、同時に原発立地も推進しようとしていた。たとえば一九八一年一〇月二〇日の『岩手日報』一面には、三陸鉄道株式会社の設立発起人会の代表に県知事を選出したという記事と、その知事が定例記者会見で原発先進地の視察をしたいと表明したことを伝える記事がとなりあって掲載されている[10]。しかし三陸の住民にとって明治以来の悲願であった鉄道は歓迎されても[11]、原発は受け入れられなかったのである。『あまちゃん』は久慈と三陸鉄道をモデルにすることによって、被災地を舞台にしながらも原発についての直接的な描写を回避できたわけだが、それが可能だったのは現実のこの地域で原発を受け入れなかった歴史があり、そしてそれを無視したからだ。もっとも制作側は単にかつての原発立地計画を知らなかっただけかもしれず、その場合には意図的に「無視した」とまでは言えまい。もしそうなのであれば、原発描写の欠落はこの地域における原発の拒否がいかに徹底的であったかを示す徴候とみるべきであろう。いずれにせよ、あくまでも三陸の現代史に沿って考えたうえでのことでなければ、内在的な批評にはなりえないはずである。

一方で、『あまちゃん』がある特定地域のみを舞台としているからと言って、このドラマがほかの地域と何のつながりも持たないわけというではない。ディレクターの井上剛は、「全二六週すべての編集が終わってふと思ったのは、この話は全国どこの田舎町が舞台でもできた話だなあって（笑）。どこの田舎町でも、そこに人が暮らしている限り通用する話なのかもしれない。それだけ、宮藤官九郎さんの台本には普遍的なものが描かれていたのだと思います[12]」という。普遍的であるとは、単にどこでも同じであることを意味しない。むしろ、普遍性は個別性を追求したはてにある。この物語が地域に固有な歴史的社会的条件を取り入れていたからこそ、それを観た人々がそれぞれの地域での固有な歴史的社会的条件を想起できた時、それがこの物語が普遍性を発揮したときとなるはずである。

つまり『あまちゃん』は、「地方」や「東北」あるいは「被災地」を代表したドラマとしてではなく*、むしろこのドラマが語れなかった、無数に異なる「被害」があることを想起し、それらを語るための一つのきっかけとして受け取るべきなのだ。そして、そうだとすれば次に必要なのは、『あまちゃん』が語れなかった、「人情喜劇」では描くことのできなかった震災について、つまり「原発」について、ある地域での人々の経験に沿って考えることであろう。

＊被災地を舞台として震災前から始まる物語を二〇一二年にロケ撮影しようとしたとき、復旧状況からみて久慈まで北上せざるを得なかったのかもしれない。そうだとすれば、この物語の舞台を「東北」あるいは「被災地」として一般化することは、原発災害だけでなく、久慈より南での撮影を不可能にさせた津波被害の大きさを軽視することにもなるだろう。

4 「今に始まったことじゃぁないけどなぁ……」
――ある畜産農家の経験より

二〇一二年六月、猪瀬浩平と中田英樹は、品川駅近くの飲食店で、宮城県角田《かくだ》市の和牛肥育繁殖農家、堀米荘一と再会していた。

堀米は、国立大学の農学部を卒業したあと、海外での研修を経て就農した。以後、稲作と肉牛の肥育繁殖をしてきた。彼の住む角田市は仙台から南へ約四〇キロメートルに位置する。角田市は東西を阿武隈山地に連なる丘陵に囲まれ、中央部には平地が広がる。その真ん中を南から北へ阿武隈川が流れ、肥沃な沖積層の耕地をもたらしてきた。平地は宮城県有数の稲作地帯であるとともに、東北にしては温暖な気候条件をいかしキュウリ、イチゴ、ニンニク、ブロッコリーが生産され、稲作との複合経営を形作ってきた。乳牛、肉牛、養豚を行う畜産農家が堆肥を供給し、土作りを支えた。多品目有畜複合農業が角田の農業の特徴である[13]。

震災は、角田の人々も揺るがした。停電、断水、ガソリン不足がおきた。近年、牛の肥育には栄養度を人工的に高めた濃厚飼料を牧草に混ぜる。その濃厚飼料の供給地である石巻が被害を受け、餌の供給が止まった。そんななか堀米は、飼料と一日一頭あたり四〇リットルも飲む水を必死に確保した。

角田市から山を一つ越えると沿岸部の山元町・亘理町に至る。両町には大津波が襲い、多数の死者が出た。堀米の家で暫く受信不能だったＴＶがようやく見られるようなった時、ニュース番組では地震と津波の被災地のことよりも原発事故や放射能汚染ばかりが繰り返し報道されていた。結局は東北の被災地よりも首都圏の人々の不安が重要視されているのを、堀米は痛切に感じた。

震災から四ヵ月後の二〇一一年七月、堀米の育てる牛は出荷停止になった。春に集めた稲藁から高濃度の放射性物質が検出されたのだ。稲藁はセルロースが豊富で、出荷前に与えることで牛の胃の環境を改善させ、肉質を良くさせる。稲作も営む彼の家では、従来、稲刈りの後、田んぼで乾燥させて飼料として使ってきた。その稲藁の上に放射性物質が降り注いだ。汚染された稲藁を食べた可能性のある牛は出荷停止になった。出荷停止になった彼のことを東京のテレビ局が取材にやってきた。彼の姿が全国放送に流れた。

汚染された稲藁は集めるのも、集めた稲藁にフレコンシートを被せるのも、すべて農家任せの仕事だった。作業に当った農家に支給されたのは防護服と紙製のマスクだけで、「汚染された稲藁からは〇〇メートル離れましょう」という通知が添えられていた。結局、汚染された稲藁は東京電力にも、国や県にも回収されることはなく、各農家が責任をもって保管するよう求められた。彼の家では、牛小屋から離れた場所にフレコンシートで覆った稲藁を置いた。

震災から一年経った二〇一二年の四月、猪瀬が中田と一緒に堀米家を訪問した際、持っていたガイガーカウンターを稲藁に近づけると、それまでとは違う物々しい音を発した。数値を見ると、空間線量は一時間あたり四・三六マイクロシーベルトあった。その前月の二〇一二年三月に猪瀬が一人で角田を訪問した時に、堀米と地元の仲間の農家と一緒に居酒屋で酒を呑みながら語った。堀米は、「汚染地帯で残って生きる人間と、出ていく人間に分かれる。どっちがいいのか悪いのかはいえない。俺らは汚染された地域で生きざるを得ない。俺なんか完全に覚悟を決めているから、ここを出る気は一切ない。この中で食えるものは食って生きていこうと思っている」と語った。仲間は「そう、食べられるものを食べる。食べられないものは食べない。それをこれから見極めながら生きていく」と語った。仲間の言葉に、堀米は静かに頷いた。

放射能汚染のない餌を与え、ようやく市場出荷が可能になったのは二〇一一年の一一月のことだ。最初に出荷できたのは、仙台の市場だけだった。出荷した牛の肉に含まれる放射性物質は、検出限界以下だった。さらに東京品川の食肉市場で出荷が可能となったのが、翌二〇一二年の六月。出荷が再開したことを報じる全国ニュースはなかった。

堀米との会食の翌日、猪瀬と中田は朝六時に品川駅に集合し、食肉市場に向かった。堀米がいつも食べているという市場の食堂で、モツ煮込み定食を食べた。衛生管理上の規則にしたがって白衣に着替え、「仙台牛」とかかれた黒い帽子をかぶり、靴にビニールのカバーをした。堀米の後ろにくっつきながら、私たちは広大な冷凍倉庫に入った。そこで堀米は、映画『ロッキー』を彷彿させるような、ぶら下がった無数の牛の枝肉から、自分の牛をさがし、懐中電灯で照らして肉の表面の色、脂の具合などを確かめた。

いよいよ自分の牛のセリが近づく。ズボンのポケットに手を突っ込んでリモコンスイッチを握る食肉卸業者の人々や、農協の関係者、そして生産農家に囲まれたセリの場所に近づくと、ちょうど奥州牛の産地金ヶ崎地域女性部枝肉研究会の半被を着た女性グループが、自分たちの牛のセリ中に「わっしょいわっしょい」と掛け声をあげていた。値段が決まると、女性たちは急いで紙に値段を書きつけ、次の牛のせりが始まるとまた掛け声をあげる。

同じA5の最高等級でも鹿児島県の牛は宮城県産よりも三〇〇円前後高く、福島県産の牛は三〇〇円前後安く値段が付けられていた。放射性物質についての全頭調査がなされ、出荷される牛はすべて基準値以下になっているが、原発からの距離で値段が動く。

そしてついに、彼の二頭の牛がセリにかかる。つけられたのは震災前と同程度の価格だった。値が付くまでの数秒間を経て、最初の牛の値段がついた時、堀米はほとんど誰にも気づかれないくらい小さなガッツポーズをした。そして二頭のセリが全て終わると、静かな声で「ありがとうございます」とつぶやき一礼をした。


市場から猪瀬と中田が勤務する大学へ移動し、堀米の話を聞いた。

原発事故と放射能災害という「未曾有」の危機に直面した彼の経験を聞こうとする私たち二人に、彼はこう呟いた。

今に始まったことじゃぁないけどなあ。でも今回は放射能だからなぁ……まぁ、何とかなるとは思うけど。

勝手に思い描いた〈原発事故の被害に打ちひしがれる農民〉の像を彼に当て嵌めていたのだろ

う。予想外の言葉に、私たちは戸惑った。

彼は説明を続けた。つまりはこういうことだ。自分が就農したのは一九八五年。ちょうどプラザ合意があり、日本が円高不況になった。日本製品の輸出が鈍るなかで、経済界を中心に農業バッシングが起こり、国中に広がっていった。バッシングした側は忘れているかもしれないけれど、バッシングされた側には記憶として残っている。それだけでない、肉牛生産でいっても、牛肉自由化が起こり、狂牛病騒動が起こり、口蹄疫が起こり、そして原発事故と放射能汚染が起こった。その都度、都会の消費者は翻弄された。そして翻弄される自分の姿を省みることなく、生産にあたる農家を時に加害者として、時に被害者として自分たちに都合よく捉えた。そんな中で「原発事故が起こる前から、農家は表現することが難しいところにおいやられてきた」。堀米は、「今回の原子力災害並みのことが、また起こると思っている。みんなが思っているよりも、もっと速いスピードで日本農業が衰退することだってあり得る」と言葉を続けた。

堀米にとって放射能汚染は絶対的な喪失経験ではなく、これまで直面してきた数多くの苦難のうちの一つである。そしてその苦難は、都市の消費者との非対称な関係のなかで生まれてきたものでもある。消費者として生きる人々は、そのことに気づかないまま、自分たちが〈一方的〉に、「絶対的な喪失」に捉えた、放射能汚染の被害についてのみ同情する。とはいえ今回はまったく考えたこともない放射能汚染である。「いままで何度も耐えてきたが今回はなぁ……放射能だけになぁ」と呟く堀米には、「今回も乗り越えてみせるぞ」という不安ながらに自分に言い聞かせているようだった。乗り越えられるかわからない。乗り越えられるか否かは、このまま角田で農家を続けるかどうかという行為そのものである。

震災から六年が経った。

白いフレコンシートをかぶせられた「汚染稲藁」は、彼の家に今も残されている。国も、地方自治体も、もちろん東京電力も、回収に来ることはない。危険だから人が近づかないほうがいいといわれたことはある。二〇一六年にやってきた環境庁は放射線量を測り、周辺の空間線量が三・〇マイクロシーベルトあることをつげた。そして、フレコンがやぶけているので、もう一度かぶせたほうがいいですよ、といって去っていった。そんな風に、国も責任企業も現実にある汚染稲藁を放置し、その見守りを農家に押し付ける。フレコンシートが除去されることはない。つまり、彼と牛が暮らす土地が事故前に戻ることはないのである。

5　地域から描く開発・被災・復興

『あまちゃん』が、震災以前から続く地方の困難な状況から物語を始めたのと同様に、堀米もまた「今に始まったことじゃない」と、震災による困難を震災前からのそれと連続したものとして語る。一九八〇年代後半バブル期の農業バッシングの記憶は、今回も「何とかなる」はずだという思いの根拠になっている。もちろん「今回は放射能だから」これまでとは違うし、震災前に戻ることはできない。それどころか、「もっと速いスピードで日本農業が衰退することだってあり得る」という予感さえ口にしている。しかしだからこそ、堀米は「何とかなる」と待っているわけではなく、新たな方法で「何とかする」ことを探っている。実際、堀米は震災のあと、和牛の肥育・繁殖と稲作に加えて、二〇〇八年に仲間と共同で立ち上げた直売所の代表についた。農産物の産直販売をするとともに、角田の農産物をつかった加工品の開発にも本格化させている。二〇一二年の夏には、直売所の中に小さなカフェもオープンさせた。

注意するべきなのは、ここでも、堀米の経験を決して「被災農家の典型」として一般化するべきではないということだ。福島県境にほど近い宮城県南部という地理的条件、稲作も営む肉牛肥育農家という経営形態、消費者との交流を全国に先駆けて取り組んできた角田の農家の歴史など、さまざまな条件が、堀米の被災経験と、その後の状況にたいする立ち向かい方の背景にはある。しかしだからといって、他の地域と何の関係もないわけではない。福島の浜通りで農業をしながら、直売所をしている大学時代の友人もいる。堀米の妻の薫は作家でもあり、震災後、津波の被害にあった農業高校や飯舘村の女性農業者、そして口蹄疫に直面した宮崎県の和牛肥育・繁殖農家を取材し、それを児童文学やルポルタージュにまとめている[14]。

無数に異なる被害とそれに対するさまざまな試み、あるいはその先の未来を想起し語るためには、まずは震災前からの、中央に対する地方の従属的な構造と、それが各地方に及ぼす多様な影響がまずは描かれなければならないだろう。とくに戦後の日本における地域社会を考える上では、一九六二年の全国総合開発計画（全総）にはじまる計画的な国土開発の影響力は無視できない。これらの計画は国土をひとつの全体として、各地域にそれぞれの機能を持たせようとし、そのために経済的政治的な資源を大量に投資した。しかし、国土の均衡ある発展という当初かかげた目的とはことなり、国土開発は大都市圏への人口や諸機能の集中をもたらした。二〇一〇年から始まった「二一世紀の国土のグランドデザイン」は「多軸型国土構造」を打ち出すが、それをわざわざ言わなければならないことそのものが、国土開発の結果を物語っている。

しかし、ならばなぜそのような開発を各地域は受け入れてきたのだろうか。福島県における原発立地過程を考察した中嶋久人の研究[15]によって考えてみよう。

一九五〇年代から一九六〇年代初めにかけての福島県における電源開発は、県会議員や県知事の立場からは、県内の工業化による地域自立が目的とされていた。また一九六〇年代後半に始まる、東京電力福島第二原発の用地買収の現場では、当初は原発建設ではなく工場誘致のためであると説明されていた。つまりいずれも、首都圏への電力供給ではなく地域の産業化が目的とされていたわけである。もちろんそれは、鉄道の開通を一九八〇年代の「地方の時代」の始まりと言った『あまちゃん』の大吉と同様に裏切られたわけだが、その結果から幻想であったとするだけでは、各地域にとって開発が何であったかを充分に語ることにはならないだろう。

また、福島第一原発とは異なり、第二原発と東北電力が計画した浪江・小高原発では立地地域に強い反対があったが、いずれも地権者たちの反対運動の論理の中心は、先祖から預かった土地を収奪されることへの反発であり、農業経営の安定がおびやかされることへの恐れであった[16]。逆に開拓地など条件が悪く、経営に不安定な土地を持つ地域から買収の交渉が進んでいった。それは、第二原発の受け入れと浪江・小高原発計画のとん挫という形で、ふたつの地域で異なる結果をもたらした。反対の動機は必ずしも放射能汚染への恐れだけではなかったし、抵抗が成功する場合も失敗する場合もあったのである。

人々の行動や議論を追いかけていったとき、開発の波に自ら乗っているかにみえて強く抗していたり、逆に抗しているようにみえて流されていたりする側面がどうしても視野に入ってくる。ある側面では開発主義に抗しながら、ある側面では積極的に加担することもある。そのような行為を通して、人々は開発のなかに、自らの地域を発展させる何かを期待しようとしたり、あるいは自らの要求をもぐりこませようと努力してきた。

このような行動の多面性を、いかにして視野の中心に据えることができるか。本書に参加した著者たちはこの課題への手がかりとして、地域のなかでの生活という視点を徹底する必要があると考えた。地域における人々の試みを、「東北」「地方」「被災地」といったさまざまな類型のもとでの「いち事例」としてではなく、地域に固有の生活史として描くのでなければならない。その生活史は、堀米の経験のように、「被災地」とされる地域についてのものであっても、震災のみによって語られてはならないだろうし、逆に「被災地」とはされない地域においても震災の影響は及ぶということを忘れてもいけないだろう。また、三陸の住民が鉄道は受容しつつ原発は拒否したように、震災復興を含めた外部からの開発すべてを受容するか拒否するか、という基準による（あるいは受容か拒否の一面のみの）記述も不十分であろう。くりかえしあらわれる開発主義の中で、人々のもつ多面性をなるべく消さずに描いてみることで、そこに通底する人々のありようを浮き彫りにすることが、本書の狙いである。

そのために本書では、震災の影響を直接間接に受けたさまざまな地域での多様な経験を、震災前の歴史にさかのぼって記述することにつとめた。第一章から第三章までは、津波や原発事故の直接の被害地である岩手県陸前高田市と福島市周辺、および原発を止めた町として知られる高知県旧窪川町を舞台として、戦後の地域開発から震災後にいたる歴史を描く。これらの記述によって、それぞれの地域が震災や原発とかかわって知られている以外にも、さまざまな姿を持っていることが理解されるだろう。また第四章から第六章までは、ふつう「被災地」とはされない関東と日本海側の地域を中心に、やはり震災前後を通貫した地域史が描かれる。第四章「「風評被害」の加害者たち」は特定の地域についての考察とはいえないかもしれないが、なぜ第四章での議論が地域とのつながりを持ちにくいのか、を含めて、被災地外とされる地域から戦後と震災後の日本を考える試みである。最後に終章では、ここまでの議論を振り返りつつ、ひとと土地の関係について改めて考えなおすともに、そこから一歩踏み出して、労働および民族という、それまでの議論では充分に扱えなかった対象をとおして戦後の日本を考える糸口を提示する。震災前後にわたる地域史を通して考えることで、東日本大震災の被災地とされる地域とそう呼ばれない地域とのあいだに、それぞれ固有であると同時に、たがいに相通ずる歴史があることが伝わるかどうか、読者各位の批評を待ちたい。

通常この種の書物では、各章は独立した論考でありどの章から読んでもかまわない、とされるし、本書でももちろんそうなのであるが、今回はその配列もふくめてひとつの作品として読めるように心がけた。時間の許す限り、第一章から終章へと読み進んでいただければ幸いである。

注

(1) 東京電力福島原子力発電所における事故調査・検証委員会『中間報告(本文編)』二〇一一年一二月二六日、三四五—三四六頁および同『最終報告(本文編)』二〇一二年七月二三日、二七五—二七六頁。

(2) 宇野常寛「いま・ここに潜る—宮藤官九郎、再生のシナリオ」(みなさんのあまロスをなんとかすっぺ会・PLANETS編集部編『あまちゃんメモリーズ』文藝春秋、二〇一三年)、二〇—二五頁(この文章は、ドラマが震災描写に入る前の段階で書かれたものである)。

(3) 同右、二一頁。

(4) 同右、二四頁。

(5) 宇野常寛「過ぎ去りし「テレビの時代」への想い—『あまちゃん』放映終了によせて」(みなさんのあまロスをなんとかすっぺ会・PLANETS編集部編前掲書)、二一三頁。

(6) 「日本の食生活全集　岩手」編集委員会編『聞き書　岩手の食事』(農山漁村文化協会、一九九四年)、三四頁・六三頁。および門間敏幸編『山村の資源・経済・文化システムとその再生の担い手　久慈市山形町の挑戦』（農林統計協会、二〇一一年）、七—一五頁。『聞き書　岩手の食事』では、「豆ぶ汁」は豆腐料理の一種として紹介されている。

（7）大友良英「もしも「あまちゃん」の舞台が福島だったら」（浜矩子ほか『福島が日本を超える日』かもがわ出版、二〇一六年）、一四七—一四九頁、一五二頁。

（8）「原子力発電所の立地調査　電発田老に申し入れ　地元の反応は消極的」（『岩手日報』一九七五年八月一七日）一面。「県の大規模電源　立地可能性調査を発表」（『岩手日報』一九八二年三月二六日夕刊）一面。

（9）舘崎正二「連載　時代を駆ける」第二三三一—二三三回（月刊『むすぶ』四三巻二—三号）、二〇一二年二—三月（著者の舘崎は摂待地区出身である）。

（10）「三陸鉄道株式会社　仮称通り商号を決定　発起人会代表に中村知事」「「先進地視察したい」　知事定例会見　原発建設で積極表明」（いずれも『岩手日報』一九八一年一〇月二〇日）、一面。

（11）三陸鉄道が第三セクターとして開業するまでの経緯については、岩手県企画調整部「第三セクター「三陸鉄道株式会社」の概要」（『東北開発研究』一八〈一／二〉、一九八二年）、九〇—一〇一頁、五一頁。西村常明「三陸鉄道の発足」（『トランスポート』三二〈四〉、一九八二年）、七〇—七五頁などを参照。

（12）『あまちゃんメモリアルブック』（『ステラ』臨時増刊一〇月三〇日号、二〇一三年一〇月）、九一頁。

（13）角田市農協青年部・小松光一編『いのちの風　農のこころ—実力派おもしろ農民の時代』（学陽書房、一九九一年）。角田市農業振興公社編『あぶくま農学校の百姓先生たち』（本の森、二〇〇八年）。

（14）堀米薫『あきらめないことにしたの』（新日本出版、二〇一五年）。堀米薫「牛と流した涙の味」（『家の光』二〇一三年二月号、二〇一三年二月）、一一九—一二四頁。堀米薫『命のバトン—津波を生き抜いた牛の物語』（佼成出版社、二〇一三年）。

（15）中嶋久人『戦後史のなかの福島原発』（大月書店、二〇一四年）、九五—九六頁、一〇〇—一〇一頁、一三二―一三三頁。

(16) 同右、一三四―一三六頁、一四四―一四五頁。

第一章　ここはここのやり方しかない
――陸前高田市「広田湾問題」をめぐる人びとの記憶

友澤悠季

1　まちの記憶

――ここらには一万年も前から人が住んでだって。やっぱり住みやすいとこだからね。

岩手県の太平洋沿岸最南端のまち・陸前高田市《りくぜんたかた》は、内陸と違って冬でも雪に閉ざされることが少ない。眼前の広田湾は、リアス式海岸で魚貝や海藻の成育によく、沖合いは黒潮と親潮の寒暖両流がぶつかる好漁場である。筆者は、二〇〇七年一二月、高度成長期にこのまちを揺るがした開発論争の話を聞きに来た際、国道四五号線沿いの民宿「福田荘」で、ご主人にこう教えられた。八戸から牡鹿半島までの全長六〇〇キロ余の三陸海岸の南部は、津波常襲地である一方、縄文時代の貝塚や釣り針、銛などの漁具が数多く出土し、考古学的な重要地域でもある。震災前、市内には、岩手県の公式登録博物館第一号である市立博物館（一九五九年設立）、日本有数の貝標本を収蔵した「海と貝のミュージアム」（一九九四年開館）があり、後者の真向かいにあった福田荘には、発掘調査に携わる行政職員や、考古学者、大学生などがよく泊まっていたのだという。古来からこの地が豊かであったという語り伝えを、沿岸部の人びとはしばしば確認する。*

＊本章で「沿岸部の人びと」という場合、陸前高田市を構成する八町のうち、広田湾を囲む気仙町《けせんちょう》、高田町《たかたちょう》、米崎町《よねさきちょう》、小友町《おともちょう》、広田町《ひろたちょう》の方々を想定しており、内陸山間部の竹駒町、矢作町、横田町については未取材である。

高田町・気仙町にまたがる高田松原《たかたまつばら》も、沿岸部の人びとが日常的に愛し、誇らしく語る風景のひとつだった。かつて「立神浜《たつがみはま》」と呼ばれ、潮風が吹き上げる砂で田畑の作物が育たないことも多かった江戸時代、先人たちが苦労を重ねて砂地に松を根付かせ、数万本あるとされるまでに育った松林[1]は、防潮・防風の役割を超えて、県外からも観光客が訪れる景勝地となった。ふだんはまちの人びとが朝夕のジョギング、犬の散歩、釣り、あるいは野球、海水浴、花火を楽しみ、子どもが地引網体験をする場にもなった。松原は人びとを包むここちよい空間だった。
「あの日」、沿岸部のまちと、空間としての松原は、いっぺんに失われた。二〇一一年三月一一日一四時四六分、陸前高田市近郊は震度六弱の揺れに襲われた。三〇分から四〇分のち、市役所や商業施設のあった平野部に大津波が押し寄せた。漁港をはじめ、高田松原、ユースホステル、道の駅、ホテル、市営球場、民宿、飲食店、ホームセンター、ガソリンスタンド、雇用促進住宅、神社、寺院、病院、JR大船渡線の線路と駅、商店街、市役所、スーパー、市民会館、体育館、図書館、博物館、保育園、学校、気仙川《けせんがわ》にかかっていた気仙大橋、姉歯橋《あねはばし》、そこにいた人、そこにあったあらゆるものが壊れ、水にのみこまれ、引き波でさらわれていった。津波は気仙川、矢作川、長部川を遡っていき、海の見えない内陸部の矢作町、竹駒町、横田町にも被害を及ぼした。死者・行方不明者数は岩手県下最多の一八〇五名（うち震災関連死者四六名、震災当時の人口は住民基本台帳で二万四二四六人）であり、地震と津波で全壊した世帯は三八〇五世帯（全八〇六九世帯中）にのぼった。[2] その被害は当初、「ほぼ壊滅状態」と伝えられたほどだった。

震災前、岩手県外で陸前高田という地名を耳にする機会は多くはなかった。しかし状況は一変し、このまちは全国区に知られることになった。要素として大きいのが、「奇跡の一本松」の存在であろう。高田松原は、津波により松のほとんどが折れたり倒れたりしたが、ユースホステルの近くにあった一本は、垂直を保った状態で残った。その姿は、明治・昭和三陸大津波、チリ地震津波もくぐりぬけた希望の松だと語り草になり、テレビや新聞にも取り上げられるようになった。翌年、陸前高田市当局は、海水の影響で根が枯死した一本松をモニュメント化する方針を発表した。松が切り倒され、レプリカとしてよみがえって再度、同じ場所に設置されるまでの様子は、その都度ニュースで取り上げられた。市が募った募金には、現在までに約一億八〇〇〇万円が集まっている。[3] 二〇一四年一〇月、安倍晋三内閣は、「東日本大震災からの復興の象徴となる国営追悼・祈念施設（仮称）」の設置先を陸前高田市高田松原地区と石巻市南浜地区にすることを閣議決定した。[4] 東日本大震災からの国家的復興の象徴《アイコン》として、一本松の姿は定着した。*

*津波後に松が一本だけ残ったケースは福島県南相馬市などにもあるが、全国的な注目を浴び、国家事業につながるまでの経過をたどった例はほかにない。

震災後から沿岸部を中心に展開されてきた復興事業の規模は、それまでの陸前高田を知る者からは想像できない大きさである。国費が数百億のレベルで投入されている事業は、異議をさしはさむ余地なく進み、景色だけを急激に変えていく。その隣で人びとは、市民の一〇人に一人がいなくなってしまった状況とともに、「震災後」の時間を生きている。命日としての三月一一日を思い続け、さらに津波にはじまる、ふるさととの急激な変貌を目撃しつづけることの負担は、計り知れないものがある。同市出身の写真家・畠山直哉が言う、「もと暮らしていた町の様子を思い出すための縁《よすが》は、完全に消失しつつある」との感覚は、かれ一人だけのものではないだろう。(5)「あの日」までの陸前高田は、生きのこった人びとの記憶の中にのみ、存在する。その記憶を、さまざまなかたちでつなぎ、これからを生きる糧にしようという活動が行われていることからは、外向けの、形あるものだけの復興では足りないという思いが見える。たとえば、陸前高田災害FMでパーソナリティをつとめた阿部裕美《あべひろみ》は、七五歳以上の市民に震災以前のまちの記憶・「昔がたり」を聞くラジオ番組をつくり、FMを離れたあとも別のかたちで活動を続けている。(6)

果たして「あの日」までの陸前高田は、どのようなまちであったのか。筆者が垣間見たのは、市制施行（一九五五年）以来、人口流出と過疎・高齢化という、多くの「地方」に共通するもう一つの災禍と地道にとりくむ姿だった。一本松が、長い間、数万本の中の一本として、地に根を張り、枝を伸ばしていたのと同様に、陸前高田というまちもまた、全国一七三三市町村（震災当時）の中の一地域として、世間から注目を浴びることなく、地域の将来を模索していた。本章では、アイコン化する以前の陸前高田にあった、人びとの営みと国家への対峙の仕方の記憶を、描きとどめてみたい。

2　岩手県陸前高田市沿岸部の戦後

岩手県でもっとも「貧乏な」市？

二〇一〇年一月、陸前高田市気仙町で二〇〇年にわたって醸造業を営んできた八木澤《やぎさわ》商店（一八〇七年創業）社長（当時）の河野和義《こうのかずよし》は、母校の大学で講演した際、陸前高田を「岩手県一三市ある中で、……数字の上では一番貧乏なまちです」と紹介した。(7) 有数の漁港をもつ気仙沼市（宮城県）と、大型船が接岸できる臨海工業都市・大船渡市（岩手県）に挟まれた陸前高田市には、外部からの誘致企業立地が少ない。都心からのアクセスは、東北新幹線が開通した現在でも、JR東京駅から一ノ関駅まで二時間半、さらに大船渡線（震災後は一部バスでの運行）で二時間強かかり、仕事でも観光でも日帰りできるような場所ではない。こうした条件と必ずしもリンクするわけではないが、人口一人当たり所得は二〇一〇年度、約一七〇万円で、岩手県内市町村の平均約二二四万円に対し約七六パーセントの水準にとどまっていた（ただし就業者一人当たり市町村内純生産では平均に対し九八パーセントの水準）(8)。

しかし、「数字の上では」という強調には、「貧乏」という形容詞が、所得や生産高など、貨幣で計れる指標で考えたときにのみ使えるものだとの主張がこもる。河野は、同講演の中で、陸前高田の山あいの集落と沿岸の集落の間には、私的な関係を通じた、松茸や舞茸など山の幸と、ウニやアワビなどの海の幸の交換があることを紹介し、貨幣の動きからは見えない食べ物の豊かさが、「貧乏」とされる地域の実際の暮らしを支えてきたことを話した。(9) 地域には、山、野、川、海があり、人びとはそれぞれの環境と時代の要請に応じて、土を耕し、馬や蚕を飼い、炭を焼き、あるいは魚や貝や海藻を採る。統計上で従事する職業がなんであるかにかかわらず、そうした営みの連続が、人びとの日常を構成していたのである。

ふたつの国策――国土計画と食糧増産

では数字を問題にする主体は誰か。その筆頭は統治者としての国家である。そして数字の上での「豊かさ」をいかに達成するか、という命題を核に、戦後日本の地方行政を翻弄してきた国策がふたつある。ひとつは国土計画、もうひとつは食糧増産政策である。

「敗戦によって、わが国の国土は、六十八万平方キロから三十七万平方キロに縮小され人口は海外引揚と戦後の急増から、現在八千三百万人を越えることになった」「荒れはてて狭く貧しいこの国土に世界一稠密《ちょうみつ》な人口を収容し、……今後いかにして生きてゆくべきか」とは、建設省

『国土総合開発読本　きり拓かれてゆく日本』（一九五三年）の書き出しの一文である。[10] このような「持たざる国」日本という印象操作は、戦中には国家総動員のロジックとして、戦後にも地域開発の動機として働いた。占領期から経済復興策を練ってきた経済安定本部は、国内資源を活用した経済自立の方策として、アメリカ・TVA（テネシー川流域開発公社）方式を参考に、電源開発を核とした国土開発を構想した。この路線上で、国土総合開発法の制定（一九五〇年）、特定地域計画として北上川総合開発の閣議決定（一九五三年二月）がすすめられた。[11] 総人口一億を養うため必要なのは、求職者の「はけ口」であり、それは、すでに有業人口のある農林業ではなく、漁区の縮小された水産業や、生産が低下している鉱業でもなく、唯一、「製造工業」であり、そのために動力源の確保が必要だ、という趣旨の大事業であった。

こうした中、陸前高田は、国土計画が重視する、電源開発・製造工業の展開のどちらも望める地理的条件を持たなかった。じつは陸前高田を含む三陸地区は、一九五八年に、北上特定地域計画への追加地域指定を受けているが、その主眼は漁港整備と交通網整備だった。[12] 一九六一年制定の「低開発地域工業開発促進法」でも同市は「いわゆる低開発地域」の一つに指定されたが、[13] その後の市の産業構造に目立った変化をもたらさず、その後の人口流出を防ぐことはできなかった。求職者のかなりの割合は、東京や近郊都市（盛岡、仙台）に向かい、「有業人口のある」はずだった農林漁業は「担い手不足」に悩むことになっていく（ただし陸前高田の場合、農林業に比べて漁業は就業者の減少率がゆるやかである）。

他方で第二次大戦後、日本で最初に策定された国土計画（内務省国土局）は、過剰人口は農村がすべて受け入れること、新規開墾地の大部分を東北・北海道地方にあてる構想を示していた。陸前高田では、入植・増反目的で約二六二町歩の未墾地が売り渡された。さらに、国を挙げた食糧増産の役割期待を背景に、水田造成を目的とした県営事業のひとつとして、小友浦干拓事業が展開された。小友浦は、広田湾の東の輪郭をつくる広田半島の付け根、奥小友町三日市浦にあった遠浅の入り江のことである。一九五二年に岩手県が事業調査を開始、一九五八年に農林省補助干拓事業地区として決定を受け、一九六〇年に着工、総事業費約四億円、約一一年間をかけて行なわれたこの事業は、塩害によって失敗に終わっている。農地は小友地区一一三人に売り渡され、一九七〇年に初めての作付けが行なわれたが、稲は全滅となり、その後も二〇年間にわたり、作付け方法の研究や、転作による大豆やスイートコーン、アスパラガス、みつば等の野菜類の作付けも試みられたが、採算が合わず、地権者らは農地利用を諦め、一九九五年に市が全農地を買収することになった[14]。干拓の失敗だけでなく、コメ余りという事態も起き、担い手不足に拍車をかける要素となった。

つくりだされた地域課題

イギリスの経済学者クラークは、国民経済の「進化」を考える際の、第一次産業（農畜林水産業等）第二次産業（鉱工業等）第三次産業（商交通・サービス業等）の三分類を提示し、産業構造が「進化」するにつれ、有業人口割合は一次から二次、三次へと移動すると考えた[15]。「進化」のすえの食はだれがどのように支えるのか、という視点を欠いたこの学説は、しかし、高度成長期に各地でつくられた開発計画を貫く価値指標として浸透してきた。戦後復興において著名な「傾斜生産方式」が、アメリカ由来の重油を石炭・鉄鋼部門に重点配分するものだったことが[16]示すように、国土計画では長い間、重化学工業中心主義がとられてきた。国策のかけ声は、農政の口では食糧増産を唱え、開拓と稲作奨励を訴えながら、国土開発行政の口では、農林水産業をきわめて低く価値付けるという、分裂した状況にあった。陸前高田で展開されようとした国策の一端は、人口流出の遠因となり、地域に課題を山積させた。山海の恵みは、農林水産業が健全に営まれることを条件に得られる豊かさである。その豊かさの質は、開発がめざす数字上の「右肩上がり」とは根本的に異なる。だが、陸前高田のように、可視化されない豊かさを持っている地域社会の多くが、戦後の始まりから、国—都道府県—市町村というつながりに拘束され、「右肩上がり」を善とする国策の尺度を突きつけられた。その結果、数字上の豊かさ（たとえば人口）を、片方では奪われつつ片方では生み出さなくてはならないという状況に置かれていった。

現在の陸前高田市を構成する旧村は、もとは、岩手沿岸南部の「気仙郡《けせん》」の一部だった。明治維新までの二七〇年間、伊達・仙台藩の領内にあり、地理的・経済的・文化的には現在の宮城県側と太い交流があった（それゆえ、明治元年以降の県の所属は岩手・宮城にまたがって幾度も変更されている）。一八七二年（明治五年）、岩手県に属してからも、北隣の大船渡市・西側内陸部の住田町からなる「気仙地方」という独自のまとまりを保ち、農林水産業、製糸業、鉱業のほか、高い技術を持つ「気仙大工」と呼ばれる職人[17]も多く輩出した地域である。戦争で徴用になるまでは、三陸汽船などの海運も人びとの移動手段となっていた。戊辰戦争から太平洋戦争までを通じて記録に残る戦没者数は一一〇三名である[18]。敗戦後、前述のように、この地方でも、食糧自給を目指した増反と、帰農目的の開拓入植受け入れが行われた。政府による食糧供出割当てに応じ、気仙地方は米のほか大豆、甘藷、麦など雑穀を供出している。同時に闇行為も広がり、たとえば気仙町の一九三一年生まれの男性は、少年時代、敗戦とともにすぐヤミ屋に入り、陸前高田を含む近隣の地域から小豆（「赤いダイヤ」と呼ばれていた）を仕入れ、上野駅まで届ける「運び屋」をしていたと証言している（佐々木栄、二〇〇九年一月二二日。以下聞き取りによる内容はカッコ内に氏名と調査年月日を記す）。

一九五五年一月一日、陸前高田市は、気仙郡南八ヵ町村の合併で成立した。誕生と同時に市が直面したのが、人口減少という問題である。国勢調査のデータでみる陸前高田市の人口推移は、合併年が最高の三万二八三三人、五五年後の二〇一〇年には二万三三〇〇人となり、平均すると五年毎に八六六人ずつ減ってきた計算になる。[19] これは主に若年層の市外流出分である。『陸前高田市史』は、一九五五年から一九九二年までの五年毎の自然増減と社会増減の推移を示しているが、まず目に付くのが、一九六五年から一九七五年までの社会増減における転入と転出が各一〇〇〇人台であり、人の移動が顕著なことである。さらに一九五五年の転出数六八四人に比して一九六〇年の転出数は一三一五人と倍以上になり、以降九二年まで転出超過の傾向に変化はない。[20] 転出したのは、年齢でいえば進学または就職先を市外・県外に求めた若者であり、産業でいえば製造業やサービス業への農業従事者の移動であった。「所得」という指標では圧倒的に不利となった農家人口の減少速度は、市の総人口減少速度の三倍の速さだったという。一九六五年から一九八九年までに市内の高校を卒業した二四一三名のうち、市内に就職したのは三五七名（一四・一パーセント）いたが、市内農業就職者はゼロ、漁業・水産業就職者は一五一名いるが、すべて市外就職だった。[21] こうした趨勢の中で、陸前高田の内側から、なんらかの工業開発を行うことで市の将来を明るいものにしようという動きが生まれる。これが本章で述べる開発論争の発端、広田湾埋め立て開発計画である。

3 「広田湾問題」の生成

広田湾開発計画のおこり

一九六〇年七月に成立した池田勇人内閣は、国民の関心を日米安保条約という政治課題から経済に向かせる狙いで「国民所得倍増計画」を打ち出し、その「舞台づくりの役割」を「全国総合開発計画」(一九六一年草案公表、一九六二年正式閣議決定)に担わせた[22]。この計画の大きな特徴は、拠点開発方式を採用した点であり、拠点開発方式とは、東京、大阪、名古屋以外の地域を特徴に応じて分類し、大規模開発拠点と中・小規模開発拠点を配置し、それらを交通通信施設によって「じゅず状に有機的に連結させ」「周辺の農林漁業にも好影響を及ぼしながら連鎖反応的に発展させる開発方式」と説明された。大規模開発拠点というアイディアは、その後、新産業都市指定をめぐる自治体の陳情合戦をひきおこし、東北においては、八戸、仙台湾(仙台・塩釜＝仙塩地域)、秋田臨海、新潟、常磐郡山の五ヵ所が指定されることになった。本間義人は、新産業都市指定をめぐる陳情合戦の経験は、これ以降、自治体が地域開発を考える際、地域の実態を第一にするのではなく国家プロジェクトをいかに取り込むかを第一に考えるような姿勢につながったと指摘する。陸前高田を含む三陸地域（岩手県大船渡《おおふなと》市・陸前高田市・住田町・三陸町、宮城県気仙沼《けせんぬま》市・本吉町・唐桑町《からくわちょう》）は、仙塩と八戸の中間拠点と見込まれ、建設省によって「広域都市建設調査地域」に指定された（一九六一年）。同地域は「三陸地域地方開発都市建設協議会」を設立し、財団法人国土計画協会へ開発計画の策定を委託し、東京大学教授・高山英華《たかやまえいか》が調査委員長となって、一九六四年、「三陸地域開発計画」がつくられた。[23] 調査委員の一人には、戦後国土行政を率いた代表的官僚・下河辺《しもこうべ》淳《あつし》の名もあった。

　計画が描いた「三陸地域の未来像」は、交通網の整備を大前提に、大船渡市を「重化学工業基地」、気仙沼市を「大規模な水産基地」、陸前高田市は両者の中間に位置する「商業文化のセンター」として育成するというものだった。工業の配置については、高田松原の観光価値が将来増大することを見込み、市街地を避けて国道沿いの内陸に「木材、機械、酪農製品、セメント二次加工」を置くこと、ただし小友地区は将来工業用地として開発することなどを提案していた。[24]『陸前高田市史』は、このような、大船渡市・気仙沼市の発展の効果にただ依存するだけの「ベッドタウン」的な位置づけが、逆に、市に工業開発構想の先鞭をつけさせた要因だったと読み解く。

このころ市職員は、一九六五年時点の市民所得が県内六二市町村中四〇数位に下がり、人口も合併時に比べて一八〇〇人弱減少していることに危機感を抱いていた。

こうした中、岩手県が一九六七年一二月になって、翌年度の臨海地区整備事業で陸前高田市に工場用地三三〇万平方メートルを造成し、新港湾を建設する方針を提示した。県は広田湾と久慈湾の港湾整備を運輸省に働きかけることを決め、市とともに財団法人日本工業立地センターに大規模工業団地建設の基礎調査も委託した。一九六九年一二月、陸前高田市長が、市議会に、広田湾の一部を埋め立てて工業港湾化し、臨海工業団地を作って各種工業を誘致するという構想を提案。庶務課長からは、この構想が、政府の新全国総合開発計画と岩手県勢発展計画に呼応して定めたものであることが説明され、一九七〇年一月二六日、臨時召集された本会議で、「陸前高田市新総合開発基本計画」を含む市総合発展計画は可決された。*

*東海新報記者・木下繁喜によれば、当時の審議プロセスを知る関係者は、「反対の「は」の字もなかった」と話したという。ただ、議会が市の発展計画を審議するのは初めてであり、一二月定例会議中には議決に至らず、一月一九日に全員特別委員会で再度、八議員から質疑があったこと、その中で「もっと自主性があってもよい、まるで関東・関西の従属である」といった意見が出され、市長も「実は同様の疑問を持っている」と応じる場面があったことは興味深い。議事録は二〇〇八年二月一三日に陸前高田市議会事務局で閲覧した。

当時の陸前高田市長は、一九六三年に当選した熊谷《くまがい》喜一郎《きいちろう》である。熊谷は、一九四七から五四年まで旧広田村長を務め、市制施行と同時に商工水産課長に就任、まもなく助役になり、一九六〇年五月二四日に三陸沿岸を襲ったチリ地震津波（陸前高田市では、当日の死者八名、家屋全壊・流出一五五戸、農漁業関連の被害も含め、被害総額は八億二〇〇〇万円）の復興に奔走した経歴をもつ。熊谷市政と「開発」への熱意は切り離せないものである。熊谷の市長在職期間は一九八七年までの二四年間に及ぶ。

熊谷が、広田湾開発に意欲をもったきっかけは、一九六九年七月、「三菱造船」（正確には三菱重工業株式会社長崎造船所と思われる）幹部が、「原敬の甥で毎日新聞社最高顧問」という人物とともに非公式に市を訪問したことである。幹部はこれから「広田湾の時代が来る」と持ち上げ、将来的に手狭になると見られていた長崎造船所の移設を考えてもよいとまで伝え、案内していた熊谷と市議会議長の期待をあおった。一九七〇年一月二五日付けの市広報は、初めて市民向けに広田湾開発を周知したが、紙面には市長らの興奮を映し出すかのような文字が躍っている。二面には三段抜きの市の航空写真に「ひらけゆくわが郷土」の文字が載り、「観光拠点と大型工業の拠点」としての機能を担う陸前高田の明るい将来構想が示された。人口は一九六五年からの二〇年で三万人台から五万人台へ、生産所得も一〇倍近く伸びる、との見通しだった。そして三面には、広田湾開発計画が、小友浦付近の航空写真とともに「広田湾に大型港湾を築造――大規模工業団地が誕生する」という見出しで紹介された。

　広田湾は、船舶の大型化、専用船化に充分対応でき、県内臨海随一の自然条件と、広大な背後地をもっていることから、二十〜三十万トン級の大型船舶が接岸出来る大型港湾の築造が計画されています。この大型港湾（東北随一の）の築造が強力に推進され、港湾の背後には約三百万坪の大規模な臨海工業団地が造成され、鉄工〔ママ〕、造船、飼料、機械金属などの企業の立地がなされ、大船渡木材工業港との有機的な連携を保ちながら小友浦に一大工業地帯が形成されましょう[25]。

　現存する資料では、国立国会図書館所蔵の『新総合開発計画』により、当時の土地利用計画の素案がわかる（図）。広田湾西側の長部港に水産加工コンビナートを、隣の大船渡市から来る国道四五号線（通岡《かよおか》道路）が市内米崎町内に抜ける付近に木材関連工業を、そして前述の小友浦干拓によって生まれた土地を含め、湾東側奥の小友―米崎地先を大規模に埋め立てて、石油、鉄鋼、飼料関連工場等の誘致を見込んだ工業団地を配置するという構想であった。いわば「バラ色の未来」の青写真が、ここに描かれた。

　だが、この斜線で塗りつぶされた海面には、実際はノリ、ワカメ、カキ、ホタテ、ホヤなどの浅海養殖用のイカダが浮かんでいた。直接の影響を受ける漁民をはじめ、計画を市民の立場で受

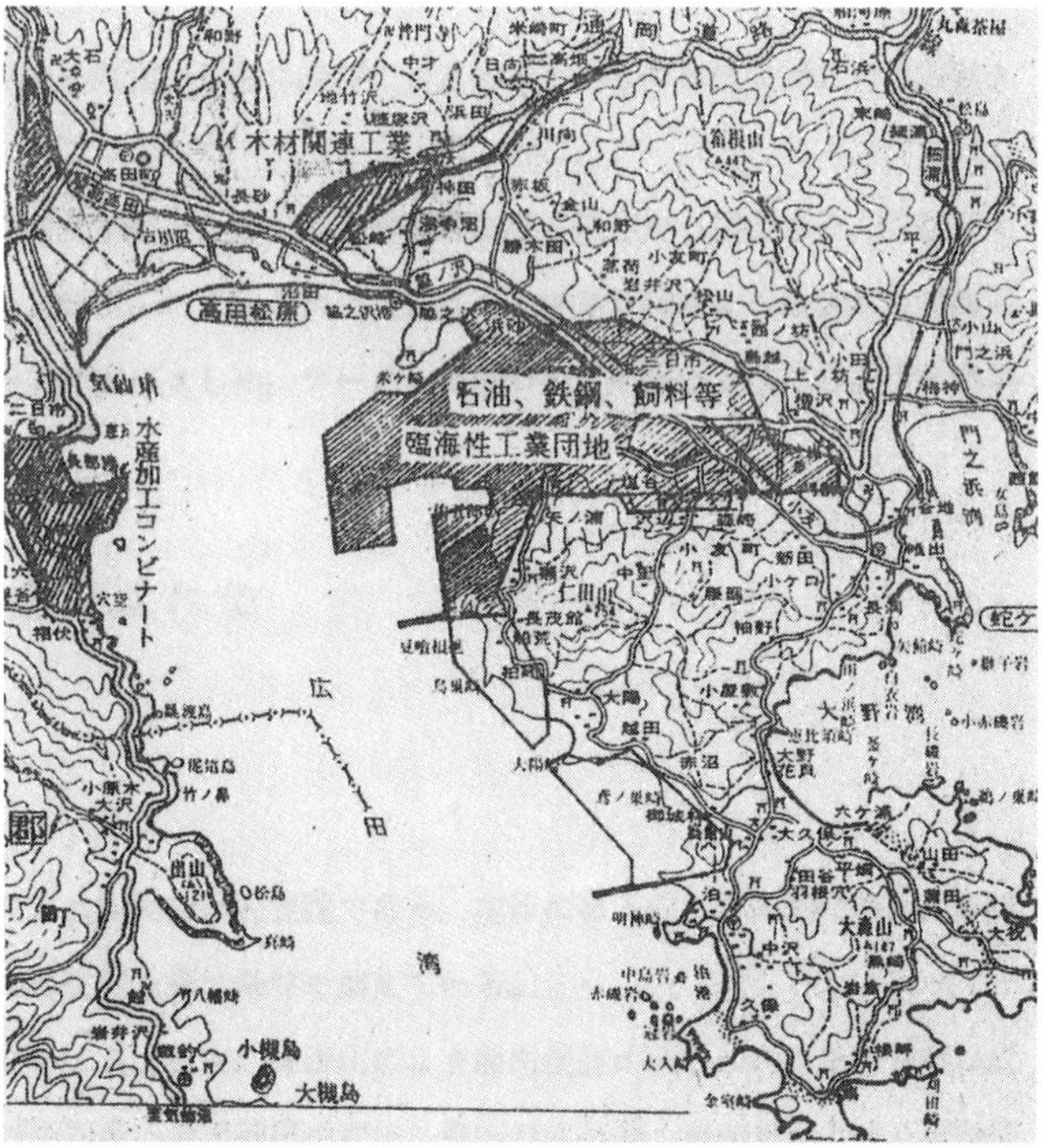

図　広田湾開発計画における土地利用計画案（陸前高田市『新総合開発計画』1970 年，p. 25）

け止め、考えようとする人びとのあいだで、埋め立ての是非は論議を呼んだ。これは、一九九〇年代まで、あるいは「あの日」の直前まで四〇年間、続けられていたといってもよいような、陸前高田市の将来をめぐる長い論争――「広田湾問題」の幕あけであった。

すれ違った希望

国土計画協会は当初から「広田湾内養殖漁業の補償問題」が起こることを予測していた。市は、一九七〇年一〇月から湾内五つの漁協に対して説明会を開始した。その場では「大いにやれ!」という声もあったというが、広田湾開発は漁場の喪失につながる「死活問題」だとの危機感を持ったのが、図の斜線部分で営漁する米崎漁協だった。一九七一年三月、米崎漁協は理事会と組合員全員協議会を開き、市当局から広田湾開発計画についての説明を聞いた。ここには熊谷市長も出席し、漁民が埋め立て反対であれば実施しない方針などが話された。

熊谷は、ふだんから「貧漁あがりの市長」を自称し、零細漁民の所得を世間並み水準にするには漁業だけではだめだ、と考えていた。しかしだからといって、強引に漁民を説き伏せることはしなかった。前述の三菱造船幹部が、ぜひ本社の専務と会ってほしいと申し出た際は、即答は避け、黄川田源吉《きかわだげんきち》市議会議長が理由を問うと、「これを決めないど、なぞにもならないでば」と湾に浮かぶカキ筏を指差したという。また、一九七〇年一一月に運輸省港湾局（当時）を二人で訪れた際、応対した局長が、石油コンビナートを造るためには大規模用地が必要で、高田松原を潰してもいいなら広田湾でも間に合う、と脅しに近い発言をしたときには、「そんなことをしたら漁場がなくなってしまう」と怒り、漁民が困るような施策には抵抗すると啖呵を切った。漁業権を手放したあとの漁民の生活のために、補償金を積み立てて荷揚げ会社を作る構想もあったという。ここには、「開発」への強い希求と、「海は田や畑と違って、一端失えば他に買い求めることはできない」という肌感覚を両立させようと苦心する熊谷の姿がある。

熊谷の態度は強硬なものではなかったが、米崎の漁民は納得しなかった。米崎漁協は当時広田湾内では相対的に組合員数が少なかった。[26] だが一九七一年四月に組合長に就任した金野《きんの》博《ひろし》は、漁場を守りたいと考え、五月の総会で開発計画に対して漁協として反対運動を展開することを決め、六月には市と市議会に対して、運輸省の港湾整備対象への指定と広田湾開発の即時中止を陳情した。「大半の漁家はノリ、ワカメなどの浅海養殖漁業を営み、さらにホタテ、ホヤなどの養殖を始めるなど水産振興を目ざしている。今年度からは約一億円の事業費で組合単独の漁業近代化計画を立て、生産意欲の向上を図っており、市の工業開発はこれら漁業者の生活権を奪うもので、断じて容認できない」と訴えたのである。[27] 漁業をやめ「陸（オカ）」に上がり外部から希望を呼び込もうとした熊谷市長と、漁業そのものの工夫で希望を内部から生み出そうとした米崎漁民の間には、すれ違いが生じていた。

陸の住民たちは計画をどう受けとめたのか。『岩手日報』一九七一年一〇月二〇日記事は「広田湾の工業開発計画――過疎化の歯止めに・臨海工業都市造る」という特集を組み、沿岸五町とその他周辺市町の反応を紹介している。商店街を有する高田町では、開発計画が実現する頃には公害は解消されるだろうとの見込みに基づく推進の意見と、自然破壊と公害が市民を蝕むという確信から反対する両極の意見があるものの、実際のところ「無関心層が大部分を占め」ていた。米崎町の農民は、公害が果樹や農作物に被害を及ぼすことを心配していた。小友町では、適切な漁業補償が提示されるかどうかを見守る姿勢、広田町では、公害さえなければ工業開発は認める姿勢もあるとされた。気仙町では、誘致企業に含まれる火力発電所の温排水による養殖への悪影響や、工業用水取得による気仙川の水量減少が懸念されていた。山側で同市と隣り合う住田町などは、臨海工業団地の造成が叶えば将来のベッドタウン化が期待できるとして歓迎しているとされた。

一九七二年が明けると、「陸前高田市産業文化懇談会」（通称・木曜会）という団体が、市民会館で「市当局から広田湾開発計画を聴く会」を開いた。木曜会は一九六二年一一月に作られ、さまざまな職業の市民四二名によって構成されていた。主催者の一人だった八木澤商店社長（当時）の河野通義《こうのみちよし》は、市とのやりとりで生じた疑問をもとに独自の資料を作り、ミニコミ『美しい郷土』を創刊（一九七二年九月）、漁民支援の立場を明確にした。市内の医師や教員の中にも、自然破壊と公害への懸念から、計画に反対の意志を持つ人びとが現れ、教職員組合、地区労などの組織も反応して、やがて市内に反対の団体が一〇あまりも作られていくことになった。

漁民の間では、米崎漁協による説得が他漁協を少しずつ動かしていった。一九七二年三月には小友漁協も反対陳情を出した。開発計画は「先に行った小友浦干拓が失敗している例からみて危険」であり、「ワカメ、カキ、ホタテなどの養殖漁業で明るい将来を夢見ているわれわれ漁民」にその夢を失わせるものだという思いに至っていた[28]。さらに米崎漁協は、広田湾の海流に接する南隣の宮城県本吉郡唐桑町の唐桑町漁協にも足を運び、反対の意志を確認する。唐桑町は同年一〇月、町ぐるみで「広田湾臨海工業団地造成反対協議会」を発足させ、大きく報じられた[29]。

一九七二年、中央では、田中角栄内閣が発足し（七月）、田中の著書『日本列島改造論』が話題となった。広田湾は同書中で、増え続ける石油需要に対応するための、石油備蓄基地または中継基地の候補の一つに挙げられた[30]。しかしそんな思惑をよそに、同年、当地は、市当局が四月に「開発課」を新設、五月に市議会が米崎漁協の反対陳情を不採択とするなど、開発推進姿勢を強めるいっぽう、反対運動を目的とする団体が次々に作られて存在感を増し、一二月には市内や海上でデモが起きるという激動の只中にあった。漁民らを中心につくられた「広田湾埋め立て反対漁民期成同盟会」は、岩手県議会にも反対請願を出し、当時の千田《ちだ》正《ただし》知事の与党・自民党県議団や岩手県漁連などと直接交渉を行った。結局、一九七三年三月頃からの交渉を通じて、岩手県の新県勢発展計画（一九七三年九月二六日発表）では埋め立てにかかわる文言は削除され、広田湾開発は県政では「凍結」されることとなった。

「凍結」から「解凍」へ、終わらない模索

しかし、陸前高田市行政にとって、この県の方針転換は事前連絡がないままなされた一方的な決定だった。市として開発の熱意があっても、国、県から事業予算が確保できない事態となり、熊谷市長らは困惑した。振り返るとそれまでも、開発計画をめぐって、県知事や開発担当の企画部から職員が市を訪れて周知に努めるような姿勢もなかったといい、市職員が他県の視察に行くと、行く先々でなぜ市がくるのかと尋ねられた。こうした経緯を経ての「凍結」により、県と市の間にへだたりが生じたことが推察される。

「凍結」後の陸前高田は、オイルショック後に醸成された国家的エネルギー危機の風潮の影響

を受けていく。熊谷市政は、一九七五年九月に市政座談会の開催、一九七六年からは市勢発展懇談会の設置を行う一方、ふたたびあらたな開発計画の作成を外部に委託した。株式会社開発計画研究所が一九七八年までに作成した三冊の調査報告書で示されたのは、石油備蓄基地の建設案だった。だが調査責任者の笹生仁（日本大学教授・当時）は、「凍結」となった前案の作成委員でもあり、市勢発展懇談会の委員には納得がいかないものだった。[31] さらに一九七九年、市は三井情報開発株式会社に漁業振興と広田湾開発の関連影響について調査を委託したが、ここで示されたのが石炭火力発電所の誘致案である。[32] 同社は「陸前高田市は企業から見て、来たいと思う場所ではない」と言い切り、石炭火電の「国家的要請」に応えることを前提に、周辺の整備もすすめるのでなければ開発はできないと述べたという。熊谷市長は一九八二年三月の市議会で、石炭火電の誘致方針を表明した。

「凍結」時、米崎の漁民は、「いつか解凍したらどうなるんだ」という不安を拭えなかった（佐々木健太郎、二〇〇七年一二月一七日）。漁業振興の方途を練っていた広田湾内五漁協の要請を受けて、市が東京水産大学の研究班に委託した漁業振興調査の報告が提出されたのも、一九八二年九月のことだった。報告は、現在の漁場環境の維持を前提とした上で、流通加工基地の形成や作業共同化での発展可能性を指摘し、石炭火電は漁場に悪影響を与えると明言した。[33] 翌月から市と漁協役員は懇談会を行い、工業開発を前提とした環境影響評価調査の実施の賛否を議論したが、このときは、米崎漁協以外の四漁協は、調査実施を拒否しなかった。

米崎漁協のみが調査そのものも受け入れないという明確な姿勢をとった背景には、「凍結」以降、漁業の生産性をあげるために手を尽くして実績をあげつつあったことが大きい*。一九八三年二月の市長選も見据えて、金野博・米崎漁協組合長は、「広田湾埋立反対漁民期成同盟会」をたてなおし、また地区労や社共両党も「広田湾を守る市民の会」を作り、あらためて反対運動の存在を明示した。

*米崎漁協は、一九七三年から、組合員の生産目標を一万円＝一点として一年間の生産目標と実績を互いに公表する方式を工夫し、養殖種目ごとの生産技術と意欲双方の向上に取り組んでいた(34)。

じつは、当時石炭火電の建設主体として想定された東北電力は、電力需要の伸び悩みを予想しており、新設に積極的であったとはいえない。ここでも、市の期待と外部資本の意図はすれ違っていた。石炭火電の誘致を含む新市勢発展計画は、市議会で一九八四年一二月に激論の末に採択され、岩手県総合発展計画にも同様の趣旨が盛り込まれたが、結局のところ、誘致は実現しなかった。熊谷市長はこの期をもって市長を引退し、一九八七年二月、無競争で菅野俊吾《かんのしゅんご》（高田町）が市長に就任した。菅野市長の二期目にあたる一九九一年九月一三日の市議会で、「広田湾開発」の文字のない新しい市勢発展計画が採択され、埋め立て構想に区切りがつけられた。

以上の過程は、国土計画の力点が、中央主導による全国の「均衡発展」をうたった新全国総合開発（新全総、一九六九から七七年）の時代から、その否定と反省の上に「定住圏構想」を打ちたてようとした第三次全国総合開発計画（三全総、一九七七から八七年）の時代へ移動した過程[35]と軌を一にしている。しかし、三全総によって岩手県で「モデル定住圏」の指定を受けたのは、またもや北上川流域の一関市ほか六町二村の地域であった。中央からは常に視野の端におかれてきた陸前高田という自治体の将来構想をめぐる議論に、終わりはなかった。

リゾート法（総合保養地域整備法）とともにスタートした第四次全国総合開発計画（四全総、一九八七から九八年）政策下で始まった菅野市政は、「広田湾開発」に代わる構想として、冬でも積雪が少ない地の利を生かしたリゾート地域整備構想を打ち出す。陸前高田市は、岩手県によって、三陸沿岸七市町をエリアとする「さんりく・リアス・リゾート構想」に組み込まれた。「活力とうるおいに満ちた海浜文化都市」というスローガンが生まれ、第三セクター「陸前高田地域振興株式会社」の設立（一九八八年）、観光名所・高田松原の周辺に道の駅「タピック四五」（一九九一年）、高田松原野外活動センター（一九九一年）、「海と貝のミュージアム」（一九九四年）などの施設が整備された。民間資本ではあるが七階建ての「キャピタルホテル一〇〇〇」も建てられた（一九八九年）。観光客数は徐々に伸びた。サイクルロードレースの開催（一九八六年から）、市民の発案・実行委員会形式による「全国太鼓フェスティバル」の開催（一九八九年から）なども交流人口を増加させた。一〇年余を経た一九九九年、当時の陸前高田市観光協会事務局長は、「陸前高田には大手デベロッパーの手が伸びず、手作りリゾートが実現した。イベントを通じ、市民の間に、自分たちで何かをやろうという意欲も芽生えた」と語っている。[36]

むろん賛否の分かれる計画もあった。ゴルフ場の整備、干拓地を買い取っての「ファミリーランド小友浦」構想（多目的スポーツ広場など）、場外馬券場（テレトラック）誘致、海洋療法（タラソテラピー）施設の整備などである。市内を流れる気仙川上流の住田町に岩手県が治水目的で建設しようとした津付《つづき》ダムの是非も議論された。菅野市長には、広田湾開発をめぐる市民運動をきっかけに県議会議員になったという「初心」があったが、一九九九年二月の市長選では、ハコもの（公共施設）の維持管理費がかさんでいること、リゾート構想への疑問を投げかけられる側に立たされた。[37] このときは四選を果たすが、二〇〇三年二月の市長選では、リゾート構想に反対を掲げてきた市民が推す中里長門《なかざとちょうもん》が当選した。中里市政は二期で終わり、二〇一一年二月に「中里市政の発展継承」を掲げた戸羽《とば》太《ふとし》市長が誕生した。一ヵ月後、大津波がまちを襲った。

4 「広田湾問題」をめぐる人びとの思い

ながく市役所に勤めた上部徳七《うわべとくしち》は、広田湾問題は、「何も面白半分につくった問題ではなくて、地域が生きるために、生活するためにあった事件だと思います」と話している（二〇〇九年九月二四日）。地域には多様な年齢、職業の人びとが暮らしており、生きるため、生活するための模索がある。その中で、「バラ色の未来」に疑問をもったり、そこに手を伸ばそうとする動作に待ったをいうことは、簡単ではない。その動機は、どのようなものだったのか。

海で食べていくという将来

漁民は、豊かではないが明日への夢と希望を持って生きている。国民へ蛋白食糧を供給することに誇りを感じている。苦しければ苦しい程、明日への道を切り拓こうと根気強く努力してきた。それは自分のためでもあり、子孫のためでもある。それを斜陽化していると行政側から貶されては、憤りがこみあげてくる。斜陽と見るなら、なぜ漁民を力強く励まし、手助けしないのか。それこそ人の道であり、行政のあるべき姿ではないか。(38)

広田湾開発計画が持ち上がったとき、広田湾内では、ノリ・ワカメ・カキ・ホタテ・ホヤなどの養殖漁業、カツオ漁のためのイワシ定置網漁業、アワビ・ウニ・海草などの磯付漁業が営まれており、一九七〇年の水揚げ高は一〇億円となっていた（一九六七年は六億円）。米崎漁協最若手の組合員だった佐々木健太郎と職員の鈴木六也は、カキ養殖を軌道に乗せるために苦労してきた。米崎は、広田湾内でも先進的にカキ養殖に挑戦した組合である。現在、カキ養殖では、稚貝の成長を阻害する付着生物を除くために温湯駆除を行うが、この方法を確立するまでがたいへんだった。佐々木は当時二〇代で一番若かった。一九五二年頃、まだ動力船も一般的でない時期のことだ。「気仙川さね、櫓《ろ》で漕いで、姉歯橋《あねはばし》の上まで来て、川の真水さ浸して、一二時間とか二四時間とか、いろんなデータをとりながら、ほんと暗中模索でやったんですよ」（佐々木健太郎・鈴木六也、二〇〇七年一二月一七日）。海から川へカキのついた縄を移動させたり、天日干しにしたりと、試行錯誤した。

こうした取り組みと並行して、米崎漁協では、拠点となる勝木田漁港の新設工事を予定していた。これに市が突然中止命令を出した。驚いた漁協に対し、市長は「市は過疎化し、農漁業も停滞しているので市発展のためには埋め立て開発が必要だ」と述べた[39]。市や県などは、その停滞要因としてノリ養殖の「不振」をみていた。確かにこの時期、ノリは、大量生産技術を導入した地域との差が開いてきており、韓国ノリの輸入の影響も認識されていた。岩手県も、戦後年率八・五パーセントと成長を続けてきた岩手県経済において、漁業も「漁船の大型化、動力化及び漁港等生産基盤の整備拡充」、「浅海養殖業等の開発」により発展したと評価しつつ、他方では、沖合遠洋漁業に比べれば「沿岸漁業就業人口は大巾に減少していくだろう」と見なしていた。[40]だが、海で生きていこうとする人びとは、一方的に「斜陽化」とされたことで、別の思いを沸き立たせた。自分たちがどれほど真剣に養殖技術や漁協の将来を考えてきたか。その足跡は、『岩手県漁業史』での、米崎のワカメ養殖の研究グループ結成（一九五五年）、ノリ養殖研究部の人工採苗試験（一九六一年）などの記述が裏付けている。

漁協内には、「これは自分たちの将来生きる道を選ぶこと」だという自覚が生まれた。[41]組合員らは、「市の発展策をお前たちが潰した」と言われないよう、漁業法、港湾法、公有水面埋立法などを学び、先進臨海工業地帯とされた福島県小名浜、茨城県鹿島地域にも視察に出かけた。一九七二年から一九七三年初頭までは、こうした漁民の反対運動と市内他団体の動きが重なり合い、市民の関心を集めた。宮城県・唐桑漁協の船二五〇隻が大漁旗を立て、小鯖漁港から広田湾奥まで進んだ海上デモ（一九七二年一二月七日）のようすは、陸上からもひとつの見物となり、反対運動の詳細を知らない市民の記憶にも残った。市議会への抗議デモや集会にも約数百名が参加

写真１　市中心部に集まった市民・漁民たち（1972～73年頃，佐々木松男氏提供）

し、議会廊下への座り込みも起きた。佐々木らは「労働組合のデモはあったけども、漁民のデモなんて史上空前だったんでねぇすか」と「フライキ」（大漁旗）を掲げて市役所前まで繰り出した思い出をなつかしく語った（写真１）。

ひとりひとりの考えを

こうした漁民らの訴えを察知し、自分でも広田湾開発計画に疑問を持ったのが、河野通義である。河野は、米崎漁協の市議会に対する開発反対の陳情をきっかけに、この計画を知った。そこでの疑問が、陸前高田市ととりたてて縁の無いはずの「日本工業立地センター」が作った「わがまち」の将来像とは一体何なのだろうか、ということだった。[42] 誘致業種のひとつ、アルミ精錬工場について、戦時中にアルミ工場で働いていた親戚に問い合わせてみると「公害企業だから気をつけろ」という返事が来た。河野は、中立の立場から出発したが、市とのやりとりを通じて計画に反対する決意を固め、会社経営を長男・和義に任せ、全財産を使う覚悟で「広田湾埋め立て開発に反対する会」の結成を呼びかけた。会のかけごえは、「一、美しい郷土を守ろう。一、反対漁民を支援しよう。一、埋め立て計画をやめさせよう。[43]」ときまった。

河野は、開発構想をじっくり読み、解釈し、その論理矛盾を見つけて市や県に問いかけるともに、市民がその内容をきちんと理解し考えるための翻訳をする作業に力を入れた。「市民運動で一番大切なのは市民ひとりひとりが熱心に勉強し行動すること」と河野は書いている。[44]「漁民を支援する立場を堅持し、賛成、反対を問わず学習を積み、論議を重ねること」を大事にした。[45]手弁当で作ったミニコミ『美しい郷土』には、河野による計画の解説だけでなく、市民による投稿（文章、短歌など）、市外からの励ましの声なども掲載された。

誇りとしての「出稼ぎ」

市民からの投稿の中でも、特異な位置にあったのが、気仙大工・左官として、東京や千葉、あるいは北海道など、市外の建設現場へ出稼ぎに行っていた職人らの声である。『美しい郷土』は、かれらの飯場にも送られ、読まれた。出稼ぎ先からの投稿にはこうある。「私達は出稼ぎは苦にしません。それよりも、休息に帰る故郷の環境の破壊が苦痛です」「私達には先祖から受け継いだこの住みよい郷土を子孫のために存続させる義務があります」[46]。

出稼ぎをしていた大工の一人、佐々木栄《ささきさかえ》は、苫小牧や名古屋など、行く先々で、汚れのひどい川を見ては心を痛め、またそれを当然のようにやり過ごす世間の風潮を気にしていた。「公害ということばさえ知らないで、わたしたちは公害を見ていたわけです」（佐々木栄、二〇〇九年一月二二日）。

気仙大工・左官は、集団で仕事先に出かけ、一年のうち地元にいるのは三ヵ月程度である。もちろん楽ではない。一五人前後のグループを作り、ＳＬで一ノ関を経由して青森まで行き、連絡船で函館へ渡ってまた札幌や苫小牧まで汽車に乗る。条件が悪ければ、宿舎を作るところから始めなくてはならない。原野に丸太を伐って、板を並べて、井戸を掘って暮らす。佐々木も見習いのときはまず「めし炊き」から始めた。水が冷たく、何度も手に息を吐きかけながら皿洗いをやったという。市は、そうした出稼ぎを減らすことを是とし、県も、機械化、近代化の傾向が強まる建設業では、就業人口の伸びよりも生産額の伸びを重視する考えを持っていた[47]。

しかしこの見方もまた、当事者の思いとはずれたものだった。父親が大正初期より一九四二年頃まで大工をし、自身も左官をしていた佐藤礼右《さとうれいすけ》にとって、代々出稼ぎをするのは当然のことで、そもそも「やめるべきもの」とは考えていなかった。妻や子供を地元に残し、飯場生活をするのは職人として当前のことだった。むしろ、「そうじゃなかったら、一人前の職人じゃねぇっていうこう、気概があったわけだから……」と笑う（二〇〇八年七月四日）。この「気概」とは、手に技をもつ職人としての誉れ、誇りだった。彼らが所属した「陸前高田市気仙大工左官親交会」は当時二〇〇〇人近くの会員を擁していたが、佐々木と佐藤の感じる範囲で開発計画に賛成した人はごくわずかだったという。ただ、当時の副会長が『読売新聞』の取材に対し賛成に取れる発言をしたことで、「開発をぜひ進めてほしい／出稼ぎ者の会」という記事が載ったことがあった。佐々木らは「なに、ばかなことをかたんだ」と怒り、録音機を借りて親交会の会長に詰め寄って、副会長の話は個人的見解にすぎないことを確認させ、会の統一見解としての「中立声明」（実質内容は反対声明）を発表させるというできごともあった。[48] 佐々木は、県が計画を凍結したという報せを受け取ったときの気持ちを、「ほっとした。勝った負けたでない、守られたんだなぁって。そういう、率直な喜び」（二〇〇九年一月二二日）だったと述べている。

若手世代の模索

最初私らもこれで高田も発展するかなって賛成の気持ちもあったんですよ。ところが、だんだん、漁民の人たちの反対とか、いろんな人たちの反対を聞いて、自分でも勉強していくと、どうなんだべなぁと、だんだんあやふやな気持ちになって。（佐々木松男《ささきまつお》、二〇〇九年九月二四日）

一九七二から七三年にかけて、市内には、前述の「広田湾埋め立て開発に反対する会」のほかにも団体が生まれた。地区労、社会党、共産党など有志が集まった「広田湾を守る市民会議」、「米崎町広田湾を守る会」、「小友地区郷土を守る会」、「広田湾と高田松原を守る会・二十一人委員会」、「離岸堤を考える会」などである。

このうち、高田町中心に自営業者有志が集まった会が「広田湾と高田松原を守る会・二十一人委員会」である。佐々木松男は「二十一人目の最若手」だった。佐々木は、開発計画が出る前の時期、大学紛争の混乱を東京で体験しており、陸前高田に戻ってきて、印刷会社に勤め始めたところでこの問題にぶつかった。本心では、国家のやることには裏があるのではないかと慎重にこの事態をとらえていたが、他方で、これから陸前高田で生計を立てようとする若い世代にとって、開発計画は、かんたんに結論の出る問題ではないことを覚悟していた。

二十一人委員会の最初の問題提起は、「凍結」後の一九七三年三月に市が発表した、高田松原沖の離岸堤《りがんてい》建設計画に対するもので、「高田松原離岸堤計画に関心をもとう」というチラシを作った。そこには、高田町独自のスローガンとして、高田松原を守ろうという思いが込められていた。漁民との交流や、河野通義はじめ開発計画に詳しい人物との学習会などを通じて、どちらかといえば「お上の言うことにいちいち反対したらおかしいんでねえか」と思っていた人の中から、決してそういうわけでもなく、規定路線以外のやり方もあるのでないかと考える人が出はじめた。とくに、内陸の集落では、市長のやることなら間違いはないとする反応が多かったが、佐々木らは、養殖のホヤなど海産物を持参しながら、沿岸部に暮らす人びとのことを伝え、署名運動なども展開していった。

佐々木は、二十一人委員会という集まりを通じて、その後も長く付き合うような友人を得た。当時だけに限らず、「これからどのようにして生きていくんだろう」という気持ちが、みなに共通してあると考えていた。すでに社会的地位を築いた上の世代とはまた異なる、若い世代の悩みがそこにはあった。だからこそ、運動の前面に立つ人びとには聞こえにくい声も聞こえた。

当時から貧しい町でしたので、若い人たちの中にはやっぱりこうバラ色っぽく、埋め立てするといろんな工業が来るんだよ、町が大きくなるんだよとなれば、このままよりいいよな、とかいう意見も大分あったんです、実際にね。

若い人たちは、やっぱりね、いつだってそうですよね。現状に満足しないから、何かチェンジを求めるわけで、「Yes, we can!」[*]で（笑）。即・埋め立てとかそういった気持ちもいっぽうで根強くて、国のやることに同調してしまう可能性もあった。（佐々木松男、二〇〇九年一月二三日）

*二〇〇九年、米国史上初のアフリカ系アメリカ人大統領となったバラク・オバマが、大統領選挙をたたかう中で用いたスローガン。

つまり、若い世代にとって、この計画に対する態度を決めることは、陸前高田でどう生きていくのかを模索することに等しく、また実際に市外へ生活拠点を移していった、行かざるを得なかった人びとも大勢いたのである。便利な生活、高賃金という点での東京の魅力は誰にも否定できない。結果として埋め立てはされなかったが、それでも「大分危なかったんじゃないか」と、佐々木はふりかえってみて思うという。

ところで、若い世代を育てる側に立つ教員はどうだっただろうか。小友町に住む宮城秀次《みやぎひでじ》は、当時中学校の教員として、開発に関心をもった。一九七二年六月に、岩手県教職員組合気仙支部で、広田湾開発計画に関する学習会が開かれ、市内の教員たちは高田小学校に集まり、すでに反対の意志を表明していた鵜浦喜八《うのうらきはち》医師を招いて話を聞いた。宮城がガリ版を切って作った資料では、討議課題に「自然破壊と自然保護」や「開発計画によるしわよせとしての教育環境の問題」ほか一〇件を挙げた。(49) この頃、筆頭に「自然破壊」があがっているのは、全国的な教職員組合運動の流れと重なってもいた。やがてこの集まりは「小友町郷土を守る会」の立ち上げにつながっていった。ただ、開発に反対する声が周囲から歓迎されたかといえばそうでない局面もあった。「自然を守って食っていけるかとずいぶん揶揄された」という(宮城秀次、二〇〇九年一月二三日)。また広田町の小学校では、作文の授業で、広田湾の埋め立てを作文の題材にする試みも行われた。(50) 宮城がこつこつと続けた新聞記事のスクラップや、教育研究全国集会での発表資料などは、大津波を免れ、現地に残った。その事実は、人びとが真剣に思考した軌跡は消えない、ということを示しているように思われる。

5 復興の大波の中で

コンビナートができたとすれば、陸前高田含めてこの辺の産業形態が大きく変わって、雇用の問題では不自由しなかったんじゃねえか。この辺の人は、今はもう勤める場所がないから、全部一極集中、東京仙台、東京仙台って向こうさ行っちまう。……だから広田湾をね、埋め立ててコンビナートをつくったら、公害は別問題として、ある程度の、地域の発展にはつながったんだかなあっていう。（鈴木幸三郎、二〇一〇年八月二三日）

「広田湾問題」の生成過程と、当時を知る人びとの記憶は、戦後日本の国策が示した将来像が、いかに画一的で、いかに人びとの生きる現実とそぐわないものだったかを考えさせる。一九七〇年代、人びとは、おのおのの立場から議論を重ねて、それでも広田湾を埋め立てる道を選ばなかった。そのプロセスは稀有であり、これからの地域社会のありようを展望するうえでも、貴重な足跡である。

広田湾問題は、まちの将来の議論においてきわめて重要な位置を占めてきたが、だからといって、みなの協議で明るい結果がまちにもたらされたというようなきれいごとには終わっていない。二〇一〇年秋、かつて米崎の漁民に共感し、全町を挙げて広田湾開発に反対した隣町・唐桑町の漁民の鈴木幸三郎《すずきこうさぶろう》は、今となってみると、開発が実現しなかったことは果たしていいことだったのか、当時の自分の判断が正しかったのか考えあぐねて、筆者のインタビューをうける前日は眠れなかったと話した。ここで思い出したいのは、「もはや「戦後」ではない」と宣言した「経済白書」（一九五六年）結語の全文である。約六〇年前に書かれたこの文章は、戦後を脱したといって国民を安堵させることを意図したのではなく、むしろこれから近代化を成し遂げねばならない、そこで生じる諸矛盾はいずれ経済発展が解決するまで、国民相互に分けあわねばならない、と説き、ゆがみを前提とする考えに立っていた。[51] 実際には、矛盾は分けあわれず、解決もされず、むしろ都市の過密・地方の過疎という形で強化された。不変の一極集中の構造は、海で生きたいというまっすぐな決意の意味を、時間の経過とともに見失わせるほど、地域をしずかに疲れさせてきていた。そこで起きた、東日本大震災の津波だった。

根本的な喪失

ここで考えたいのは、「被災」とは、近しい人を亡くし、物的財産を失うことだけを意味するのではないということである。失われたのは、数え上げることのできるものだけではなかった。振り返ってみると、津波以前、筆者というよそものに、陸前高田の人びとは口々に「陸前高田のよさ」を教えた。海の幸、山の幸、地酒、観光名所、誇るべき祭り、地域の歴史から郷土出身の著名人について。すなわち、「津波前」とは、単なる「過去」ではない。津波後、「なに探すってわけでもないんだけど、流された家のあたりを歩いて」、ようやく義理の父が書いた絵を見つけて拾って飾ったという話があり、同時に、三・一一に関するテレビ映像は「みたくない」と思うという話がある。二つの底には、「津波前」に自分たちが見ていた地域の景色への断ちがたい思いがある。被災といっても、自宅が全壊していまも仮設住宅で暮らす世帯、内陸部へ避難した世帯、自宅を再建あるいは修復した世帯、波をかぶる形での被災は免れたために肩身の狭い思いを抱えている世帯など、現在の生活形態は一様ではない。だが、そこには、家族・親族だけでなく地域の顔見知りまで含めて一〇〇人、二〇〇人の生命を一気に失ったという感覚[52]、慣れ親しんでいた風土のすべてから一瞬にして切り離されるという、きわめて根本的な喪失の経験があったということは、何度確認しても足りない。

被災直後から対応に追われた陸前高田市役所では、一一一名の職員が亡くなっている状態で、被災者への対応、支援受け入れに加え、復旧事業・復興事業を担うことになった。そうした中、復興事業を請け負う主体として市と協力協定を結んだのが、UR都市機構（独立行政法人都市再生機構）である。URは二〇一一年四月には岩手県に職員を派遣し、二〇一四年までに、東北三県一二市町村二二地区の復興市街地整備と災害公営住宅整備を事業委託されている。空前の費用をかけた工事の多くを、東京に本社を置く大手ゼネコンを中心とした共同企業体が受注した。気仙町、高田町では、海抜一二〇メートル余の愛宕山を五〇メートルまで切り崩し、その土砂で平地部の嵩上げを行い、商業施設や公園などが作られている。土砂を効率よく運ぶため、足尾銅山等で培った削岩技術を持つ古河機械金属株式会社が造った総延長三キロメートルのベルトコンベアが気仙川の上空を横切って活躍した（つり橋部分は市内小学生からの公募で「希望のかけ橋」という愛称がつけられた）*。津波で一変した景色は、少しずつ瓦礫がどけられ、遺構が壊され、地面が丸裸になり、山が崩され、土が盛られ、立ち入りができなくなり、むかし歩いた道が土の下に消えて、人びとの記憶が追いつかないほどに、急激な速度で変貌してきた。

＊愛宕山の岩盤は予想以上に硬く、重機や破砕機、コンベアのメンテナンスがほぼ二四時間体制で行われた[53]。また毎日正午ごろに行われる発破作業では、近隣に騒音、振動の被害もあった[54]。コンベアは二〇一四年三月から二〇一五年九月一五日まで稼働し、その後解体された。

「復興」への流れの中で

津波のあと、人びとは、ひとつひとつ、できる範囲で、地域の祭礼や行事を再開し、自分たちの生活が根を張っていた風土を作り直そうとしている。その歩調は、かつて広田湾問題をめぐってすすめられてきた議論のあり方と変わらない。いっぽう、政府が決めた二〇一五年度末までの「集中復興期間」のあいだ、復興庁、国土交通省、与党などの合言葉のひとつは「復興加速化」であった。二〇一五年二月時点での陸前高田市の復興事業の進捗割合が一七・九パーセントだというデータは、世間に「遅れ」を印象づける。しかし、現実に、何台ものトラックがひっきりなしに出入りする沿岸部の様子は、大規模な土木工事現場そのものである。多数の身内、友人、知人を亡くし、いまだにふと「全部夢だったんじゃないかと思う」（河野正義《こうのまさよし》、二〇一四年一〇月三日）ほど、変わってしまった景色のそばで、なんとか暮らしを立てようとしている人びとの心身にとって、「速さ」が必ずしも絶対的な目標になるわけではない。「復興が早すぎると感じて心がついていかないときもあった。六年たって、やっと追いついてきた」という声もある。(55)

勝ち負けではなく、守られた——。埋め立てを選ばなかった土地で、まちの未来をどう描くか。ふりかえれば、開発反対の意思表明をした人びとも、自分たちでまちをよくする取り組みをつづけてきた。たとえば、広田湾開発が「解凍」されそうになった一九八三年、陸前高田ロータリークラブが主体となって、「古川沼をきれいにする会」が設立された。古川沼とは、高田松原と国道四五号線の間に津波前まであった沼で、生活排水などによる汚濁が問題となっていた。河野らは、市外から有識者を呼ぶなどして清浄化の活動をした。また、高田松原は陸前高田の観光の表玄関との意識から、松原保全のためのゴミ拾い、マツクイムシ防除対策、草刈り作業などのボランティアに、多くの市民が参加した。高田高校も、学校行事として松原の海岸清掃を行っていた。(56)こうした経緯の積み重ねの上に、二〇〇六年、「高田松原を守る会」が設立された。同会はいま、あらたに建設された防潮堤のうえに松原を再生するための活動で知られる。

だが、復興の「遅れ」が脅し文句となって、果たされなかった思いも残る。たとえば「奇跡の一本松」については、保存にかけた莫大な費用は適切だったのか、砂浜のほうを残す手立てはなかったのか、疑問視する声がある。* 津波で失われた高田松原では、松のほとんどが流出してしまったものの、もとの砂地が五〇〇メートルほどの長さにわたって残り、折れ残った松の根が津波の威力を伝えていた。一年後からは松の幼木（実生《みしょう》の松）を含む植物も芽吹いた。「高田松原を守る会」は、津波の脅威を伝えるためにこの砂地を保存してほしい、と市に訴えたが[57]、その場所には高さ一二・五メートルの防潮堤を建設することが決まり、実生の松は別の場所で育てたのち、防潮堤の上に移植するという方針がとられることになった。「復興のため」という方向づけは、「バラ色の未来」よりはるかに強力に、考える時間と対話する機会を奪ってきた。そこにもたらされた東京オリンピック開催決定の報（二〇一三年九月）は、「ああ、われわれ棄てられたんだ」と感じさせた（河野正義、二〇一五年二月五日）。重機の轟音のかげでつぶやかれる声の中にも、いくつもの異なる道がありえた。

＊「奇跡の一本松」の保存事業は、陸前高田市が随意契約で株式会社乃村工藝社に一億五〇〇〇万円で発注したが、一般競争入札で行なえば約半額で済んだ可能性があり、違法の可能性があるとして、市民団体から監査請求が出される一幕もあった[58]。

よすがとしての気仙川と高田松原

うさぎ追いしかの山、小鮒釣りしかの川……、それが原点だとわたしは思っています。出稼ぎから帰ると、駅からだいたい一五分くらいかかって歩いてきて、姉歯橋の前に立って、大きく深呼吸するのが、自分たちのよろこびだった。川の匂い、海の匂い、それを腹いっぱい吸って、うちにきたもんです。そうすっと、おふくろが、自分の好きなものを作って、待ってたもんだねぇ。だから今でもねぇ、うさぎ追いしかの山、小鮒釣りし……あんな歌を聞くところ……涙が出てくる。すばらしい気仙だとわたしは思ってる。（佐々木栄、二〇〇九年一月二二日）

津波前に聞いた話の中から、今になってよみがえるのは、年配の人びとが気仙の景色のすばらしさをしみじみと語る声音である。広田湾問題の舞台となった陸前高田沿岸部には、つねに気仙川があり、高田松原があった。しかし、高田松原という空間は消失した。気仙川にかかっていた姉歯橋も落ちてしまった。人びとがかつてのまちを思うよすがは、これからどのように残っていくのか。

二〇一三年九月二九日、高田松原の砂地が工事でつぶれてしまう前に、一般市民が立ち入れる

写真2　松の消失した松原で時間を過ごす市民（2013年9月29日，筆者撮影）

最後の機会が設けられ、午前一〇時の集合時間に、市内外に居住地を置く夫婦や家族連れ、あるいは単身の人びとが、一〇〇人以上集まった。人びとは、かつて遊歩道があったところを歩き、松の幼木が育っていないかと探し、家族写真を撮ったり、海をただ眺めたり、記念にと木や貝や石を拾い、砂をビニール袋に集めたりして、時間を過ごしていた（写真2）。

いまは陸前高田市観光物産協会に所属するガイドのひとりとして、被災の教訓を伝えている河野正義は、「この場所は自分には、聖地のように思えてならない」と語った。「一本松」は億単位の資金によって剥製となったが、ねじきれた松の根があちこちに刺さっている砂地には、それでもたくさんの植物が芽生え、近づいてみるとアブラムシやテントウムシが生きていた。じつは、そのときわたしたちの目前には、資材を積んだ船が停泊し、浚渫作業を行い、大きなクレーンが資材を釣りさげて運んでいて、事業者しか入れない柵の向こうに、たくさんの作業員の人と鮮やかな黄色や緑の重機が並んでいる、かつて一度も見られたことのなかった広田湾の景色が広がっていた。河野は、かつて埋め立てを拒否した海に、堂々とクレーン船や重機船が泊まる姿に心を痛め、防潮堤建設で海中の生態系に及ぶはずの影響について何ら検証がされないことに忸怩たる思いを残していた。陸前高田に生まれて小学校五年生で津波に遭った一四歳の河野《こうの》通明《みちあき》が、波打ち際にしゃがみこみ、手で砂をすくって、大きな馬蹄をかたどっていた。ときどき波がそれを崩し、通明はそれを直しながら、「高くしたって意味ないですよね」と言った。

「ここのやり方」をもとめて

一九七〇年と一九八三年、二度にわたって外部から提案された「開発」の未来像は、陸前高田市民がわがまちのすがたを見直す鏡となった。人びとは、家族あるいは先祖とともに生活するため、そのときどき、さまざまな判断を迫られ、その都度悩んで、選択をする。

米崎漁協組合長だった金野博は、「知事の寿命はたったの四年だが、私たちはこの先何十年、何百年、海を守れたら、これだけで生きていかれる」と語ったことがある。[59]ひとが生きようとする時間には、生業のなかの「循環」はあっても、「任期」や「年度」などの区切りはない。人びとにとっては、自分たちなりの暮らし方を自分たちなりに模索し続ける「時間」と、その模索の場としての「ここ」を、壊さずに残すことじたいが生存戦略のひとつだった。唯一無二の「ここ」を、よそからの強い力で支配されることを拒む、その意思表示が、陸前高田では、開発反対運動として顕在化したのではないだろうか。

広田湾問題を若手として経験した佐々木松男は、「ここはここのやり方しかないでしょ、と、いつも思う」とあるとき話した。このことばは、国策の扇動にただあおられるのでなく、使える部分は使いながら、正解のない将来を模索してきた無数の人びとの立ち姿を呼び起こす。ひとつとして同じものがない地域に生きるということは、当面の意見は違っても、最後はみな同じ「ここ」を思うということなのだろう。その思いはいつも、「いま」だけではなく、「祖先」と「子孫」の両方に向けられていた。何十年、何百年、あるいは一万年と、時間の連なりを意識するたびに、人びとは、いまの自分たちだけの地域ではないことを確認し、足元を見直してきたのではなかったか。現代の統治者・国家が示す「開発」「復興」の輝ける像をにらみ、手探りゆえの不安とたたかいながら、人びとは在る。

注

（1）『陸前高田市史　第一巻　自然編』（一九九四年）、六二―六四頁、および、陸前高田ロータリークラブ発行『高田松原を守ろう！』（二〇〇五年）。

（2）死者・行方不明者数は、いわて防災情報ポータルサイト「東北地方太平洋沖地震に係る人的被害・建物被害一覧（平成二九年二月二八日現在）」(http://www2.pref.iwate.jp/~bousai/shiryo/kako_saigai/h23shinsai/jintekihigai/jinteki20170228.pdf) 二〇一七年三月八日確認。それ以外については、陸前高田市ホームページ内「地震・津波の概要、被害状況」(http://www.city.rikuzentakata.iwate.jp/shinsai/oshirase/hazard1.pdf)、二〇一七年三月八日確認。

（3）陸前高田市ホームページ内「奇跡の一本松保存募金について」(http://www.city.rikuzentakata.iwate.jp/kategorie/fukkou/ipponmatu/ipponmatu-bokin/ipponmatu-bokin.html) 二〇一七年三月一三日確認。

（4）「陸前高田と石巻　国が追悼施設　20年度末にも」（『朝日新聞』二〇一四年一一月一日）。

（5）畠山直哉『陸前高田 2011-2014』（河出書房新社、二〇一五年）、一五一頁。

（6）一般社団法人ＮＯＯＫ編『こころのたからもの―陸前高田昔がたりの会　語りの場の記録』（二〇一七年）。

（7）立教大学ＥＳＤ研究センター編『地元学から学ぶ・講演会記録集』（二〇一〇年三月）、二二頁。

（8）岩手県統計年鑑・市町村民経済計算平成二二年度。いわての統計情報 (http://www3.pref.iwate.jp/webdb/view/outside/s14Tokei/top.html) 二〇一七年三月一三日確認。

（9）立教大学ＥＳＤ研究センター編前掲書、二三頁。
（10）建設省計画局編『国土総合開発読本　きり拓かれてゆく日本』（日本週報社、一九五三年）、一三頁。
（11）以下本節における国土計画の概要については、とくに注記しない限り本間義人『国土計画を考える』（中公新書、一九九九年）による。
（12）国土計画協会編『日本の国土総合開発計画』（東洋経済新報社、一九六三年）、九一―九三頁。
（13）岩手県『岩手の工場適地―新しい産業社会の紹介』（一九六八年）、二八頁。
（14）『陸前高田市史　第九巻　産業編（上）』（一九九七年）、三三八―三四一頁、および、同『市史　第四巻　沿革編（下）』（一九九六年）、六二六―六二七頁。
（15）Clark, Colin, *The conditions of economic progress*, Macmillan, 1940（大川一司ほか訳『経済進歩の諸条件（上下巻）』勁草書房、一九五三―一九五五年）。
（16）大門正克『全集日本の歴史　第十五巻　戦争と戦後を生きる』（小学館、二〇〇九年）、二八五頁。
（17）平山憲治監修『匠たちへの誘い―気仙大工・気仙かべ技倆写真帖』（共和印刷、一九八二年）。
（18）『陸前高田市史　第八巻　治安・戦役・災害・厚生編』（一九九九年）、三七八頁。
（19）総務省統計局国勢調査一九五五年から二〇一五年分。
（20）『陸前高田市史　第四巻　沿革編（下）』（一九九六年）、五四六―五五二頁。
（21）『陸前高田市史　第九巻　産業編（上）』（一九九七年）、四〇九、四一九頁。
（22）以下は本間前掲書、一八―二一頁による。
（23）以下本節の内容は、とくに注記しない限り『陸前高田市史　第四巻　沿革編（下）』（一九九六年）および木下繁喜「幻の広田湾開発―二〇年の軌跡」（『東海新報』一九九一年一一月一二日から一二月六日までの連載全二〇回分）による。

(24) 三陸地域地方開発都市建設協議会編『三陸地域開発計画―三陸地方開発都市の構想』(一九六四年)、二三―二七頁。
(25) 陸前高田市役所庶務課『広報陸前高田』第一七九号(一九七〇年一月二五日)。同広報は陸前高田市立図書館所蔵のCD―ROMで閲覧(二〇一五年二月四日)。
(26) 陸前高田市『陸前高田の水産』(一九九〇年八月)、一三八頁。
(27) 「広田湾埋め立て中止を　養殖漁業に打撃　漁協陳情「計画容認できぬ」」(『岩手日報』一九七一年六月一六日)。
(28) 「〝生活権奪う広田湾開発〟小友町も反対陳情」(『岩手日報』一九七二年三月八日)。
(29) 「広がる広田湾開発反対・宮城県唐桑町　町ぐるみの協議会　九日、岩手県議会に陳情」(『岩手日報』一九七二年一〇月七日)。
(30) 田中角栄『日本列島改造論』(日刊工業新聞社、一九七二年)、一四一頁。
(31) 河野通義『美しい郷土―株式会社開発計画研究所報告書批判・広田湾を沿岸漁業の宝庫にしよう』非売品・冊子態コピー、一九七八年。
(32) 株式会社開発計画研究所『陸前高田市市勢発展計画基礎調査報告書』Ⅰ・Ⅱ・Ⅲ(一九七六―七八年)。
(33) 「「広田湾　天恵の海生かせ」東京水産大学研究班・陸前高田市漁業振興調査で報告　開発と両立無理」(『河北新報』一九八二年九月一二日)および木下前掲連載第一二回。
(34) 「ユニークな〝点数制〟営漁　青年水産教室・金野米崎漁協組合長が披瀝」(『東海新報』一九八六年二月八日)、および広田湾漁業協同組合米崎支所「「点数制」による漁場行使の最適化と所得向上―漁家別水揚高目標の設定・達成を積み重ね、高収益を実現」(『アクアネット』一〇三号、二〇〇七年)、二四―二七頁。

(35)本間前掲書、七六―八〇頁。
(36)「一六年ぶりの選択　陸前高田市長選（下）手作りリゾート実現　雇用まだ不十分」（『河北新報』一九九九年一月三〇日）。
(37)「陸前高田市長選　候補者の横顔」（『朝日新聞（岩手版）』一九九九年二月二日）。
(38)広田湾埋立反対漁民期成同盟会『漁民の立場から見た広田湾埋め立て開発問題の経過と現況』発行時期不明（一九七五年以降）、四頁。
(39)広田湾埋立反対漁民期成同盟会前掲書、三頁。
(40)岩手県総合開発局『岩手県経済の長期展望―二〇年後の岩手県経済』（一九六二年三月）、四〇頁。
(41)広田湾埋立反対漁民期成同盟会前掲書、四頁。
(42)木下前掲連載第一七回。
(43)広田湾埋め立て開発に反対する会『美しい郷土』第一号（一九七二年九月一日）、二頁。
(44)同右、一頁。
(45)鵜浦喜八「序文・十数年に及ぶ活動の結論」（広田湾埋め立て開発に反対する会・河野通義編『石炭火電は広田湾に来るか』一九八四年）。
(46)「出稼ぎ者は訴える」（広田湾埋め立て開発に反対する会『美しい郷土』第二号、一九七二年一一月二五日）、三頁。
(47)岩手県総合開発局『岩手県経済の長期展望―二〇年後の岩手県経済』（一九六二年三月）、五一頁。
(48)陸前高田市気仙大工左官親交会「広田湾開発に関する中立声明書」（広田湾埋め立て開発に反対する会『美しい郷土』第四号、一九七三年六月一日）、四頁。
(49)岩教組気仙支部陸前高田支会編『〈討議資料〉広田湾を埋め立てる計画をめぐっての諸問題』（一九七二

年)。

(50) 大門正克『Jr. 日本の歴史　七　国際社会と日本』(小学館、二〇一一年)、一一六頁。

(51) 経済企画庁『昭和三一年年次経済報告』(一九五六年)。

(52) 特別養護老人ホーム「高寿園」柴田宏一・菅原由紀枝・嶋村孝行「あっという間の二年、自分でやらねばという思いばかりが―」(インタビュー実施日・二〇一三年一月一〇日)(『都市問題』一〇四巻三号、二〇一三年)、二五―三五頁。

(53) 古河機械金属株式会社『CSR　REPORT　2015』(二〇一五年)、八―一〇頁。

(54) 「高台造成の発破、募るストレス　陸前高田、壁にひびも」(『岩手日報』二〇一五年一月二五日)。

(55) 二〇一七年三月一三日、FMねまらいんの番組『舘の沖.com』で阿部裕美の発言。

(56) 佐々木松男『高田松原ものがたり』(高田活版、二〇〇七年)、三〇―三一頁。

(57) 「松原の浜を「遺構」に　陸前高田の保護団体、県へ要望書」(『朝日新聞(岩手版)』二〇一三年六月二一日)。

(58) 「一本松事業で監査請求、気仙オンブズマンが不透明性指摘」(『東海新報』二〇一四年一一月二一日)。

(59) 鎌仲ひとみ監督『六ヶ所村通信番外編』(VHS作品、制作:グループ現代、二〇〇五年)。

第二章　原発推進か、反対かではない選択
——高知県窪川におけるほ場整備事業から考える

猪瀬浩平

1　ある情景

宮城県県南地域にある角田《かくだ》市の稲作農家の後継者が、一九八〇年代にもちあがった原発建設計画を白紙撤回に追い込んだ高知県の四万十《しまんと》町（旧窪川《くぼかわ》町）を訪問したのは二〇一一年八月のことだ。原発反対運動のリーダーの一人であった農民を訪ねるのが、彼の旅の目的だった。

二〇一一年の東京電力福島第一原子力発電所の事故は、この町で三〇年前に起こった原発騒動

の意味も大きく変えた。一九八〇年に計画が明るみに出てから、受け入れの是非をめぐる争議が起こった。原発を推進する町長のリコールが成立し、出直し選挙を含む三回の町長選挙と二回の町議会議員選挙では、原発推進—反対の双方が候補者を立てて争った。長い争議の末、一九八八年六月に窪川町議会で原発論議の終結宣言が採決された。しかしその後も、原発を受け入れなかったことが地域経済の衰退を引き起こした、原発を受け入れていれば町はもっと豊かになっていたのではないかという声は残っていた。その空気を原発事故は一掃した。熱心な推進派すら、あの時原発を受け入れなくてよかった、と反対派の人びとに語った。* そして、この町は原発を止めた町として全国に注目されるようになった。

*反対運動の中心人物の一人も、原発事故以降、「あのときに原発をとめてくれてありがとう」という言葉を、町民からたびたび聞いたという。「それまで俺を避けた人が、事故後は途端にニコニコ。その手のひらの返し方に戸惑った。生きている間に評価されるとは思わなかった。やっと分かってもらえたという気持ちの反面何もいまさらという思いもあった」と語っている(1)。

原発事故によって放射能に汚染された地域から、高知県には相当の距離がある。東北産の農産物や水産物はほとんど出回らないため、食品の選択にあたってジレンマを抱えることも少ない。放射能汚染を理由にこの町からの避難を考える人も皆無である。それはまた、自らの住む場所に

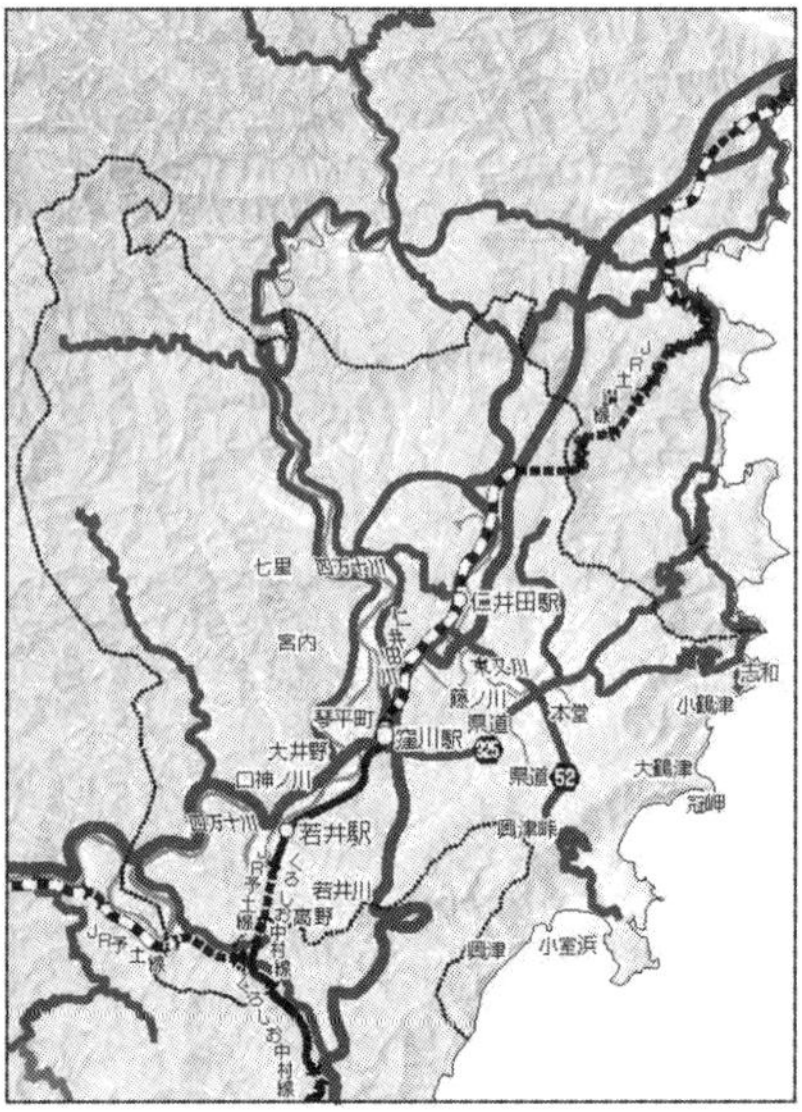

図　旧窪川町の地図（猪瀬浩平『むらと原発――窪川原発計画をもみ消した四万十の人びと』（農山漁村文化協会，2015年，より転載）

とどまるか、とどまらないかを思い悩む人達や、今食べている食品が自分の命を脅かしているのではないかと疑わざる得ない人達との間に分断があったともいえる。

角田市の青年がこの町を訪問したのは、原発反対運動に興味をもったことではない。農業者として放射性物質の問題を如何に認識し、放射線の被曝から如何に身を守るべきかを、農業者として反原発運動を行ってきた人々に聞きたかったからだ（図）。

彼はこの町で数日を過ごしながら、期待した答えは返ってこないことに気づいた。人々は放射能汚染という事態を想定しなくてもいいように反原発運動をし、実際に白紙撤回を導いたのであり、実際に原発事故が起きてしまった後に何をするべきかの言葉は持っていない。彼は美しい農地や森、川、海を目の当たりにして、放射能汚染によって自分の故郷をそのように美しいと感じられなくなっている自分に気づいた。この町を羨ましいと感じるとともに、故郷の現状が無性に悔しかった。

滞在中最後の作業が終わった田んぼで、彼は反対運動の闘士でもあった農民に問いかけた。

僕は放射能に汚染されていても、故郷を捨てるつもりはありません。もしこの町が僕の故郷と同じ状況になったら、どうしますか?

農民はしばらく沈黙した。放射能の危険性を長年にわたって説いていた彼は、原発事故後に東北で農業をすることには否定的だった。除染ではなく移住が重要であり、東北の農業者を自分の町で受け入れることも考えていた。沈黙の後に彼の口から出たのは、それまで語っていたことと大きく矛盾する言葉だった。

もしこの町が放射能で汚染されたとしても、おまえと同じように、自分も故郷を見捨てたりはしない。自分ができることを必死に考え、死ぬ気になって行動する。おまえは俺よりもずっと若い。故郷で、死ぬほど考えてがむしゃらに行動しろ。

滞在最後の日の夜に催された交流会で、青年は滞在の感想を次のように語った。

この家の稲を刈りながら、僕は毎年稲を刈り、自分のつくったコメを消費者のみなさんに喜んで食べてもらう、そういう暮らしを続けていきたいと思いました。絶望する必要はないとおもうし、絶望していたって、毎日絶望していたくない。四季は変わる。稲刈りをする。雪は降る。春はやってくる。そんななかで、変わらないことを続けていく。それを脅かすものに対して闘うことを学びました。

窪川原発を止めたということは、そういうことだと思います。僕は故郷の宮城県でコメをつくります。自己満足ではなく、農業をやります。農家というのは誰かのために食物を育てて、その人たちの命を担う存在。単に食糧の担い手ではなく、命の担い手。だから命を脅かすものは生産できない。それが大前提です。それを大前提として生きていくしかないと思っています。そこから出発するしかありません。

青年は、理不尽な形で始まった放射能汚染にさらされ続けている故郷の現実を押し返そうと、「毎日絶望していたくない」、「どんな状況でも楽しく生きる」と言葉をつむいでいく。農民はじっとうなずきながら、青年の言葉に耳を傾けていた。青年の搾り出す言葉は、突如として原発騒動が舞い込んできた頃、原発推進派に押されていた頃、そして原発をはねのけても町の衰退の元凶とされていた頃、つまり農民自身がこの町に対していたたまれなさを感じつつ、それでもそこに居座ろうとした記憶を呼びさます。事実、かれ自身もかつて原発騒動の渦中にこの町から流亡する可能性があったのだ。

原発事故によって、逆説的にこの町の原発をめぐる議論は二度目の「終結」をした。それは一方で、放射能に汚染されてしまった土地で生きようとする東北の農民との間に、農業を続けることをめぐる意識の分断を生む危険を伴っていた。そんなときに、反対運動の闘士であった農民と、東北の農家出身の青年は出会う。そして放射能と農業は相容れないという考えで進められたこの町の反原発運動と、放射能汚染にさらされながら農業をすることを決断する青年の表面上の違いに関わらず、「変わらない生活を守っていくこと」、「それを脅かすものに対して闘うこと」において共通する構造が見出された。原発を止めた町の話を聞きにきた私は、生産と生活の営みの場所をここと決めた窪川の農民が、生産と生活の営みの場所をここと決める東北の若い農民と出会い、お互いの経験を〈重ね合わせ〉て、共感しあう場面と出会う。

本章が考えてみたいのは、それがなぜ成り立つのかということである。

2 「原発を止めた町」のほ場整備事業から

あるほ場整備事業の記念碑

本章は窪川町で一九八〇年代に展開された「開発」をめぐる考察から、前節で提示した問いに答える。

一九八〇年代の窪川では、ほ場（土地基盤）整備事業が進んだ。食糧増産から、農家の生産性の向上への転換した一九六一年の農業基本法制定以降、大型機械導入のためのほ場の造成や農道の整備が重視されるようになった。用排水改良が主眼を土地生産性の向上に置くのに対して、ほ場整備事業は労働生産性の向上に置く。そのため、農家の余剰人員を都市に送り出すための政策とも言われる。(2)

ここで見落としてはいけないのは、ほ場整備事業は外から押し付けられたものではなく、農村内側からも望まれる点である。

旧窪川町の東部から海岸部に向かう道路を走ると、道路の脇に記念碑が立っているのが見える。立ち止まると、記念碑にかつての高知県知事中内力の書で、「窪川東部地区県営ほ場整備事業竣功記念碑」と書かれている。裏面の説明は以下である。

旧東又村七集落からなる地域親ケ内藤ノ川黒石八千数本堂数神横掛の近代的農業に熱意をもやす時の町長藤戸進氏は二百三十二名と相諮り昭和五十四年九月県営窪川東部地区の耕地百九十二ヘクタールの基盤整備を核として農業の近代化をすすめ総事業費一八億三百蔓円で工を起し昭和六十三年三月町長中平一男氏がこの事業を継承その熱意と努力によって平成四年三月竣功した茲に関係者一同の発意により記念の碑を後世に伝えるものである。　平成四年三月　窪川東部土地改良区

この記念碑を読むことで、ほ場整備事業によって窪川を開発しようとする熱意が農民たちにあったことが確認できる。一九七九年に事業が始められる一〇年近く前から、七集落の人々は延々と折衝を行ってきていた。その熱意が、町長をして県営ほ場整備事業を進めさせた。代替わりした町長もこれを引き継ぎ、一四年の年月をかけて一九二ヘクタールに及ぶ事業を完成させた。

「原発を止めた町」では見えないこと

記念碑に現れた農村開発への情熱は、今、焦点を当てられることはない。

町の外からの視点から同時期の窪川を見ると、ほ場整備事業が進められていた一〇年間の焦点

は別に置かれる。一九八〇年、藤戸進町長は国の第三次全国総合開発計画（三全総）における高知県西南開発の枠組みの中で、原子力発電所の立地調査受け入れに向かって動き始める。以後八年間にわたり、窪川町は原発の受け入れをめぐって町民を二分し、「骨肉の争い」とも称される争議が起こる。その中で、藤戸は原発に反対する住民の力でいったんリコールされるが、直後に再選される。チェルノブイリの事故後の状況の変化の中で、原発立地計画を推進した藤戸は原発受け入れを断念し、一九八八年一月に辞職する。その後の選挙で当選したのが中平一男である。同年、窪川町議会は全会一致で原発論議の終結宣言を決議する。

今、窪川は原発を止めた町と語られる。原発を止めたという時点から遡って、その理由が探られる。たとえば、住民運動に参加した個人が学習し、正しい知識を身に付ける。それによって力を得た運動が、原発を拒否するといった形で。

このとき、窪川町の人々が農業生産力をあげようと様々な取り組みを行っていたことは背景に退けられる。二〇一一年三月一一日の東日本大震災と、それがもたらす東京電力福島第一原発の事故は、その傾向をますます強める。*

*たとえば、脱原発をめざす高知県首長会議が編集した冊子は、タイトルが『フクシマそしてクボカワ』と名付けられている。(3)

しかし推進派と反対派の分断は、時にあっさりと乗り越えられてしまう。その例が他ならぬ窪川東部地区のほ場整備事業である。土地改良法では、ほ場整備事業は当該地域の地権者の三分の二の同意で実施可能だが、高知県農林部耕地課によれば、採択後スムーズに工事を着手するためには九五パーセント以上の同意が必要であると考えられていた。[4] 町を二分する争いがあったという語りでは、何故地権者のほぼ全員の同意を必要とするほ場整備事業が完遂できたのかという問いには答えを出せない。

「愛郷意識」という説明から、人びとへの視点へ

原発騒動の最中にほ場整備事業が何故実行できたのか、この問いを考えるためにはいくつかの説明があるだろう。

ひとつは、推進派も反対派もどちらも「愛郷意識」をもっていたという説明だ。開沼博は原発反対運動の中心人物から、原発増設を国に要望する町長に「転向」した福島県双葉町の元町長岩本忠夫に着目する。そして、原発立地する地域（「原子力ムラ」）となった双葉町では、原発推進―反対という対立が次第に意味を失い、「住民がそこで自らの生き方を貫くことが可能になるか／否か」が重要な対立になった。そのため、故郷に根ざす生き方を貫くということを共通の基盤

としながら、外部から奇異に見える、原発反対の極から推進の極への移動が可能になったと説明している。(5) 開沼の説明を援用すれば、原発が立地することになった双葉町とは逆に、窪川町では原発計画が白紙撤回されていく過程で推進―反対という対立が大きな意味を持たなくなり、元々双方が共通してもっていた故郷を愛し、故郷に根ざして生きていく意識が媒介となってほ場整備を成立させた、と説明ができる。

しかし「愛郷意識」という言葉は、指示対象があまりにも漠然としている。如何に愛郷意識を持つのか、あるいは持たないのかという考察がなければ、「人は自らの暮らす地域に対して愛郷心を持つ。なぜならば、その地域に暮らしているからだ」という同語反復に陥る。また、ここでは愛郷意識を持っていたとしても否応なくそこを離れなければならなくなった人々や、その土地に移ってきた人の存在はほとんど考えられていない。

清原悠は、『「フクシマ」論　原子力ムラはなぜ生まれたのか』において開沼が、福島第一原発、第二原発の立地地域のみを「原子力ムラ」として取り上げ、福島県において原発計画を阻止した浪江町の浪江・小高原発を検討していない点を指摘する。そして、原発立地が計画された棚塩におけるムラ＝自然村の役割に注意を喚起する。棚塩は明治以降、北棚塩、南棚塩と行政区が別れていた。しかし、棚塩全体に関わることは行政区を越えてもともとの自然村を単位に「大字会《おおあざかい》」

とよばれる会合において決めるのがならわしであった。

　棚塩の住民の知らないところで原発誘致を進める町議ら町の有力者に対する怒りもあり、大字会は当初は反原発誘致でまとまっていた。しかし東北電力の切り崩しによって、北棚塩地区は原発推進派が多数になった。そのため、以前から反対派が多数を占める南棚塩地区は大字会を割り、行政区どおりの行動をとらざる得ない状況となった。つまり、計画に反対する農民たちは当初、ムラ＝自然村を基盤にしていたが、町当局や電力会社がこの反対運動を切り崩していった結果、立地点のムラが行政区の単位に押し込められてしまったのである。以上のように、清原はムラ＝自然村であるがゆえに原発立地に対する抵抗可能性を持っていた点、および原発を誘致する欲望をもったのはムラではなく、行政村＝町当局であった可能性を見出す[6]。

　つまり故郷を愛することの共通性ではなく、原発推進―反対に限らず、地域には多元的な関係が存在しており、またそれが原発推進―反対に完全に二分されたわけではない、と考えるべきである。原発騒動とほぼ同時期に進んだほ場整備事業のように、窪川で暮らす人々は完全に原発推進―反対で二分され尽くされたわけではなく、原発騒動を一時宙吊りにして、区画の図面の引き方や、それぞれの田んぼの位置について延々と寄り合いを続ける関係性が存在していた。原発騒動が町を二分したと語られる。しかしそれが、親戚関係がもともと希薄な都市生活者が想像するような「断絶」をもたらしたのかについては留保が必要である。たとえば筆者が話を聞いたある人物は、反対運動に参加することで推進派の中心人物だった父親の逆鱗に触れ、猟銃を向けられたという経験をもつ。しかし家を出たのは一日だけで、翌日は家に戻って生活をしていた。多くの場合、猟銃を向けられたことだけが原発騒動の激しさを物語るエピソードとして注目され、翌日彼がどう暮らしたのかは注目されない。

3　農民たちが原発反対運動に参加した理由

窪川原発反対運動の特徴は、農民層が活動の中心を占めていたことであると語られる。しかし、その参加理由を一括りにはできない。以下、生業と生活との関係に留意しながら、原発反対派として町議会議員になった三人の農民たちがなぜ反対運動に参加したのかを見ていく。

ある養豚農家

窪川町では一九五〇年代中頃から畜産が盛んになり、一九六〇年代後半には「畜産の町」と呼ばれるようになっていた。当時は稲作と畜産の複合経営が多く、特に子豚生産が主であった。多くの農家が庭先で豚を飼った。当時の農業所得は母豚一頭の収益で稲作一反分に匹敵する所得があった。窪川で養豚業が拡大したのは、町内（旧東又村黒石）に一九二五年から一九六九年まで畜産振興機関の高知県立種畜場があったことによる。一九六〇年には、一九七二年に窪川農協に合併する東又農協が子豚市場を開設し、毎月三回市場を開いた。一九六二年頃の最盛期には子豚一頭三万円の値をつけた。窪川農協も畜産課を設置し、農家への支援体制を強化した。

一九五九年には、町内四人の農業経営者が中心となって、静岡県から種豚（中ヨークシャ種）を導入した。一九六一年にスウェーデンからランドレース種を、一九七二年には、アメリカへ直接買い付けに行き、ハンプシャー種・デュロック種を導入した。一代雑種を含めランドレース、ハンプシャー、デュロック種の三元雑種を系統的に行い、窪川ポークはブランドとしての知名度を高めた。

高度経済成長によって消費者の購買力が上がり、肉の消費が拡大するなかで、養豚が窪川の農業生産の中核となった。一九六五年頃には、子豚市場には県内各地から子豚が集まり、月間出荷二〇〇〇頭を越す取引となった。設備の改善が行われた一九七五年頃には、月間三〇〇〇頭を超えて、西日本を代表する子豚市場となった。生産者は農協内に養豚部を組織し、子豚生産から肥育までの一貫経営が浸透していった。一九七二年の東又農協との合併時の窪川農協の豚の販売実績は、子豚が三億一三五七万円、肉豚が三億二六二一万円となった。原発騒動が始まる一九八〇年には、子豚が三億六〇〇〇万円、肉豚で九億三一〇〇万円となった。*

＊平成に入る頃になると、輸入自由化の影響で子豚の価格は下がった。養豚農家は規模拡大と子豚生産から肥育までの一貫生産という経営の合理化に迫られた。その結果、二〇〇四年の農協取り扱いは肉牛七億二〇〇〇万円になったが、養豚農家は大規模生産農家一〇人のみになっている。(7)

窪川に中ヨークシャ種を導入した四人の一人は、沿岸部の集落で稲作・畑作と複合した子豚養豚を行っていた。当初は肥料を得ることが目的だったが、子豚が儲かるようになるなかで養豚専業農家となった。原発騒動当時、彼の家は親豚三〇〇頭、子豚を含めて三五〇〇頭の経営になっていた。一九五〇年代後半に生まれた息子も、高校時代から養豚を継ぐことを決め、首都圏の大学の獣医学部に進学した。

原発騒動が表面化したのは、息子が大学を卒業し窪川に戻る頃だった。原発予定地は彼らの住む集落から三キロに満たない場所だった。原発が出来ると、地元の名前を出して売れなくなることを強く危惧し、彼は反対運動に参加した。養豚専業の体制を確立し、後継者も戻ってきたところにやってきた原発計画は、自らの営農努力に水を差すものだった。推進派と反対派に分かれた集落のなかで、彼は臆することなく原発反対の声をあげた。元々自民党員だったが、原発反対運動に合流したのをきっかけに除名された。すると彼は反対派の連絡組織である「郷土をよくする会」（以下、ふるさと会）に参加し、常任幹事に名前を連ねた。一九八三年一月の町議選挙には、ふるさと会候補として立候補し、当選した。一九八七年の選挙でも再選され、原発騒動終結を議員として見届けている。彼の息子も運動に参加し、地元で開かれる学習会にも積極的に参加した。学習会を通じて、漁業補償金は一時的なものに過ぎないことを知ったのが理由だった。リコールの頃は同世代の若者と街宣車に乗り、窪川町内の隅々まで走りまわった。*

＊以上、渡辺惟夫の息子である渡辺典勝への聞き取り（二〇一四年一一月一八日実施）を主に参照。

ある酪農家

彼は、一九三四年に旧窪川町に生まれた。窪川高校農業科へ進学したが、次第に古代史に興味を持ち始め、普通科へ転科した。高校を卒業すると就農し、祖父母とともに農作業を始めた。ビルマで父が戦死したため、彼は学校を卒業したらすぐに家業を継ぐ必要があった。

家には水田が一・八ヘクタールのほかに芋・麦の畑と山林があった。農閑期に近所の人達は炭焼きに出ていたが、祖父が農協の理事をしていた彼の家は炭焼きに行かなかった。

彼の家は、一九五三年に一頭のホルスタインをいれた。もともと飼育していた赤牛とともに農耕用に使い、搾乳はしなかった。耕運機が導入されるようになると、家に牛は一頭もいなくなった。本格的に乳牛を飼うのは、農協によって緩傾斜地で山地放牧酪農導入が始まった一九六一年頃である。次第に頭数が増えて、一九七〇年代後半には二〇頭になった。米の生産調整が始まると、ほ場の半分は飼料作物を植えた。八月下旬に稲刈りが終わった田にはイタリアンライグラスを播き、田植え前に刈り取っていた。しかしそれでも足りなくなると、田んぼの一部を周年のイタリアンライグラス畑に転作した。

原発計画が表面化してくると、彼は反対運動に参加するようになった。積極的な参加ではない。窪川が原発を受け入れずに、一次産業だけでやっていける自信はなかった。ただ家族同士、親戚同士がいがみあうのが嫌だった。他の家では、推進と反対とで亀裂がおきて、年中行事が満足にできあないところもあった。彼の家では、息子が同級生と一緒に熱心な反対派として動いていた。だから、彼は反対派になった。反対運動の流れに乗る中で、元々親戚の多かった彼は票が固められると期待された。彼は、ふるさと会の推薦を受け、集落代表の候補として町議選に立候補した。一九八三年の町議には落選したが、一九八七年の選挙では当選した。*

＊以上、田中哲夫への聞き取り（二〇一四年八月二八日実施）を主に参照。

ある多角経営の農家

彼は、一九四七年に後に窪川町に合併する旧松葉川村に生まれた。窪川高校農業科に入学する頃から実家を継ぐことを考えた。実家は稲作専業だったが、一九六六年に就農した彼は、庭先養豚と葉タバコ、後にショウガの栽培を始めた。養豚の規模拡大を考えている頃、農業科の先輩・同級生ら数人とともに一九七二年に乳用牛の牡牛の肥育経営を行う共同組合を設立した。これまでの牛の販売方法は庭先取引か市場でのセリ売りで、価格は不安定だった。彼らの設立した共同組合は、高知市の量販店と「生産所得保障方式」による枝肉の産直販売を始め、中間経費の削減と定期出荷を行い、計画にもとづく生産で経営の安定化を図った。一九七四年には、農業組合法人に改組した。産直をやったことで、自分たちの生産する牛肉の安全性について意識するようになった、と彼は語る。

原発計画が持ち上がった当初、彼には賛成の意識も反対の意識もなかった。四国電力が主催する伊方見学ツアーにも参加した。反対の立場で動くきっかけは、一九八〇年の秋に原発立地反対請願への協力を求めて、農業組合法人の事務所に反対運動の中心人物の酪農家がやってきたからであった。数時間に及ぶ説得を受けて、彼らは原発反対の活動を始めた。そして、仲間たちと町長リコール直前の一九八一年二月五日に伊方を訪問して調査報告にまとめ、町民に配布した。

一九八三年の町議会選挙で、彼は原発反対派候補として立候補した。しかし、彼はふるさと会のメンバーというよりは、原発に反対する青年の集まりの一人として運動に関ったという意識を持っていた。議員に当選したときも、「僕がふるさと会を支持したのではなく、ふるさと会が僕を支持したのだ」と語った。一期四年間の任期中は、住民投票条例を実体のあるものにするべく尽力した。彼自身、原発に絶対反対の立場ではなく、じっくり学習会をしたうえで、住民投票で賛否を決するという立場だった。

自分の農業経営において、彼は農政からの補助金をあてにしないようにしてきた。養豚、肉牛肥育、ショウガ生産、そして一九八九年からは農業組合法人の仲間と共同で観光物産の直売所を国道沿いに開くなど、市場や消費者の動向を見据えながら経営判断をしてきた。地域の開発についても、あくまで住民の内発性を重視していた。地元集落のほ場整備も、地域がまとまらないと、たとえ国や県からの補助金が入ってもうまくいかない。逆に補助金がなくても、地域がまとまっていればうまくいく。同じように原発も、たとえ見返りに補助金がたくさん下りるとしても、地域がまとまらなければ何もうまくいくはずはない、というのが当時からの彼の考えであった。*

*河野守家への聞き取り（二〇一四年一一月一七日）を参照。

ここまで紹介した三人は、共に、原発騒動期に反対派の代表として窪川町議会議員を勤めた。

肩書きだけをみれば、熱心な反対派になるだろうが、運動に参加した論理は随分と違う。己の生業と、生活の文脈に即しながら、それぞれ原発反対運動に参加してきた。つまりリーダーといわれる人々だけをみても、反対運動の論理は簡単に整理できない。むしろ、この簡単に整理できないことこそが重要である。

次節では、このように多様な背景をもつ人々が、地域の将来のあり様を決めていく様態をほ場整備事業から考える。

4　ほ場整備事業をもみ合う

ほ場整備事業のプロセス

ほ場整備事業は政府の財政投資の主導のもとに進められたが、事業費の一定割合については農民負担を原則としてきた。これは一般の公共事業と違って受益者農民に特定の利益をもたらすこととともに、農民の申請事業を原則としており、農民およびその組織する土地改良区の自主性を尊重する方針がとられていることを理由とする。(8) この点は強調してよい。前節に登場した農家の「ほ場整備は金がいくらあってもできない。金がなくても地域のまとまりがあればできる」という言葉は、農民と土地改良区の自主性という観点で理解する必要がある。

ほ場整備を行う地権者の一任を、土地改良区の役員が取り付ける。本章冒頭の「窪川東部地区県営ほ場整備事業」では、七つの集落それぞれから一人の役員を出した。役員は毎週一回集まり、調整が難航する時には夜を徹して議論することもあった。

ほかならぬ土地をめぐる問題のため、役員は慎重にことを運ぶ必要があった。役員が条件の良い土地を得るとまとまらないため、率先して悪い土地をとる場合もあった。多くの集落では、年長者が役員となったが、ある集落では年少者がなった。彼は水はけの悪い土地を自分のものにした。そのため、集落がうまくまとまった。ある家の土地の換地では、増水時には水をかぶりやすい土地だったため、先祖代々の土地をそんな条件のわるいところに換地されてはたまらないと説明した。役員は、その分土地を増やすことを検討した。

確かにただ金があっても、地域のまとまりがなければほ場整備は完成しない。地域のまとまりとは、各農家、集落、そして複数の集落の連合体というように、様々な階層が重なりあって存在する関係のことであり、それはまた内部の対立や意見の衝突を乗り越えるため、延々と会合が重ねた先に、譲り合う地点を見出す場でもある。以下、原田津の言葉を引用する。

「いたずら」に会合を重ね、「いたずら」にもみ、結局は「まあまあ」で妥協する。それならハナからいいあんばいにあつらえれば――と考える人もあるかもしれないが、それはむらを知らない人のいうこと。むらにとって、妥協はもんだあとにだけ存在する。逆にいえばもみっぱなしではなくて、もめば必ず妥協の知恵が出てくる。妥協ということばの、いまの使われ方からすれば、これは妥協ではなくて「譲る」ということかもしれない。

〔中略〕

あきらめて納得する。まあしかたないだろうなという納得である。このあたりが、なんとも都会のセンスではわからない。「どうでもいい」ともちがう。「かってにしろ」ともちがう。「地頭に勝てない」のでもない。あえていえば、あきらめなければこれからむらとしてお互い一緒に暮らしていけないのではないか、それは困る、ということになる。これを聡明さといったら不都合だろうか。(9)

窪川の人々は原発騒動の時期も、ほ場整備を完成させるだけの地域のまとまりをもっていた。

もみ合われる農村開発と、ヒモ付きの農村開発

一方、原発を推進する藤戸町長の側も、窪川農業のほ場整備が立ち遅れていることに目をむけ、その積極的推進を語り始めた。一九八三年の町議会選挙では、原発を推進する「窪川町を明

るく豊かにする会」（以下、明豊会）は、周辺四町村と合わせて一四七〇ヘクタールの農地の造成、町内五一〇ヘクタールの区画整理を行う計画を立てた。これは前年に藤戸町長がまとめた、七九事業、総事業費一四〇八億円におよび、事業完了の目標年次を二〇〇〇年とする「窪川町振興ビジョン第一次試案」にもとづくものであった。一四〇八億円という事業費は、窪川町の年間予算五〇億円の三〇倍に及ぶ。このような大型事業を町に持ち込めたことを、藤戸町長は原発推進に骨を折った見返りと喧伝した。このように、国から莫大な財政援助をベースに生産基盤の拡大を図った[10]。

このような町長の計画を、ふるさと会は原発立地の「ヒモ付き事業」として批判した。会長の野坂静雄の反論は、決まって町内のショウガ生産の現状を取り上げた。野坂は言う。窪川町のショウガ栽培面積は県下一の二二一ヘクタール（一九八二年一〇月現在）。しかし、このうち一〇〇ヘクタールは、町外の農家が地代を払って栽培しにきている。一〇〇ヘクタールは、農家二〇〇戸分の面積にあたる。見方を変えれば、工場をひとつ誘致するのと同じ雇用をみすみす失っている。そして野坂は、農業など一次産業の振興は金や土地ではなく、人の問題であると語った[11]。野坂の言葉に重なるように、常任幹事の島岡幹夫も国の金をあてにして進めるほ場整備事業を「窪川の田んぼも山も全部ひっくり返してしまおうという事」と批判し、「〝人づくり〟なんかは眼中になく、とにかく何でもかんでも「入れ物」を作ってしまう事が全てという姿勢」と断じる。そのうえで、ほ場整備の事業も人づくりをしながら、農地条件を十分に理解して綿密な計画のもとでやるべきであると語った。[12]

ほ場整備事業のため、人々は時間をかけてもみ合い、そしてやがて事業を完遂した。原発反対—推進の対立も一時宙吊りにされた。それに対して、町長の「窪川町振興ビジョン第一次試案」は、窪川町企画課を中心に大急ぎでまとめられた。空前の事業費は、国費を当てにするものであり、また原発立地の見返りでもあった。反対派の人々は、野坂がショウガ生産について語るように、あくまで現実感のある言葉で反論した。

トップダウンで進められる振興ビジョンに対して、もみ合うむらが立ちはだかり、そのスムーズな進行を押し留める。

5　住民投票条例の制定と、温存する過程

住民投票の単位──多数決ということ

むらの論理が機能したほ場整備事業に比べ、原発の受け入れについては町民全体が推進─反対の選択を迫られた。一つのむらの範囲を超え、それまでほとんどかかわりのなかったむらやまちの人々の全体──行政的に設定された町──が決定の単位になった。それはむらが、行政単位としての町へ再編成されていく危険も伴った。しかし、原発騒動に巻き込まれていく雑多な文脈は、そのことを許さなかった。

窪川町における一九八二年の「窪川町原子力発電所設置についての町民投票に関する条例」の制定は、これまで原発反対運動によってもたらされた画期的な条例と評価されてきた。[13]

しかし、筆者は条例が制定されたことよりも、制定された条例にもとづく住民投票が行われなかったことこそが重要である、と考える。住民投票はあくまで多数決の論理であり、その母集団は行政的に設定された単位としての窪川町民である。むらのように延々ともみ合うことを担保するような、生活と生産の共同性も存在していない。性急に住民投票を行えば、負けた側が負う傷

は大きくなり、勝った側と負けた側の関係の修復に時間がかかる。そもそも推進か反対か態度を決めるのは、運動に積極的に参加していない人にとっては難しい。

ここで守田志郎の言葉を思い起こしたい。大塚久雄に代表される戦後啓蒙派知識人の共同体論は、むらを封建的なものとし、乗り越えるべき対象とする。しかし、守田はむらにこそ、近代性を身にまとった諸制度への本源的な批判力を見出す。守田の批判は、多数決にも向けられる。

多数決は意味をなさない。部落のなかでは多数が有利というので決定してしまえば、少数者一人一人が負う損はやたらと大きくなってしまう。それは生活とそのための生産に大きな差となって現れてしまう。それでは部落の呼吸は乱れてしまうということなのか、そういう議論はしない。だからといって、構成員のすべてを完全に同じに満足させる決議を、いつでも得ることができるというわけでもない。そこがむずかしい。だれかが、いくらかの我慢をしなければならない。そういう関係を残してことが決められなくてはならないことが多いわけである。これはしかたがない。その、我慢のしかたなさをふくめて部落の全会一致の議決論理がなりたつ。(14)

原発計画は、国家や巨大資本と手を組もうという、町内の一部有力者によってすすめられた。住民投票条例は、その暴走を食い止める歯止めとされた。しかし、実際に住民投票が実施されれば、多数決の論理に従うことになる。それはまた、町に住む人々の間に新たな断絶を生み出すことになる。その断絶は、回避しなければならない。

住民投票条例制定の背景――速度への抗いとして

原発反対を約束して町長の職についた藤戸進は突如「変節」し、原発の調査推進にまい進した。一九八〇年一〇月の立地可能性調査推進請願が可決されると、推進側の住民すらも驚くスピードで四国電力へ調査要請に出かけた。

多くの住民が、原発反対運動に参加し、町長リコール運動を起こすのは、原発の危険性を学んだことや、原発を受け入れた伊方町に活気がないことを確認したからだけではない。原発に反対する人々や、慎重な議論を求める人々の声を無視して、一部の有力者がゴリ押しで原発推進に邁進していくことを危惧したからである。たとえば、ある園芸農家は「住民投票で推進派が勝てば、自分は反対派から身を引くつもりだった」と筆者に語った。この発言は、彼が原発に対して絶対的な否を唱えたのではなく、むしろ町の将来を見据え、多様な意見にも目配りをした丁寧な対話をこそ求めていたと考えられる。

前節で論じたほ場整備事業はむらで長い時間かけてもみ合い、合意を得ていく。それに比べたとき、原発計画は町外の国や県、大企業といった、町に住む人々にはなかなか想像できない巨大な勢力の力を受けて、あまりにも早い速度で議論が進められていった。

その速度への抗いが運動であった。大臣や与党自民党の幹事長まで窪川に押し寄せた町長リコール投票運動の反対派スローガンは、「窪川のことは窪川町民がきめる」だった。それゆえ、町外から反対運動の応援にやってきた県議や代議士にはマイクを持たせなかった。住民投票条例は、当初、住民たちの意見表明を確保するために構想された。さらに言えば、リコール投票も独断専行する町長に対して、町民一人一人の意志を突きつける場として設定されたものだ。一方、一九八〇年に立地調査推進請願を町議会に出した原子力発電研究会の大西晃会長も、「反対住民が多数いるのだから、慎重な行動を取ってほしかった。このままでは、町長の独断とゴリ押しになる。今後は、研究会の総会を開き対応していくが、原発の安全性について学習していくことになる。そのうえで、誘致するかどうかを決めたい。町民本位で考えるべきもので、町長先行、行政主導型ではあってはいけない」と語っている。[15] 独走する町長を食い止めるために、住民投票が構想され、それが無視されることでリコール運動が燃え上がった。

出直し選挙に出馬した藤戸は、住民投票条例の制定を公約に入れた。その結果、住民投票は争点にならず、結果、彼は再び町長の椅子に座る。しかし、反対派が求めた立地可能性調査前の住民投票ではなく、立地可能性調査が終わった後、四国電力からの立地申し入れのあった段階での住民投票とした。再選した藤戸は意気軒昂となり、敗北したふるさと会は意気消沈した。

行使されない住民投票――多様なもみ合いの場

しかし、その後のプロセスは藤戸が思うようには進まなかった。

藤戸は再選する町長選挙で、窪川町内の全ての地区（集落）で原発学習会を開催することを、住民投票条例の制定とともに公約とした。原発学習会は、行政懇談会と名称を変え、一九八一年一二月に興津浦分、興津小室、小鶴津・大鶴津地区、志和浦分、志和郷分といった沿岸部の集落で開催され、その後台地部に広がる計画だった。

行政懇談会の司会は各地区の総代が勤めた。ちょうどこの時期に町内全体で二〇〇人余りの総代の改選期であった。これまで「行政のこま使い」、「地区の単なる名誉職」といわれ、各家の輪番交代で務められるようになっていた総代職は、自派に有利な展開で行政懇談会を進行するため、各地区で町議選さながらの選挙が行われるものになった[16]。つまり、原発騒動は各地区の地域政治を活発化させ、それが立地調査にむけたスケジュールを遅延させていった。結局、藤戸は一九八四年に開かれた窪川町三月定例会議で、住民からの反発の強かった志和郷分・興津郷分の両地区での行政懇談会は開催不可能と判断し、四国電力との立地調査の協定書締結に向けて作業に入ると表明した。しかし、当初の予定通りに行政懇談会が開かれなかったことは、反対派からの批判を浴びることになり、それが立地調査の協定書締結をさらに遅延させていった。

そんな中、一九八四年に窪川町議会と高知県議会は立地調査を前に進めるために「原発立地調査促進決議」を議決する。窪川町議会では、反対派議員の一九八三年選挙での躍進があり、一一対一〇というぎりぎりの可決だった

これに対して、高知県漁連は、一九八四年五月に開かれた通常総会で、「今後は原発問題への介入を行わず、地域の問題として興津・志和両漁協および原発反対高知県漁民会議に対応を委ねる」との方針を承認した。その結果、県漁協を通じ、原発立地点周辺の漁協に対して調査受け入れの説得を図ろうとした高知県の計画は頓挫した。原発反対高知県漁民会議議長の笹岡徳馬は、ビキニ核実験の放射能マグロの直接的被害船主で、「高知県に原発は絶対に許さない」、「われわれの反対にかかわらず、海洋調査が強行されるなら、県内の反対漁民と五〇〇〇隻の漁船を動員、海上封鎖して共に闘う」と表明していた[17]。県漁連の決定を受けて、漁民会議は「可能性調査即立地であること、漁業と原発の共存共栄はできないことの二点を認めない限り、県との話し合いの場をもたない」と、高知県に対して通告した、と『高知新聞』は報じている[18]。

一方、ぎりぎり可決した窪川町議会の原発立地調査促進決議は、逆にむらに暮らす推進派議員も苦しめた。賛否が伯仲している志和漁協組合長で、明豊会に所属する町議でもあった中野加造の「窪川町議会での立地可能性調査促進決議案可決は、議席を持った上、組合長の席にある私にとってあまりにも過酷なものだった。賛否両派が百パーセント納得がいかないにしても、そこに住む漁民の生活に感情的な傷を残さないような徹底した原発論議を尽くすなど、地域住民への十分な働きかけがこれまでされてこなかった」という言葉を、『高知新聞』の同じ記事が報じている。この言葉には、明豊会メンバーにも立地調査を性急に進める藤戸への戸惑いがあったことが伺える。同時に原発推進派議員の中にも、地域内に感情的な傷を残さないように徹底的な議論を望む声が存在していたことを確認できる。

このように原発立地を進めるための計画は、行政懇談会の開催においても、県漁連の不介入の決断においても、むらの内側と外側の双方の人間たちの信念や戸惑いに翻弄されながら遅延されていく。この間、一九八三年一月の町議選挙ではふるさと会系の候補が多数当選し、町議会の勢力は伯仲した。一九八七年二月の町議選挙でも、立地推進派が一人減った。そして前年に起きたチェルノブイリ原発事故は、町内外の原発をめぐる世論を、原発受け入れ拒否に変えていく。さらに国内の電力需要は低迷し、また四国電力管区では伊方原発三号機が一九八六年一一月に着工された。窪川原発計画は風前の灯となった。このように原発計画をめぐるもみ合いは、むらを超えて、その外の多様な文脈へと広がっていく。

6　原発計画をもみ消す

住民投票条例は、推進側にとっても、反対派にとっても両刃の剣だった。どちらも最後まで得票を読みきれなかった。反対側にとって住民投票に敗れることは、息の根を止められることを意味した。一方、推進側にとってもせっかく学習会や立地可能性調査を実施しても、住民投票で反対側が勝てば、努力も水泡に帰してしまう。多数決は、どちらの陣営にとっても暴力性を内包していた。町内の一部の人間が原発推進を進めることに歯止めをかけるために、住民投票条例の制定が叫ばれた。同時に、もみ合うことなく推進―反対を決してしまわないように、住民投票条例は温存された。その結果、原発計画は窪川町内外の様々な文脈を巻き込みながら、うんざりするほどに長い時間かけてもみ合われ、人々を疲弊させた。そして、いつしか原発立地計画はもみ消された。

外からの視点は原発を止めた原因のみを探す一種の還元論をもたらし、住民の中にある「開発」の欲望を無視する。そして、原発による地域開発への欲望と、農業生産増大のため農村開発の欲望とが、どれだけ異質なものなのかという問題が検討できない。

本章は、このように一九八八年の「原発終結宣言」や二〇一一年の「東電原発事件」後という時点から遡って窪川の農村の歴史を振り返るのではなく、原発騒動にする農村開発に注目し、人々がそれぞれの方法で己の生産基盤を築いていく過程に着目した。窪川の農民たちは、国策に対しても、資本に対しても、如何なる場合も絶対的に抵抗しているわけではない。事実、ほ場整備事業は推進したし、また原発騒動終結宣言の後、窪川町は国営農場開発も受け入れている。

ここで眼を向けなければならないのは、決定プロセスや速度の違いである。原発計画は国や電力会社からの圧力を受けた一部の人間が決定し、地域の多様な声に耳を傾けず進められた。同じように、原発推進派が推進を図ったほ場整備も、地域の多様な事情を無視して、補助金ありきで急いで計画が立ち上げられた。それに対して、個別農家の生業戦略も、農村としての地域開発も、窪川においては延々ともみ合われていく中で形作られていった。

筆者は窪川原発反対運動の要点は、原発立地をめぐる住民投票条例をつくったことよりも、つくった住民投票条例をあえて使わなかったことにあると結論づける。新潟県巻町（現新潟市）が原発をめぐる住民投票の結果、原発計画を撤回させたことに注目が集まる。しかし、現在原発設置をめぐる住民投票条例が制定された六市町村のうち、実際に条例にもとづく住民投票が行われたのは巻町と三重県海山町（現紀北町）のみである。三重県南島町（現南伊勢町）、三重県紀勢町（現大紀町）、宮崎県串間市では住民投票条例が実施されていない。それぞれの地域の事情を十分に検討する必要があるが、その地域の重要事案を多数決で決めることは最善の方法ではなく、あくまでひとつの方法に過ぎない。

ここに至って冒頭に書いた、窪川の農民が宮城の青年の語りに自分の経験を重ねあわせた論理が見えてくるはずだ。放射能汚染に直面し、移住すべきなのか、そこに留まるのか異なる答えを出したとしても、実はそれはあくまで一つの問いに対する答えが違っているだけなのだ。ただそのことによって分断されていくのだとしたら、実は問いに対して向き合うその姿勢が違っていたことである。彼らが重ね合わせたのは答えではなく、困難な問いに向き合う姿勢だったのである。

その意味を、まだ目の前にあるはずの放射能の存在を忘却してしまった私は、改めてかみしめる。

注

（1）「不屈の詩　高知・窪川原発を阻止　島岡幹夫さん」（『東京新聞』二〇一五年一月一日朝刊）。
（2）今村奈良臣・佐藤俊朗・志村博康・玉城哲・永田恵十郎・旗手勲『土地改良百年史』（平凡社、一九七七年）。
（3）脱原発をめざす高知県首長会議『フクシマそしてクボカワ―脱原発を考える四万十・高知会議』（高知新聞総合印刷、二〇一四年）。
（4）井上泰志「ほ場整備の制度と仕組み」（『くらしと農業』七巻二号、一九九三年）、二六―七七頁。
（5）開沼博『「フクシマ」論―原子力ムラはなぜ生まれたのか』（青土社、二〇一一年）。
（6）清原悠「「ムラの欲望」とは何か―開沼博『「フクシマ」論』における「ムラ」と戦後日本の位置」（『書評ソシオロゴス』八号、二〇一二年）、一―三八頁。
（7）窪川町史編集委員会『窪川町史』（窪川町、二〇〇五年）。
（8）今村奈良臣・玉城哲・旗手勲『水利の社会構造』（国際連合大学、一九八四年）。
（9）原田津「〝むら〟は〝むら〟である―農村の論理・都市の論理」（長須翔行編『〝むら〟でどう生きるか―講座　農を生きる四』三一書房、一九七五）、一一―三八頁。
（10）「激突窪川　争点を追う下　町議選食い違う産業振興策」（『朝日新聞』一九八三年一月二五日）。
（11）同右。
（12）野坂静雄・島岡幹夫・田辺浩三・岩本四郎・梶原政利・内原理恵・古谷幹夫・吉岡浩・長谷部伸作ほか「座談会　地域からの視座―原発に揺れる町・窪川が示すもの」（『蒼：現代の状況と展望』五号、一九八五年）、二二―七一頁。
（13）今井一『住民投票―観客民主主義を超えて』（岩波書店、二〇〇〇年）。

(14) 守田志郎『日本の村─小さい部落』(農山漁村文化協会、二〇〇三年)。
(15)「四電に窪川原発調査要請　町長、本社を訪問　協定含む三条件示す」(『高知新聞』一九八〇年一〇月二五日)。
(16)「総代争奪戦に熱気　再開の原発学習会舞台裏　高岡郡窪川町」(『高知新聞』一九八二年一月一七日)。
(17) 島岡幹夫『生きる─窪川原発阻止闘争と農の未来』(高知新聞総合印刷、二〇一五年)。
(18)「窪川原発　漁連不介入の意味　比重高まる漁民会議　六月議会前に県も苦慮」(『高知新聞』一九八四年五月二六日)。

第三章　福島復興に従事する地元青年にとっての故郷再生

中田英樹

1　国立の歴史博物館での、とある企画展示

千葉県の佐倉市に、国立歴史民俗博物館という博物館がある。東日本大震災からちょうど三年後の二〇一四年三月一一日、「歴史にみる震災」というテーマでの企画展示（期間は同年五月六日まで）が開催された。古代からの日本の歴史において、どのような震災が起きてきたのか。そしてその当時の日本社会はどのような被害を受け、状況変化を遂げたのか。震災の視点から日本

の歴史を振り返ってみようというのだが、これにはもちろんのこと（開始日が三月一一日であることからも明らかなように）、最後に「東日本大震災」を位置づけ、もはや忘却や過去化がはじまった等と問題提起がなされるようになった当時、東日本大震災についても、改めて考え直してもらおうという意図が背景にある。

言うまでもないだろうが、日本史を震災史において眺め直したとき、東日本大震災の被害の特徴とは、地震や津波による被害だけではなく、福島第一原発の放射能漏れという、今までにはなかった被害があった点にある。展示においても、この震災による被害を津波のそれだけしか取りあげなかったならば、多くの人が「原発事故の被害もあるだろう」と問題視したはずだ。

展示から半年後。同博物館は『歴博』という定期刊行物を発刊しているのだが、そのなかに「展示批評　企画展示「歴史にみる震災」を拝見して」というコラム(1)が掲載された。そこでは次のような、この展示に対する意見が述べられていた。

東日本大震災における被害の欠くべからざる要因である、東京電力福島第一原子力発電所事故の扱いについては、違和感を禁じえなかった。「除染」や「帰還困難区域」といった単語が使われていたが、事故自体のまとまった説明がなされないのはどういうことか。古来から、見聞を文字や絵として記録した人があり、その仕事があとに生きるものを励ます、という連鎖がたしかに続いてきたことを、本展示は教えてくれた。だからこそ、この空白は、深い傷のように思えてならない。

国立歴史民俗博物館の展示では、東日本大震災について、原発事故に関する「まとまった説明」はなかったのだ。ともあれ、このように批判したところで、「まとまった説明」をすることが簡単なことで無いことは、このコラムを書いた評者とて百も承知であろう。既に政権は自由民主党に変わり、安倍内閣は運転停止している原発を再稼働していく方針を明示している。展示が行われているのは国立の博物館である。世論や与野党が再稼働容認派と反対派に分かれて対立しているなかで、原発事故についていかなる被害影響をどのように展示するかは、自ずとデリケートになるだろう。だが一方で、「まとまって」はいなくとも、歴史博物館として「東日本大震災」では原発事故の被害もあったことは、後世へ書き残さない訳にもいかない。ひとつのジレンマである。

そこでこの企画展示では、震災の及ぼした原発事故の被害に関する展示として、福島での次の取り組みが紹介された。これを本章では考察したい。福島市における農地の放射能汚染を詳細に図っていくプロジェクト、「土壌スクリーニング・プロジェクト」（以下「土壌スク」と略する）である。じつは、この「土壌スク」ならば企画展示で取りあげられるだろうし、また取りあげられて然るべきだ、と提案したのは筆者である。

企画展示では、図録が販売される。展示だけでは物足りない訪問客が、より詳しく展示内容を知ることができるための、フルカラーA4版で二二五頁という分量である。この図録で「土壌スク」に関する執筆は、筆者が担当した。書いたのは展示の数ヵ月前、二〇一四年の年明けである。福島の農業復興を考える、さまざまな地元農家や消費者、行政や大学関係者の声が具体化した活動のひとつとして、筆者はこの「土壌スク」を次のように紹介した。当該関係者にもチェックを多々入れてもらい、短いながらも精確にまとめられたと思うので、ここに再掲してみよう。「土壌スク」のおおよそのイメージを掴んで頂きたい。(2)

「土壌スクリーニング・プロジェクト」

原子力災害からの福島復興に向けて、地元農業の再生は大きな課題である。地元農家が安全の手ごたえを感じながら農産物を作ることができ、福島内外の消費者が安心して農産物を食べられるような関係の再構築である。

「土壌スクリーニング・プロジェクト」は、その困難な課題に向けた福島復興の試金石ともなる重要な試みである。JA新ふくしま管内（福島市、川俣町*——引用者注）には、水田が約二万八〇〇〇筆、果樹園が約一万筆ある。その全農地で各三点ずつ、合計十万点を遥かに越える膨大な放射能計測をやり遂げるというものである。

例えば、文部科学省による航空機を用いたモニタリング調査では、細かなホットスポットまでわからない。だが農地一枚ずつ計測すると、より細かなスケールで汚染の濃淡が見えてくる。こうした細かな実態把握は、汚染度に応じた栽培品目の選定、どこから・どこまで除染すべきか？という除染計画の策定、ひいては生産基盤の損害状況の評価と賠償、といったさまざまな課題に直結するものである。

ＪＡ新ふくしまは、このような問題意識に立ち、二〇一二（平成二三）年四月より福島市と川俣町の全水田、全果樹園の計測に着手した。技術的サポートは福島大学が請け負った。二〇一二年一〇月からは福島県生活協同組合連合会（福島県生協連）が、日本生活協同組合連合会を通じて全国の生協職員から測定ボランティアを募り、派遣した。このプロジェクトは、生産者側の協同組合であるＪＡ新ふくしま、消費者側の協同組合である生協が連携するという協同組合間連携である。〔後略〕[3]

＊当時のＪＡ新ふくしまの管轄は、福島市と川俣町であったが、「川俣町は作付筆状況の把握と時間がなく断念」（ＪＡ職員紺野茂美からの情報）となった。

写真　測定に向かう現場スタッフ（「土壌スクリーニング」公式ホームページ，トップページ，http://fukushimakenren.sakura.ne.jp/dojo/，2017 年 7 月 19 日参照）

このように「土壌スク」は、先の引用文で言えば、「細かな実態把握は、汚染度に応じた栽培品目の選定、どこから・どこまで除染すべきか？という除染計画の策定、ひいては生産基盤の損害状況の評価と賠償、といったさまざまな課題に直結するものである」。それは、未来の日本がどうあるべきかなどといった問いとは遥か手前に位置する、まずもって福島の復興には不可欠な農の復興に向けた、スタートとなる作業である――こうした取り組みとして、この「土壌スク」は位置づけられよう。*

＊本章で触れるＪＡ新ふくしまに関しては、二〇一二年度から一四年度に限っている。この後、ＪＡ新ふくしまは二〇一六年には、合併

を経て、「JA伊達みらい」などを含めて現行の「JAふくしま未来」となっているが、上記当該期間以外の「土壌スク」展開に関しては、本章は言及するものではない。

また、次のことも付け加えておきたい。この「土壌スク」は、国や電力会社の側がどこかの「机上」で完成させた復興計画の鋳型を、トップダウン的に丸投げ・実行したものではない。むしろ放射能の汚染被害に遭った福島市や川俣《かわまた》町のさまざまな住民や、関係する人たちが、意見を交わすなかで具体的な内容が定まり、実行されたものだった。震災によって原発が事故を起こして以降、地域社会そのものが当時抱えていた問題からダイレクトに逆算された、等身大の試みだったといえよう*。

*ただし、だからといってこの「土壌スク」を、施策の実践に際してよく言われるところの〝「トップダウン」ではない、住民からの「ボトムアップ」〟として文脈化する（そして「トップダウン」型が多々弊害を孕むことを批判）してしまっても問題があろう。後に詳説するように、「土壌スク」の発案・実現には、JA新ふくしまの役員や福島生活協同組合の賛同・推進といった「トップレベル」での了承が大きく機能した。とまれ、例えばJA専務のこの積極的な後押しでも、事故直後の四月において既に「農業を続けよう」という、一人の福島に生きる一員としての個人的な考えが少なからずその根底にあった[4]。この「土壌スク」に関していえば、〝「現場を知らない」行政のトップから直下された施策に対する、地域に根ざした住民の主体的な「ボトムアップ」の運動〟などと区別して評価してしまう思考の鋳型そのものの有意性が、まずもって見直されるべきだと考える。

2　震災前史

福島県下の各地に固有な地域史

四七都道府県中で北海道を除けば、じつは福島県は岩手県に次いで面積が広い。それゆえに、歴史的な地域文化や、気候風土、農業生活等には、県内でも無視できない大きな違いがある。福島県に触れる時には、県が東西に長細いため、少なくとも、海岸部の「浜通り《はまどお》」（いわき市など）、奥州街道が古くから通っていた「中通り《なかどお》」（福島市や郡山市など）、戊辰戦争での会津戦争でも知られる奥羽山脈西側の「会津」（会津若松市など）と、三つに区別する必要がある。人びとの歴史のみならず、日常的な例でみても、天気予報はこのように三分割される。地理的気候的な諸条件、それらに呼応した暮らす人たちの歴史など、福島とはまずこのように分けて考えなければならない。

そこで本章では差し当たって、対象を、この「中通り」北部に位置する、「土壌スク」の展開された福島県福島市を中心として、考察を展開することにしよう。まずはこのエリアの農業（生業）史を概略してみたい。

県レベルでの特徴に漏れず、ここでも水田がもちろんトップだが、特筆すべきは、桃や梨を筆頭とする果樹園が広く展開されていることである。とりわけ桃は、現在、県としての対外的なPRにおいて県を表象する要素となっている。「あかつき」といったこの地で産まれた固有の高級ブランド種もある。また現在、福島産の桃は皇室へと献上されていることにも、インターネット等でのPR活動でしばしば言及されている。*

*福島県の桃生産は、とりわけ福島盆地の気候が有利に働く、現在での福島市、伊達市、国見町、桑折町に集中している。[5]

「中通り」には、福島市のすぐ南に工業都市郡山《こおりやま》市がある。そしてさらに南の「浜通り」には、かつて常磐炭鉱で栄えた、いわき市がある。これらの地と比したならば、この福島市では、復興に際しては、郡山市やいわき市のような鉱工業というよりも、農業の復興が一層重要だといえよう。では、この現状に至る同市の農業史とは、いかなるものなのか。そして農業が地域社会の基盤にあるということは、つまり、生産物が金属や鉱物などとは違い、生産者自身も必要不可欠とする食べ物であるということは、この地域の復興において、どのように考えたらよいのだろうか。

「中通り」と「浜通り」の産業史

明治期に近代化のための殖産産業として養蚕が奨励されるなか、とりわけ「中通り」の北部、福島市の位置する福島盆地は、火山灰質など生産条件的には養蚕に向いているとされ、また、その質の良さの点でも、この地で製糸された生糸は高く評価されていた。しかし一九二九年の世界恐慌や、一九三〇から三一年の冷害といったいわゆる昭和農業恐慌によって、養蚕は一九三五年をピークに斜陽化し、戦争を経てほぼ壊滅状態となった。

この養蚕が衰退した地域での果樹栽培は、戦前からあったものの、本格化したのは戦後になってからである。福島県を代表する桃「あかつき」でいえば、農林省は一九五〇年頃より、神奈川県平塚市にあった果樹試験場で、これまでの缶詰用ではない生食用としての、味もよく病気にも強く日持ちもよい品種の開発を行っていた。その結果生まれた、従来の「白桃」を「白鳳」とかけあわせた「れ—13号」は、一九七一年に福島を含む一二府県での試験に移され、二〇年もの地道な生産取り組みの末、一九七九年には福島県産の桃として有名になる「あかつき」としてブランド登録された[6]。

こうして福島市一帯は、衰退した養蚕に代わって良質な果樹を全国に生産する地として再生した。また、食糧増産を目的としていたサツマイモ畑や麦畑も、次々に果樹園に転換された[7]。

桃やリンゴといった各々の作物において、真剣に取り組む後のブランド化へ貢献することとなる先駆者的農家が現れ、幸運にも時代的に梨と桃が高騰したことも相まって、この福島盆地を含む一帯は、一大果樹生産地となった。(8) 後に「土壌スク」をＪＡの取り組みとして切り盛りし、現場での活動を統括する人物となるＪＡ新ふくしまの紺野茂美は筆者にこう述べる。

（桃栽培でいえば）昭和三〇年代の頃から東京に木箱で鉄道で送ると高値で売れた。一反当たり三〇万程度の売上があった。昭和四〇年代。一反四〇万とすると今で言うと三〇〇万。＊（福島の桃は贈答用に相当するだけ高級ブランドとして定着したため）みんな必死になってお盆の時に出すわけ。（筆者による氏への聞き取り、二〇一六年七月）

＊「おそらくは農家はそれくらいの金額だと思っていたと考えられる」という意味での、紺野における推定価格。

ここでは、次の点も付け加えておかなければならないだろう。米生産が連綿と展開されてきたなか、この福島県北を中心とした、果樹栽培も広がる地域では、国家が米の生産調整へと舵を切りだした頃にもまた、多くが果樹栽培へと移行したことである。戦前の養蚕や戦後の果樹生産などの農業史を踏まえれば、この地域は、国家によって需要されたものを時代の変遷に応じて適宜供給してきたともいえる。

このように「土壌スク」が展開されることとなる「中通り」北部の福島市とは、国家の戦後開発史の流れから外れることもなく、さして全国的に話題をさらうニュースの火の元になることもなく、「〔福島の〕農家の人たちは歴史的にお上にあんまり楯突いてこなかった」[9]。

一方で、国家との辿ってきた関係史が福島市と同じとはできない、「浜通り」の歴史がある。「浜通り」は、北部には森林業、南部には常磐炭鉱として名高い炭鉱業が栄えていた。しかし、一九六〇年代に至り、木炭や薪、石炭への需要は激減していく。この常磐炭鉱の衰退で町が寂れるのを食い止めようと地域の人びとが奮闘する毎日を描いたのが、映画『フラガール』（監督李相日、二〇〇六年）である。

かくして森林や石炭というエネルギー資源に生業の少なからぬ部分を依存していた「浜通り」には、エネルギー革命の進行とともに、ただただ地べたの拡がる地が広範に現れた。アイドルグループTOKIOが主役を務める日テレ系バラエティ番組『鉄腕！DASH!』で「何もないところに一から、地図に載る村、DASH村を作ろう」という番組企画があったが、そのキャッチフレーズが当てはまるかのような「何もない」広大な土地である。そこには、地元経済の活性化の選択肢が極めて限られ、農業条件も悪く、地理的にも条件不利地にあって広大な面積を有する、しかも海岸沿い――原発立地の候補となる条件を備えた地があった。そうした地へ、原発誘致による明るい未来像が提示され、「浜通り」の双葉郡海岸部は、国内でも最大級の原発立地エリアへと転化した。

3　福島第一原発事故の残した被害

「避難指示区域」エリアではない汚染被害に遭った被災地

二〇一一年三月一一日、東日本大震災による津波が、「浜通り」を襲った。福島第一原発で起こった放射能漏れの事故は、改めて細かく描写する必要はなかろう。本章では、後に「土壌スク」が対象とするようになった、福島市の「JA新ふくしま」の管轄エリアにおける放射能汚染の被害に絞って、また、とりわけ農業生産におけるそれに焦点を当てつつ、事故がもたらした爪痕を考えてみたい。

福島原発事故による影響を考えたとき、一言で「福島県」とは決してならず、県下の農業への影響に限っても、従来からの農業史や事故当時の放射能の拡散の仕方によって、極めて大きな違いがある。ここで取りあげる「JA新ふくしま」管轄内のエリアは、ひとまずは、小山良太（現・福島大学）の表現を借りるならば、「B：一部出荷制限地域」ということになる。彼はこの他にも、浜通りなど被害が甚大だった地域を「A：作付制限地域」、他方、「原発から一〇〇キロメートル以上離れた地域であり放射能汚染状況は極めて軽い」、会津を中心とした地域を「C：風評被害地域」とタイプ分けしている。*

＊小山はここで、さらに南北にも区分を入れてのエリア毎の詳細な説明を加えているが、ここではこれら東西の三タイプ分けでの記述に留めた。[10]

彼によれば福島市が相当するタイプBのエリアとは、「営農活動に関する規制はなされず、農業生産がおこなわれたものの、次々に農産物の放射性物質による汚染が確認され、そのたびに出荷が制限されてきた。中通りは風評ではなくまさに「実害」を被ってきた地域」と捉えられている。

後に触れる「地域住民による放射能物質マップ作成とその意義」にもあるように、小山が特に強調する「とにかくできるだけ細かい汚染マップ作成が重要」という見解は、このように〝完全にこの地域一帯は押し並べて汚染により作付けはダメ〟というエリアでもなければ、〝放射能による実際の汚染度は低い。汚染の心配はほぼしなくてよい〟というエリアでもない、畑の一筆々々において汚染の数値が極めて異なるという、放射能汚染からの「復興」対策の打ちづらいエリアとして切に重要となる。ある作物を、ある畑で作ったときに、その収穫物から放射能が検出されるかされないかが、田畑一筆のレベルによってガラリと変わってくるからだ。

こうした詳細かつ精確な放射能汚染が未調査なエリアこそに、本書にて焦点を当てたい論点がひとつにはある。放射能漏れにより被害を受けた地への、「外部」からのさまざまな眼差しや関わり方と、それらによって一層強く走る、被害にあった地に暮らす人びとの関係の分断である。

次の小山の指摘は極めて重要だ——一方では、むしろ脱原発推進派が（全部ではないにせよ）被害地の被害を大きく捉えたがる。脱原発を訴えるのに、その方が都合良いからだ。そして他方で、福島の放射能汚染がいち早く対処され、汚染されていない福島を取り戻すことを願う者たちに、少なからぬ原発再稼働派がいる。もしくは、過小評価、あるいは評価すらせずに時と共に忘却されることを願う者たちがいる——こうした、被災者としてではない「外部者」側からの福島の被害について、望む日本社会の未来像から逆算して語られたとき、「深刻だ」か「問題ない」か、に関する位置づけが日本の未来像と福島の現状認識において捻れることがよくある、という指摘である。[11] 放射能という、無味無臭の存在。そしてその及ぼす健康への影響に関する、きわめて科学的に恣意的にできる操作。「だからこそ、（自然科学的に）徹底的に正しく測らなければならないのだ」という姿勢は、福島大学「うつくしまふくしま未来支援センター」に関わる小山良太や石井秀樹の講演会や、土壌スクリーニングでの毎週月曜日に必ず開催されるレクチャーなどで、筆者が強く感じたことだった。

外部者や外部メディアからのとりわけ（できるだけ深く調べず正視しないでおこうという）後

者にあたる態度は、被害にあった各地の社会を深く分断させた。国家のトップレベルの行政施策では、極めて粗いサンプリング検査のみによって、福島は安全になった、安心してよいのだ、と原発事故が「収束」されようとしているからだ。

伊達市の小国地区住民から生まれた被害対策

この文脈において、小山は震災後にまず、福島市の東に隣接する伊達市霊山町の小国地区にスポットを当てた。小国地区は、さらにその東で飯舘村と接する。飯舘村は「計画的避難区域」に指定されたが、小国地区は「特定避難勧奨地点」とされた。つまり、避難は奨励するに留められ(特段避難せよと言うほどのものではないと行政が言っていることとなる)、そこに暮らしつつも、汚染被害としての賠償が受けられるという(すなわち実際に放射能汚染が存在する箇所もあると行政が認めたこととなる)完全に自己矛盾したなかで対象化される地区となった。賠償の対象となるか否かは、行政の行った各戸での測定結果のみで決められ、結果、当該地区の二割の世帯のみが、賠償金を受け取ることとなった。「本来仲が良かったお隣り同士も、時には家ごとに一〇〇〇万円以上も差が[12]」出るようになった。

当然、地域社会に暮らす人びとの間には亀裂が入る。同じ地域で、住民たちが日々行き来しつつ社会は成立しているはずが、ある人は賠償金を手にし、他の人たちは「自己責任」でそこに留まり、何の補償もなくその地域で自己対応をしなければならないからだ。

地域社会は分断から、人びとが他地域へと転出していくという分散へ至ろうとしていた。「回覧板を回すのもままならないほどの自治機能の低下を招き」、「行政の対策を待っているだけでは地域が崩壊するという強い危機意識が」住民の間から生じた[13]。そのようななか、試行錯誤を経て、二〇一一年九月には「放射能からきれいな小国を取り戻す会」が結成された[14]。

筆者がこの会の方に聞き取り調査をした二〇一三年二月には、小国を去った方々のなかには、むしろ昔からここに暮らす高齢者が多く目立ったと述べられた。つまりこの行政対策のもたらした分断は、たんなる補償金という金銭にのみ起因するものではない。「もはや汚染されたかも知れない〔家庭菜園などで採れた〕農産物は、子供や孫たちには食べさせられない。ならばこの地を去る」――「分散」の理由には、十全たる測定をしない、つくった食べ物を確証持って安全だと主張できない――こうした、自ら（やその家族）自身が生きていくための「食」を作るという行為そのものへの信頼が揺らいだことが極めて重要だったと思われる。

こうした諸問題を解きほぐすために、最も必要となるのが、詳細な汚染状況の全体像である。国家行政は当該地区において、二キロメートル四方を一マスとした汚染マップしか作っていない。

だが、地域住民は福島大学の助言なども参考にしつつ、自身で一〇〇メートル四方を一マスとした汚染マップを作成した。それは驚くべき相違を鮮明にさせた。行政が、その二キロ四方を「高線量だ」と赤やオレンジで塗ったところでも、住民の細かなマップでは、実際の高線量が測定されたのは、そのなかでも僅かな部分だけであった。これにより、どこが高汚染であるがゆえに重点的な除染が必要か。どこが安全なのか――国による粗い測定による賠償対策などが、極めて非効率だったことの強い証拠となった。結果、東京電力を相手に、避難奨励世帯に指定されなかった世帯も、賠償を勝ち取り「和解」が成立した。

こうして放射能被害のなかで、小国で農業を営む住民たちは、やがて農産物の直売所で自主検査を経たものを売りはじめ、「営農再開・既存と復興」という最終課題を掲げたときには、こうした生産側に位置していた住民たちは、同じ地域にて消費の側にも位置する小学校ＰＴＡなどの諸組織の人たちと繋がりを回復させ、いま、新たに地域復興に向けた努力が続けられている。

福島の住民と地域行政との協働による被災対策

以下に筆者が記述の目線を沿わせることになる、ＪＡで「土壌スク」測定現場の統括者となる紺野茂美はじめ、福島大学の小山など、とにかく福島復興を現場レベルで考える人たちの、まずている。

もって不可欠と考えたこととは、濱田武士（現・北海学園大学）の次の言にひとつには凝集され

福島の生産者や関係者が現段階でできることは、「安心」を担保する検査態勢の強化・継続しかない。たとえ、放射能がほとんど検出されなくても、「安全」の立証は「安心」の必要条件であるのだから。[15]

先述した小山のタイプ分けで「B：一部出荷制限地域」とは、「序章」でも肉牛の肥育繁殖農家掘米を例に述べられているように、放射能汚染地の汚染度に関する認識の曖昧さや、それゆえの「ゆらぎ」を孕んだ社会問題を、原発事故以降、さまざまに抱えるようになった地域である。あきらかに汚染された、よって避難せよ、というレベルではないが、だが、汚染されたというのはまったくの風評である、ともならない地域である。それゆえに、時々刻々と変わる状況のなかで、（いつ何の作業をした訳でもないのに）少なからぬ再稼働派によって、（適当に）「測った。安全だ」として、国や東京電力によって済まされようとする地域であり、だが同時に一方では、（とりわけ事故直後の）検査過程のなかで検出された幾ばくかの汚染農産物のために、「安全・安心」の信頼を国内市場で失った地域である。したがってもはや、徹底した検査と*、徹底的に科学的な根拠で裏付けされた**農産物の生産・供給システムが、より一層求められる、そうした

状況に行き着いた地域なのである。

＊例えば、福島県産の米に対しては、二〇一二年八月の時点にて、全袋を検査する体勢が構築された。暫定基準値を超えた地区では翌年における作付制限を行い、暫定基準値を超えていなくても、一キログラムあたり一〇〇ベクレル以上の玄米が確認された地域では、生産者に管理手帳を付けてもらう、深耕により空間線量を下げてもらう、カリウム肥料などを（作物へのセシウム移行を防ぐために）圃場に入れてもらう、等といった諸対策が講じられている。結果、二〇一四年度に収穫された米からは、一〇〇ベクレルという基準値を超えるものはまったくでなかった[16]。

＊＊その一例としては、より多様な作物での「移行係数」を調べるということが挙げられよう。移行係数とは、土壌に含まれる放射性物質のうち、どの程度の割合が、そこで作られた農産物へと移行するかを表す指標である。これを調べることによって、どういった作物が植え付け可能かなどが科学的にわかるというものである。例えば、ある作物を植えたいと思ったときに、同時に（不必要であれ）別のある作物を混作すると、土壌の汚染物質が後者に吸い取られるために、前者の収穫物に「移行する」放射能が激減する、といった研究も積極的に展開されている。

4 「土壌スクリーニング・プロジェクト」の誕生と実行

このように多様な地域からなる福島において原発事故が起きたことによって、誰がどのように動き、前節で述べたような「中通り」のＪＡ新ふくしま管轄エリアにおいて「土壌スク」が生まれたのか。まずはそのプロセスを紹介したい。この誕生は、極めて必然的にもたらされた偶然だったと筆者は表現したい。

原発事故から半年余り経った二〇一一年の一一月、ＪＡ新ふくしまの専務（当時）菅野孝志らが中心となって、県からチェルノブイリを訪れる視察団が募られた。視察中に、さまざまな立場の人びとが、自分なりの活躍できることを述べ合った。「現場ではこういうことが何よりも必要だ。それには自ら独自の培ってきた知見や経験が活きる」。そこには県内の人に留まらず、都内からも石井秀樹（当時・法政大学）が、強い関心のもと、自らが費用を捻出し参加していた。彼は土壌と植物に深い知見を備えていた。土壌の分析には放射線が重要なカギとなる。汚染された土壌にいかなる作物が作付け可能か――福島の農業再生にとって、絶対欠かせない議論を、自然科学的な知見を駆使して考察できる、決定的な人物となり得る。この彼の参戦も「土壌スク」発案を大きく後押しした。各々が果たせる福島の社会再生における役割を繋げた時、一気に「土壌スク」が具現化した。

したがって「土壌スク」誕生の物語は、誰の立場から捉えるかで異なってくるのだが、本章では、先述のＪＡ新ふくしま職員紺野の目線に則ってみたい。実質、「土壌スク」が実現可能となり、実際に現場スタッフ七名が各班でのリーダーとなって「土壌スク」が二〇一二年春から二〇一四年春まで、皆が「頑張ろう」と仲間意識を持ちつつ積極的に展開されていた期間、それをJAサイドからのフロントマンとして当活動を取り纏め、「上」と繋いでいた中心人物である。

紺野が「土壌スク」に関わる少し前からの、彼目線での「土壌スク」の誕生と展開のプロセスを辿ってみたい。彼は、震災直前の二〇一一年二月一日に、このJA新ふくしまの農業振興課へと異動になっていた。三月一一日までは、振興課に異動したものの、「福島市の農業振興に関する、企画立案を」することが仕事内容だった[17]。

それが原発事故を契機に、「オレの仕事は〔農業振興から〕放射能対策になった」。震災から一ヵ月後の四月に、まずはホウレン草の出荷で、そこから放射能が検出され出荷停止となった。そこで他の農産物も調べたら、さまざまな品目で汚染が検出された。

そうして、JA新ふくしまのエリアでは、次の二つのサイドからの質問がJAに詰め寄った。農家に限らない地元住民（の消費者側からの声としての）「何を呑気に米売ってるの⁉」「出荷する気か？」「殺す気か？」という問い合わせと、生産者側たる地元農家からの「植えていいのか？」「売れんのか？」という問い合わせである。

これにまず震災直後のJA新ふくしまは振り回された。いわく「こっちだってそんなことわかる訳ないじゃない。放射能なんてさぁ」――。「もう〔JAにかかってくる問い合わせの〕話の内容は支離滅裂だから、不安から出る、突発的な表現しか」なかった。困り果てながらも考えるなか、とにかく要求されることは、地元規模での、生産者と消費者の両者が、互いを知り、現実を知り、納得することだ――そうした見解に至った。[18] そして彼の独自考案での、後の「土壌スク」へと至る活動のプロトタイプが開始される。

二〇一一年の八月頃。紺野は、市内のあちこちから土を持って帰って測りはじめた。とまれ定年間際のベテランＪＡ職員がそうそうしょっちゅう、自分の机を離れ、現場の測定に明け暮れることはできない。抱えていた腱鞘炎も悪化してきた。そのうち紺野は、一人助手を雇うようになった。それが次節で触れる里中剛（仮名）である。*

*もう一人年配の男性も雇われたのだが、本章が注目する「土壌スク」が、二〇一二年一月頃に持ち運び式測定器「ロケット」をベラルーシから購入し、システマティックに全面展開する頃に至り、辞めていった。

そのようななかである。県から代表者が集められ、チェルノブイリへの視察がおこなわれたのだった。二〇一一年一一月のことである。このチェルノブイリへの視察には、ＪＡ新ふくしまの専務（現組合長）に加えて、福島県生協連の専務らも参加していた。生協サイドからは後に、全国の生協職員らのボランティアとして送り込むことを決定したが、こうした生協側からの全面的な賛同・支援も、「土壌スク」の展開プロセスには欠かせない点であった。また、先述の都内の研究者や、地元福島大学の研究者、ニューヨークの美大を卒業したライター、そしてここで述べたJA職員で振興課にいた紺野、さらには本章で取りあげる実際の現場における測定スタッフ七名などが最終的に合流し、「土壌スク」は確かなリズムをもって展開されることとなる。震災から約一年がたった、二〇一二年四月のことである。

野外に持ち運べる高性能GPS放射能測定器「ロケット」が、チェルノブイリから購入される。こうした測定がシステマティックにできると声を上げた紺野を「土壌スク」の活動現場の統括者とし、現地雇用の七名を測定の各班のリーダーに、生協職員からのボランティアを加えた活動体勢が完成した。*

*つまり、水田に関しては昨付けをする農家が場所や面積をJAに提出している。一方果樹に関しては、高圧水洗などで除染をしたことがあって、何処にどういった果樹がどれくらい植えられているかがわかる。このことは、田に水が張ってある時期は果樹園を測定し、稲の刈り取りが終わったら田を測定するという年間を通じての測定作業ができる、という判断である。

こうして軌道に乗った「土壌スク」最盛期の具体的な毎日とは、次のようなものである。冒頭の引用の続きだ。現場で関係者たちが「究極に地味」としばしば形容するような、果てしない作業である。

〔前略〕日々の計測を支えるのは、地元の二〇代の青年四名と五〇代の男性三名の常勤現場スタッフである。彼らがリーダーとなり、毎週応援に来るボランティアが加わって一つの班が組織され、常時四―五チーム体制で計測をする。一班が一日に計測できるのは約二五圃場ほど。JA新ふくしま管内の全水田、全果樹園、合計三万八千筆を測定するのは、地道で果てしなく長い道のりなのである。これまでのボランティアは合計で二百人を超えた。

測定機器は、チェルノブイリ原発事故で甚大な被害をこうむったベラルーシ共和国から取り寄せたAT六一〇一DR（という名の機械で）で行う。一台、約百九〇万円。計測スタッフらが「ロケット」という愛称で呼んでいる。バッテリーとGPSが搭載され、二分間で土壌中のセシウム一三四、セシウム一三七、カリウム四〇などの放射性物質が定量できる。

積雪がない時期は、大雨や雷が無い限り基本的に計測だ。田に水がなければ水田の計測を、田植え後から稲刈りまでの間は果樹園の計測をする。盛夏ではヤブ蚊の大群が襲ってきたり、蛇に注意をしながらの計測をすることもしばしばだ。ただし果樹園の木陰はひと時の涼しさを与えてくれる。桃や梨、ブドウが徐々に大きくなりながら、色づいてゆく様子を眺める楽しみもある。水田の計測は、ひとたび雨が降れば、数日間は泥濘との格闘だ。みぞれ交じりの雪が降るころの水田の計測は、手が悴んで計測器の操作もおぼつかなくなる。[19]〔後略〕

では、その班に分かれたうちのひとつに視点を移したい。実際の現場では、どのようなドラマが人知れず繰り広げられていたのだろうか。「土壌スク」の現場では、スタッフ七名とボランティアが適当に四つの班に分けられて、それぞれ作業を進めていくのだが、いつも筆者は勝手を言って、里中班に参加させてもらっていた。「土壌スク」の誕生を誕生前から紺野の傍で見続けてきた人物であり、「土壌スク」の現場スタッフ七名での最古参のひとりでもである。

当時、彼は二〇代半ば。素直で誠実そのもので、風貌は木訥で愛着の沸く青年である。人見知りではないが、誰とでもオベンチャラも交えながら直ぐに親しくなるタイプでもなく、したがって農家への挨拶では、お世辞にもアドリブが上手とは言えなかった。彼自身、しばしば不器用であることを筆者との会話で述べていた。「要領が悪いため」最初の職場である溶接工場も辞めることになったという。筆者は合計四回、おもにこの里中班に入ってボランティア活動を手伝った。そのなかで印象深かった筆者の経験を次に紹介したい。

それはこの「土壌スク」が、一年半あまりの活動の末に「暫定的解散」になった、二〇一四年の春のことである。皮肉にも、冒頭で取りあげた博物館での企画展示で、「土壌スク」紹介のパネルが架けられた時であった。

5　現場作業班七名のひとりが見渡した「我が故郷」の再生

突然の解散の知らせ

二〇一二年の春から展開されていたこの「土壌スク」だが、二〇一四年五月の連休を前に解散されることとなった。理由は多々あるが、最大の要因はゴールデンウィークの頃から福島の水田では農家各々が水を入れるということが挙げられる。筆者が最後に参加した四月末には、あちこちの水田が掘り起こされ、もう明日にも水を入れんばかりの状態だった。

これまでは、「水田が測れない季節には果樹園を」と、秋になって水田から水が抜かれるまでの間は果樹園を測っていた。だが、本章冒頭で概説したように果樹園一万筆に対して、水田は二万八千筆と圧倒的に数は多い。二〇一四年四月末段階で、JA新ふくしま管轄内にある、測るべき水田の測定完了率は八〇パーセントとあと少しを残すのみとなっていた。対して、果樹はすでに一〇〇パーセントすべて測り終えていた。つまり秋になって水田から水が抜けるまでは、仕事がなくなってしまったのだ。だからこの「土壌スク」は、「解散」ではなく「暫定的解散」ということになるのだが、この現地スタッフ七名は、当然家で待機して給料が貰えるわけはなく、別の仕事を探さなければならない。

「ナカタさん、この土壌スク、四月いっぱいで終わりだって。オレたちゃクビです」。朝、軽バンに機材を積み込んで現場へと車を走らせる里中は、助手席に座る筆者にボソッとそう呟いた。先ほどの現地スタッフのみの朝礼前ミーティングにて、解雇の通告があったらしい。もちろん彼らは「土壌スク」の雇用が終身などとは思っていない。いずれ解散の時が来るのは十分承知である。ただ、果樹園が一〇〇パーセント測定完了していたことに対して、水田は八〇パーセントという中途半端な事実を、何人もの現場スタッフが嘆いていた。その週の半ば、たまたま昼食を取るレストランが全班一緒になった。普通なら大いに盛りあがるのだが、この時は溜息が溢れるばかりだった。

解雇通告を告げられた現地スタッフのなかで、最もガッカリしていたのが里中だった。しかし、その週から測定するエリアは移動し、新しいエリアは自分の実家の同じ小字《こあざ》、まさに自分の「庭」だった。あちこちで農作業する人の多くは顔見知りだったし、「少なくともどこの里中かを言えば向こうは知っているはずだ」と彼は自信ありげによく言っていた。

測定すべき水田の台帳をめくりながら測っていく順番をあれこれ考える里中の傍から、筆者はその台帳を覗き込んだ。今週からしばらくのあいだ測定していく、この袖カ沢（仮名）という字《あざ》での水田所有者は全部里中だった。「全部、里中さんなんですね」「そうですね」「これ、〔名字が全部同じでも〕下の名前だけでわかるのですか」「そうですね……どれも〔どの里中姓の世帯の人も〕何らかアイディアはありますね」――つまり、姓は同じであっても、下の名前をみれば、おおよそどこのどの里中の家のことかは見当が付く、ということだ。

ほとんどの測定農地で、測定器「ロケット」が数値を弾きだすまでの二分間、水田の持ち主について里中は筆者に何かを話し続けた。「ええっとここは……義彦（仮名）さん家……あぁ、義彦さん家ね……ここはボクの小学校時代の二コ下の後輩のジィちゃんの田んぼみたいですね。昔ウチのカァちゃんに頼まれてお使いに行った時に、まぁ座りぃ、といってお茶をだして貰ったなぁ」。「ええっと次〔に測る順番として〕そこは……」。次々と経験が想い起こされ、彼はこの自分の育った「我が故郷」を、心の中で同時に、新たに、生きる。

台帳に並ぶ「里中」のリストを見ていた私たちは顔を上げた。その時、私たちが背にしていたのは、立派なナイター球場施設も備えた運動公園だった。彼は、なだらかな傾斜一面に広がる測定中の水田一帯を見渡して言った――「ナカタさん、そこ、道路がずーっと向こうまで〔一面に広がる水田のなかを〕突き抜けているでしょう。この球場では年に何回か、プロ野球の地方開催試合があるんです。去年は読売ジャイアンツが来ました。いやぁ、それは凄かったですよぉ。あの道路、ずーっと向こうまで全部、〔観戦しに来た人たちの〕車で一杯でした。いやぁ、あのときは凄かったぁ」。

このように、彼にとって、ジャイアンツが来てお祭り騒ぎになった「我が故郷」は、「土壌スク」のなかで新たに刷新される。「土壌スク」そのものが、自分の「庭」としての経験を思い返す契機を与え、新たに頭のなかに「生まれ育った故郷」として立ち現れ、再び経験される。その土地そのものに属した、静態的で不変実体的な「故郷」ではなく、人生を生きていくその現在進行形のプロセスの最中でつねに刷新され更新される「故郷」である。

もうひとつの「頑張る」ための経験してきた「故郷」

自分がまさにいま、専心している仕事が地域社会の再生であり、その地域がどんなものだったのか。読売ジャイアンツ戦の日を想い出す里中は、「復興」としての社会を創っていこうという営為のなかに、「では自分はここでどのように育ったのか」という、過去の「古き我が故郷」を今一度呼び込む。そしてその「土壌スク」で想い出す経験は、里中の「故郷」に加わり、新たな経験となる。

解雇を告げられ落ち込む里中に「残念ですね」、と筆者が言うと彼は「そうなんです。残念で。オレね、こんなように「みんなで頑張ろう」って、「ワーッ」と言いながら働いたこと、いままでなかったんですよ」と答えた。「みんなで頑張ろうって。ここの農業を立ち直らせるんだぁっ、て」。

若干二四歳ながら、その生きてきた人生で初めての「職場の仲間」と一緒に「頑張る」。「土壌スク」での僅か二年弱とはいえ、「仲間」とともに「土壌スク」での仕事として、やり甲斐のある仕事として、彼は毎日一生懸命に従事するという経験を積んできた。それは同時に、自分の生きてきた人生の凝縮された「故郷」を再び想起し、目の前の経験と同時に再経験する過程でもあったはずだ。

東日本大震災時のスローガンとして後世の教科書に載るであろう「頑張ろう日本」の「頑張ろう」――これが例えばメディアで幾度となく繰り返し唱えられるなか、里中はその呼びかけに応えるかのように、誰よりも古くから誰よりも一生懸命「土壌スク」で頑張ってきた。この自分の生まれ育った「福島を取り戻そう」と。二年弱という期間ながら、震災後の福島復興の最前線で類い希な貢献を果たした。

しかしそれで、話は完結していない。里中が毎日、現在進行形のものとして「そこ」で展開する「頑張る姿」と、「復興」を旗印に「頑張ろう日本」のもとで働く「頑張る姿」に求められた活躍は、同じものとして暗黙裏に前提とはできないはずだからである。

6 「土壌スク」という経験に担保されゆく「我が故郷」

「土壌スク」最終週

そしてついに、二年弱に渡り、毎日声を掛け合ってやってきた現地スタッフ七名での作業も最終週を迎えた。その月曜の朝。彼ら自身が話し合い、各班が方々の字を測っていたのを中断し、ひとつの字《あざ》に全班の総力を投入することに作戦を変更した。水田測定完了率は約八割。完遂は不可能だとしても、各班が現在従事している字を散り散りバラバラに中途半端で終わらすよりは、一つでも多くの字を全測定完了させる方が、何か一層有意な結論が引きだされるかもしれない――里中は筆者に、決定の理由をそう述べた。

午前の作業を終え、車へ戻ろうとした時、道路向かいの家から一人の五〇歳くらいの女性が出てきた。測定器の電源システムを落とし、長靴の泥を用水路で洗っている私たちに近づいてくる。

「ごくろうさんです」。

こういうとき、ボランティアは極力出て行かずに、対応は現地スタッフに任せる。何も知らないボランティアが、いい加減な事を言っては大変だ。先に車に戻り、数分待機する。

弁当を食べにＪＡへ向かう車中、筆者は里中に聞いた。「さっきのおばちゃん、何だったんですか？　なんか怒っていたのですか？」「いやぁ、何でもないっすよ。この辺はどんくらい〔放射能汚染の〕数値が出ているのか聞いてきただけですよ」「でもこの辺、〔今まで測ってきた他のところより〕低いですよね」「そうなんですよ。ですので、こっちもちゃんと福大〔福島大学〕が結論をだすまではなんとも言えないんですが、そのように〔ずっと計ってきたところよりは低いです〕とだけ言っておきました」。

「〔計測結果の数値を聞いてくる〕ということは、さっき僕らが測っていた田んぼ、あのおばちゃんのところのですか？」「いえ、全然違いますよ。別の人の田んぼですよ。ただ気になるんじゃないですか？　今のおばちゃんのところだって〔僕たちが測っていた水田のすぐ傍の住居敷地の片隅に〕家庭用の菜園をやっているわけだし……」。

その日の弁当をＪＡの会議室で食べ、午後の現場へ向かう車中、地元の野菜が並ぶ「道の駅」に筆者の目は自ずと行った。「こんなにも地元野菜の直売所や道の駅があるんですね」――そう筆者が言うと、里中は言った。

だからね、〔今週で水田に水を入れて、で、果樹園がもう全部測り終えたからといって、この土壌スクを〕やめる必要はないんですよ。あのたっけぇ〔高価な〕ロケット〔高精度放射能測定器〕だって倉庫に眠るんですよ。ならば野菜を測ればいいんですよ。だって〔午前中のあのおばちゃんのように〕自分の家庭菜園がどうかってみんな気にしているんですから。

「土壌スク」が黙々と地味に展開されるなか、里中が毎日「頑張って」果樹園や水田を一歩々々歩いていたのは、福島の水田と果樹生産という第一次産業としての農業生産の復興や、日本全国に福島産米や果物が流通する、ということを到達地点として一直線に逆引きされた「長い道のり」だったのだろうか。例えば前節で述べたように、ジャイアンツ戦の時に彼が想起した経験が紡ぎ出す、「故郷」が生まれ変わったものとしての未来、「頑張ろう日本」のダイナミズムとはまた別の「故郷」——そうした彼の頭の中で想像された到達地点の未来へ向けて、彼は「頑張って」いたのではないだろうか。

「頑張ろう日本」での「復興」と、従事する地元青年の描いた故郷の創生

もちろん福島生協やJA新ふくしまは、直売所やJAからの出荷で流通される野菜生産に関しての「安心・安全」の出荷対策は様々に打っており、[*]野菜などの農産物は、出荷物そのものを無

作為抽出による破壊検査などの検査にかけて測定されている。(20)

＊野菜栽培の場合、土を改善することが、出荷時に基準をクリアーすることとは、相対的に密な関係にはない。むしろ出荷時に土の上に置かない、何か放射線を吸い取る別の作物を混作する、移行係数（土壌が汚染されている場合、その汚染がどの程度実際の収穫物に移行するかを表す指標）を考える等、「安心・安全」な野菜生産への取り組みは、米や果物を対象とする「土壌スクリーニング」のやり方とは異なる。

一方、水田に対しては土を剥がす、カリウムを入れる、果樹園に対しては高圧洗浄で樹木に付着した汚染を取り除くといった、災害後に除染作業を行った、その効果の再測定というのが「土壌スク」の目的である。その際にすべての基礎になるのは、除染作業時のデータと米の作付け台帳を合わせたリストと、高精度のＧＰＳ測定器、そして航空写真による地図である。これに基づき、「土壌スク」の測定は精確に遂行される。したがってこうした方法での除染作業ができない野菜畑のデータはない。自給用としての側面をも多分に含む家庭菜園ともなれば、作付ける品目はあまりにも多様でまた変わりやすい。だが、作物各々における然るべき測定の仕方が、ここで議論したいことではない。

筆者がここで考えたいのは、野菜は「土壌スク」そのもののやり方では射程外であるにもかかわらず、「土壌スク」のもとで働いていた里中が、その毎日々々繰り返しのなかで、家庭菜園を、当然のようにその延長上に見ていたことである。

福島の農業復旧作業としての「土壌スク」は、既にみたように、端的にはチェルノブイリへの視察の時、あのときあの場に居た、さまざまな立場からの関係者が、自らの出来ることを最大限繋いで可能となった、極めて独創的な放射能汚染地域復興対策である。

このプロジェクトはその進行のなかでさらに洗練されていく。プロジェクトの作業効率を最大限に上げるよう方法を工夫し、測定対象たる重要なポイントをより徹底的に解析していく。そしてそのノウハウをさらに活かして、さらなる汚染地域へと拡大していく。これが「プロジェクトの前進」である。里中の見ていた「地」におけるこのプロジェクトは、「その地」での目的がクリアーされれば、当然対象地を拡大する。「クリアー」とは水田と果樹園の測定分析である。だが水田と果樹こそが、同時に近現代日本国家が福島に求めてきたものでもあることを、忘れてはならない。

まさにこの「土壌スク」のプロセスのなかで、里中の眼差していた世界の意味が、注意深く考えられるべきだと言いたい。彼が当然視していた、家庭菜園から拡がって野菜畑を測っていくずっと先に拡がる、「ここ」という地域における毎日である。

農地を測定し、農業台帳に登録し、出荷量を申告するといった福島での農業生産がある。その傍らで、里中の頭に浮かんだ、この家庭菜園が例解してくれる、地域社会の住民各々をオフラインで繋ぎつつ展開される、農産物の流れにまつわる「ここ」での日常経験がある。米や果物に加え、ここに暮らす人びとの日常に欠かせない食べ物である野菜や家畜のうち、出荷に回さない部分が土台となった「そこ」の人びととの暮らしがある。この領域での農作業が紡ぎ上げる日々の生活社会が、「土壌スク」そのものに従事する里中のなかで再想像されていた。ここが踏み込まれるべき点である。

福島の農の復興にあたり、農家が対峙せざるをえない問いは「お宅では食べていますか?」だ。平均年齢六〇代後半の農家自身は被曝リスクが低いとして、後継者がいれば息子。御子息が結婚していればその妻。息子夫婦に子どもがいれば孫、または曾孫が、自家栽培の米、野菜、果物を食べているか。詳細な測定もないまま作物をつくり、出荷しなければ補償は受けられず、出荷先がなければ「国の備蓄米とします」という行政の対応では、掛け値なく美味しい作物を誇りとしてきた福島の農の、真の復興は難しい[21]。

大規模機械化した農家でも、ちょっとした空き地には自給用の作物を植える。少し意欲があってたくさん収穫されれば、例えば「道の駅」あるいは「直売所」へ然るべき検査に流して出荷することもあるし、孫子供や遠くの知人にお裾分けするかもしれない。

紺野は、「土壌スク」対象エリア内の農地には、対象外とした（水田・果樹園を除く）野菜栽培がおおよそ二割くらいはあるだろうと言う。そしてその約半分が、販売用ではないだろうと言う。それを、ちょっと余ったからということで直売所に持っていくと、栽培歴や検査通過の証明が要るのでトラブルとなる。

個人やり取りのものは、全然まったく〔検査を〕やっていない。で、個人やり取りの所には、吸収抑制対策という概念が無い。つまり、出荷する農家については、例えば、野菜はドロ付くと、こちらのほうが〔値段が〕高くなる〔と思っている〕ので、マルチってビニールを貼ってね、ドロを付かないようにして下さいねって。取った野菜はきれいに洗って下さいねって。あと、地べたに置かないで下さいね、地べたに置くから二次感染するから。感染というか二次被害。だから置かないで下さい。（筆者聞き取り、二〇一六年七月）

このように筆者の聞き取りに答えた紺野。この微妙だが極めて根底的な、そこに暮らし続ける人たちの日常生活の変化こそに、里中の日々の作業における「我が故郷」は在る。自ら米や果物、そして野菜を作り、食べ、余れば出荷する。農家にとって自らが生きるための「農」と「農業者」としての営みは断絶したものではない。ここが「土壌スク」と重なり合いつつも決して同一とはならない点である。里中という一人の人間のなかに拡がっていた「復興」における地域社会の未来像は、「土壌スク」が発展的に展開されようが、それによって普遍的な地方農業都市のひとつとして、「そこ」から剥がれることはない。

結局最終週、全班を注ぎ込んでも、その字を測定し切ることはできないことが濃厚になっていった。そして最終日、日が傾き、何とも言えない寂寥感が現場を覆うなか、日の沈み行く彼方の山際には、黄色と黒で塗装されたブルドーザーやシャベルカーが忙しそうに動きまわり、真っ黒なダンプがひっきりなしに出入りしていた。福島から山形へと繋ぐ高速道路の僅かな未完成部分であった福島ジャンクションが、完成へ向けて猛ピッチで取り組まれている。

その手前に、その建設費の何分の、いや何十分の一で展開できよう「土壌スク」が、密かに終わろうとしている。もはや復興庁レベルの「お上」の議論では、福島の農業に関する事故対処は「完了した」事とされ、福島の（「中通り」はおろか「浜通り」でさえ）農地の放射能汚染に関する「復興」の記述は、皆無である。すでに完了済みということなのか。(22)

これが「頑張ろう日本」への「福島の復興」なのだ。里中が「土壌スク」のなかで再生したいと願い作業に勤しむ、その取り戻したいもの、社会、地域、暮らし、そして未来の像は、この「復興」のダイナミズムのなかで、掻き消されていくしかないのであろうか。

注

（1）友澤悠季「展示批評　企画展示「歴史にみる震災」を拝見して」（国立歴史民俗博物館『歴博』一八六号、二〇一四年）、三〇頁。
（2）「土壌スクリーニング」のより詳しい経緯や活動内容については、公式ホームページを参照されたい。（http://fukushimakenren.sakura.ne.jp/dojo/、二〇一七年三月一三日最終確認）。
（3）中田英樹「土壌の調査」（国立歴史民俗博物館『歴史に見る震災』、「第一章　東北の震災・津波　第二節　現代の津波と震災　第六項　東日本大震災・農地の土壌調査」二〇一四年）、八二―八三頁。
（4）この菅野孝志の考え方、事故後の福島復興に対する姿勢については、平井有太『福島　未来を切り拓く』（SEEDS出版、二〇一五年）二一六―二二三頁を参照のこと。
（5）JA新ふくしま職員紺野の指摘による。詳細は農林水産省『農林業センサス報告書　都道府県別（福島県）』表二―一二（二〇一六年、http://www.maff.go.jp/j/tokei/census/afc2015/dai1kan.html、二〇一七年九月一五日参照）。
（6）福島市の農業の変遷については、手塚章・岡本友志「福島市湯野地区における果樹園芸業の展開と近年の変化」（『地域調査報告』一九、一九九七年）、斎藤叶吉「福島盆地における桑園の衰退と果樹園の伸張」（『地理学評論』三二―八、一九五九年）を、また「あかつき」開発の歴史については、金戸橘夫（他）「モモの新品種〝あかつき〟について」（『果樹試験場報告』七、一九八〇年）を参照した。
（7）手塚・岡本前掲書、九頁。
（8）小山良太「原発事故と福島」（濱田武士・小山良太・早尻正宏編『福島に農林漁業を取り戻す』みすず書房、二〇一五年）、一三頁。
（9）先述の現JAふくしま未来組合長菅野の発言（平井前掲書、二一八頁）。

(10) 小山前掲書、四七―四九頁。
(11) 小山前掲書、九二頁。
(12) 「土壌スクリーニング・プロジェクト」ホームページ、「事務局の報告@コープネット経営会」、二〇一四年五月二日、(http://fukushimakenren.sakura.ne.jp/dojo/?p=1032#more-1032、二〇一七年七月七日参照)。
(13) 小山良太「地域住民による放射能物質マップ作成とその意義―特定避難勧奨地点・福島県伊達市霊山小国地区を事例として」(濱田武士・小山良太・早尻正宏編『福島に農林漁業をとり戻す』みすず書房、二〇一五年)より中田が抜粋。
(14) 小山前掲書、一〇五頁。
(15) 濱田武士「とり戻すとは」(濱田他編前掲書、三〇八頁)。
(16) 石井秀樹「農林漁業の再生と放射能の基礎知識」(濱田他編前掲書、三二六―三三〇頁)。
(17) この節などでの紺野の発言は、二〇一六年七月四日に筆者が氏に行った聞き取り調査に多くを依っている。
(18) 平井前掲書、二二五頁。
(19) 中田英樹「土壌の調査」(国立歴史民俗博物館前掲書、八二頁)。
(20) 原発事故後の福島産農産物における放射能汚染対策の詳細としては、林禁平編集代表『福島の食と農の再生に向けて』(福島県生活協同組合連合会、二〇一四年)や、「土壌スク」のホームページ(前掲)等を参照した。
(21) 平井有太「一年半、土壌スクリーニング・プロジェクト事務局を担当して」(林編集代表前掲書、八頁)。
(22) 復興庁「東日本大震災からの復興に向けた道のりと見通し」(『復興と現状の取り組み』二〇一四年三月版)、http://www.reconstruction.go.jp/topics/main-cat1/sub-cat1-1/20140312_mitinoritomitoshi.pdf、二〇一七年

七月二四日参照。

第四章　「風評被害」の加害者たち

原山浩介

1　科学からの逃走——破滅的な事故を前にして

福島第一原子力発電所の事故後、「風評被害」という言葉が、それまで以上に頻繁に用いられた。この言葉はそもそも、実態とは異なる「風評」として不当な評価が流布されることで発生する被害（主として経済被害）を指すものであった。しかしながら、原発事故を経て、「風評被害」という言葉は、単に「被害」を指し示すという以上の機能を持つに至った。

簡単に言えば、食品などが汚染されている可能性への懸念を「風評」という言葉に回収し、消費者の「買わない」という選択を根拠のないものと決めつけた。そして生産者や商品の売り手の「被害」を強調することで、原発に近い地域の商品を忌避しようとする行為にいくばくかの罪悪感を持たせ、商品の選択に際してそのような基準を持つことそのものを抑止させる効果を持った。そして、安全／危険をめぐる議論をかなり混乱させ、科学的な因果関係が曖昧なまま、むやみに「安全」であることを信じ込ませるためのツールとして、この「風評被害」がしばしば用いられた。これは、原子力、放射線、健康被害などの、多分に科学的であるはずの問題を、むしろ科学的な思考から遠ざける営みでもあった。

もっとも、原発事故が発生し、管理されていない放射性物質を前にするという絶望的な事態においては、政治や科学に従事する者たちは、事態がどう展開するのかが不透明であればあるほど、人びとの危機感を打ち消すことそのものを目的として言葉を発することがある。

二〇一一年三月一二日の、福島第一原子力発電所の一号機建屋爆発に関する最初の全国放送は、まさに、確かさや科学が発話から欠落していく瞬間だった。爆発が発生したのは一五時三六分、これを受けて福島中央テレビがまずその映像を放送した。そして一六時四九分、系列キー局の日本テレビから、全国に放送された[1]。

映像では、建屋の真上に非常に強い勢いで、粉じんとも煙ともつかぬものが吹き上がった。続いて建屋の左右方向に灰色の煙が、おそらくは壁を破壊した粉じん・煙とともに勢いよく広がった。もっとも「左右」というのは、二次元のテレビ画面で見ているからそう見えるのであって、実際には、三六〇度の全方向に向かって、粉じん・煙が広がったのだろう。この映像は、原発が異常な事態にあることを、視聴者に否応なく認識させるものだった。

この時、キャスターの傍らで解説していた原子力の専門家のコメントは、大変混乱したものだった。というのも、この専門家は、この爆発の映像を前にしながら、それが「爆破弁」を使った作業であると言ったのである。

「緊急を要したんだろうと思いますけど、爆破弁というものを使って、あたかも先ほどの絵じゃありませんが、全体にこうなんて言いますか、出るような形で、蒸気が、充満するような形で、出てきました」と解説を続ける専門家。それに対してキャスターが、「あれは蒸気ですか？」と問いかけると、専門家は「蒸気だと思います」と答える。しかしそのやり取りのさなかに改めて流された映像は、弁からの水蒸気の放出というような生やさしいものではないことを、たたみかけるように訴えている。

しかしそれでもその専門家は、「爆破弁」説を手放すことはなかった。ただ、キャスターから

「今までの先生のご経験の中ではありますか」と問われると、「いや、僕は知りませんね、こういう出し方をするというのは。出し方は、爆破弁っていうのを使って出すっていうことは、もう、尋常なやり方ではないもので、よく、知りません」と言ってしまう。そして最終的には、「燃料は溶融していない」という憶測発言で、コメントは締めくくられた。

この放送は、「専門家」がメディアに登場するときに担ってきた役割の崩壊を映し出した瞬間でもあった。それまで、多くの原子力の専門家たちは、科学の名の下に、原子力発電所及びその関連施設はいかに安全性が高いのかを説明し、原発事故など起こりようもないことだと人びとに信じ込ませるために、自らスポークス・パーソンを演じてきた。素人にはよくわからない専門用語、思いもつかないプロットや論理を駆使した説明が繰り出され、そして繰り返し用いられてきた。そうした説明の術は、原子炉建屋の爆発映像の前で意味をなすはずもない。もはや、そこに存在しない「爆破弁」を持ち出して、荒唐無稽な説明をするよりほかに、「安全」を語る方法はなかったのである。

この絶望的な「安全」の語りは、原発事故以降に少なからぬ人びとが抱いた不安定感と共振している。外に出たり、水を飲んだり、モノを食べたり、あるいはそこにいることそのものをめぐる、安全への信と疑がないまぜになったまま、「直ちに健康に影響がない」というセリフに象徴されるような、安全とも危険とも取れる情報に囲まれて暮らしていくことを強いられた。
「風評被害」は、そうした不安定感のなかに打ちこまれた、自己規制を求めるマジックワードであった。この言葉が投げかけられることで、原発事故に関わって不安な思いをしていることを押し殺し、「風評被害」をもたらしているなどと指摘されないように振る舞うことこそが、科学的で、大人の対応であるかのような同調圧力が作り出された。そして、公然と不安を口にすることは、恥ずかしく、しかも社会的にいささか迷惑なことであるかのような感覚も同時に作り出された。

しかも、この言葉の利用範囲は実に様々な局面に拡張された。商品の選択の仕方は言うに及ばず、原発事故の汚染について考えること、自ら感じたことを率直に言葉にすること、そして原発の危険性を問題にすることすらも、「風評被害」という言葉によって牽制されようとした。

本章で考えたいのは、そうした「風評被害」という、さほど分析的ではない用語法による牽制が、原発事故の直後にあった不安定感を急速に風化させ、記憶／記録に残すことをも制約する要因になっているのではないかという問題である。「風評被害」を引き起こすという批判が、原発事故後の日本社会においてどのように作用し、人びとを、まずは消費者として、そしてものを考え、発話する人間として、「加害者」にしていったのか。そのプロセスを追いながら、私たちが、原発事故によってもたらされた体験の、記憶と歴史を取り戻す糸口を探したい。

2 「被災地」の外側をたどり直す

原発事故をどう経験したか

三月一一日の時点で、何が原子力発電所で起ころうとしているのかを考えることができた人というのは、あまり多くなかっただろう。

翌一二日の朝刊を見ると、『朝日新聞』では一面の右下に「福島原発、放射能放出も」との見出しが入った四段抜きの見出しがあり、五面には「原発　想定外の事態」との見出しとともに、ほぼ全面にわたって原発関係の記事がある。そこには、原子力緊急事態宣言が発せられたこと、最悪のケースとして放射能が漏れ出す可能性があること、現状では放射能漏れがないことなど、一応の事実関係が示されている。ほぼ一面を使っている紙面取りは決して小さな扱いではないが、なによりも津波被害、火災、政府の対応、帰宅難民など様々な情報がその何倍ものスペースを以て報じられている。

この新聞報道のありようは、三月一一日から一二日にかけての、多くの人びとの事実認識にかなり近いと思われる。突如として起こった大きな地震で、まず自分の身の回りで起きた被害に目が行く。関東では、自らの避難や帰宅困難に意識を奪われていた者も多かった。そしてテレビでは、激しい揺れや津波に襲われて犠牲になった人びとのことが関心を集めた。

原発が尋常ならざる事態にあることをまざまざと見せつけたのは、爆発の映像だった。三月一二日一五時三六分に起こった一号機建屋の水素爆発、そして三月一四日一一時一分の三号機の水素爆発の映像がテレビで伝えられたことで、いやがおうでも事態の深刻さを考えざるを得なくなる。最初の一号機の映像が流れた際に、「専門家」が「爆破弁」の使用を示唆して不安感を解消しようと試みていたことは、冒頭でみた通りである。

この後、原発事故のゆくえを、多くの人びとが、テレビを通じて固唾を呑んで見続けることになる。福島第一原発の深刻な状況が、十分な情報量であったかどうかはともかく、繰り返し報じられた。三月一七日の、自衛隊による空中からの注水作業の映像は、科学の粋を集めた原子力発電所で、もはや水をかけるという原始的な方法に立ち戻らざるを得ないという虚しさを見せつけられた。

この過程で、「被災地」と、そうでない場所のギャップが生じ始めたものと考えられる。「固唾を呑んで」テレビを見続けた数日間というのは、原発事故の先行き不透明な状態を認識し、強烈な危機感を抱くに十分な時間であった。しかしながら、全ての人びとがそうした体験をできたわけではない。とりわけ、津波や激しい揺れによって家屋が流出・倒壊したり、停電が続いたりしていた地域では、テレビを見続けることは容易ではなかった。停電していないまでも、避難所にいたり、周囲の被災状況が激しかったりすれば、身の回りの喫緊の問題の重みが大きくなる。

こうしたギャップは、原発事故に対する認識にも影を落とすことになる。つまり、相対的にテレビを見続ける条件が整っていた人・地域の方が、原発事故への危機感を強く持ち得ることになる。その結果、「被災地ではない」地域の人びとが原発事故にばかり関心を向けている、との批判・不満に起因する分断が起こりやすくなる。*

*これは震災と原発事故に真摯に向き合おうとするなかでこそ、深刻な問題になりやすい。たとえば歴史学研究会では、三・一一を受けた声明が作られる過程で、このギャップが、福島県を挟んだ形の、宮城県と関東の間の、東日本大震災による被災ならびに原発事故に対する認識の違いという形で表面化した。(2)

とりわけ人口の多い、東京を含む関東地方の人びとの原発事故への危機感は、時として「被災地の外」の気楽な世界のようにも見えてしまう。そして、そうした世界の住人こそが、「風評被害の加害者」の烙印を押されやすくなる。

関東における「被災」

通常、東日本大震災の被災地として想起されるのは、岩手・宮城・福島の三県、あるいは三県に限らず津波に襲われた沿岸部などであろう。そして一般には、たとえば東京都などを「被災地」と呼ぶことには、いささかためらいが残る。

東京都でも、九段会館やスーパーマーケット「コストコ」などで死者が出ており、東京に被害がなかったということではない。千葉県でも旭市には津波が襲来したし、屋根や建物が崩れた家も関東には少なからずあった。ただ、「被災地」としての地域的な広がりを以て東京都や関東一円を捉えるという発想は、あまり浮かんでこない。

しかし、原発事故に即していえば、被害の程度はともかくとして、やはり東京を含む関東地方は、ある種の「被災地」である。しかもそこでの「被災」とは、本当に住民たちが被災しているのか／被災するのかが、はっきりとわからない、あるいは、自らを被災していると認めるのかどうかが各々の判断に委ねられてしまうという、極めて不安定なものだった。その状況のなかで関東からどこか別の場所へと避難した人びとは、「自主避難者」、つまり、極めて不安定な状況にさらされながらも、公的には避難の必要が認められない、データにさえも残らない避難者として扱われざるを得ない。

筆者もまた、原発事故の直後、この「自主避難者」の一人であった。多くがそうであったように、自分の身を守るというよりは、むしろ子どもへの影響を案じ、子どもをよそへ預けることとした。似たような動きをしたのは私だけではなく、周囲にも、家族そろって、あるいは母子だけで自主避難をしたケースが多くあった。

筆者は、この子どもの避難と出張の絡みで、二度、東海道山陽新幹線で関東と関西・九州方面を往復した。西へ向かう新幹線の車内には、自分のほかにも、春休みの遠出というような晴れがましさとはちょっと違う、子連れの乗客が目に付いた。福岡に行ったときに、公園で、小さな子どもを連れた母親が、他の子どもたちとは離れたところで一緒にいるところに出会った。聞けば、やはり東京から避難してきたのだという。沖縄に出張に行っていた友人によれば、東京などから避難してきた人たちによって、ホテルなどは例年よりも混み合っていた。

ただ、そのような、これから自主避難をしようとする人びとの姿以上に、筆者の目に焼き付いているのは、三月末の東海道新幹線上りの車内の様子である。

これに先立つ三月二三日に、東京・千葉で水道水が汚染されているとの情報がもたらされた。東京都の金町浄水場で放射性ヨウ素（二一〇ベクレル／キログラム）が検出されたことから、乳児の飲用を控えるようにとの呼びかけがあり(3)、千葉県でも同様の事態に至った。ペットボトルの水の配布が行われ、保育所などでは水の確保に頭を悩まし、店頭からは次々とペットボトルが消えていった。このとき、乳児に供しないよう指導する際の指標として一〇〇ベクレル／キログラムという数字が示されていた。三月二四日には、同浄水場の数値が七九ベクレル／キログラムに下がったことから、乳児の摂取は可能になったとの広報がなされるが、二一〇、一〇〇、七九（ベクレル／キログラム）という数字の違いをどのように受け止めるべきかは、非常に難しい問題である。(4) そもそも、放射性物質がそれぞれの個人にどれほどの影響を与えるのかを正確に示すことは難しい。当然のことながら、二四日を以て全ての人が安心して水道水を飲み、従前通りの平穏な日常に復するということにはならなかった。

そうしたなかで、関東へ戻る自主避難者の群れがあった。新聞では、大学の卒業式の縮小や中止、そして入学式や授業開始の延期などが報じられていた。たとえば東京大学は、工学部と経済学部が、授業開始を五月に延期するとされた。しかし、東京などの学校・幼稚園・保育園などの休校・休園の情報はなく、どうやら四月から、関東では「普通の社会」が始まるらしいことがわかってきていた。誰しも、子どもを預かってもらう先があるというわけではない。また筆者の経験で言えば、子どもを預けたことで日常生活は激変し、それは形を変えてストレスとなって身に降りかかった。

放射能汚染を心配して、自主避難をした人びとにとって、「普通の社会」の「現実」とどのように折り合いをつけるのかという問題は、そう簡単なものではなかった。三月末の新幹線に、キャリーカートに大量のミネラルウォーターのペットボトルを載せた、子連れの親の姿を目撃した。そのペットボトルの束は、「折り合い」の象徴でもあった。

ところで、関東から西へと避難した人びとの背後で、福島県から関東へ避難する人びとがいたことは忘れてはならない。二〇一一年三月一九日に、福島県南相馬市の住民一二八人が茨城県取手市へ避難した。(5) これは、両市が締結していた「南相馬市及び取手市災害時相互応援に関する協定」を根拠にしたものだった。

南相馬市は、三月一二日に避難指示が出された、福島第一原発から半径二〇キロメートルの区域と重なっているところがあった。その水準との比較でいえば、たしかに、関東からの避難を考えたり、関東で水や食料について悩んだりすることは、気楽な話であるようにも見える。関東から避難した者も、南相馬から取手への避難者の存在を前に、いささかうしろめたさを感じたかもしれない。

しかし、放射能という、非常にわかりにくく、かつ、そもそも被害のあり方を予測するのが困難な問題を前にしたときには、事態の深刻さの度合いにかかわらず、自らの置かれた状態との比較においてより安全であると想定される方向へと動こうとするのは、それがたとえ直情的なものであれ、理性的なものであれ、ごく当たり前の話である。実態がつかみにくいなかで、何がどのように危険／安全なのかということを絶対的な尺度で判断することはできず、それぞれの立場と境遇から、「相対的」な判断に基づいて動くほかない状況だったといえる。

3　原発事故と「風評被害」

誰が安全／危険を判断するのか

原発事故についての情報が入りやすかった関東地方などでは、放射能という得体の知れないものを前に、多くの人が戸惑った。「外に出るな」「水は飲むな」「雨に濡れるな」といったアドバイスがもたらされることもあったが、それは日々の現実と相容れないところが大きい。自主避難に踏み出さないまでも、それなりに身の回りのことに気を遣ったり、あるいは逆に、日常生活をできるだけ崩さずに過ごしたりと、いささかスッキリとしない、それぞれの動き方があった。たとえば雨に濡れて大丈夫と考えるのかどうか、水道水を飲むのかどうか、というような、その場その場の判断は、知識がないことから、あるいは中途半端な知識に邪魔をされて、誤った選択になっていた者も多かっただろう。もちろん、「選択」するという割り切りではなく、うろたえたままに日々を過ごした人も少なくなかったに違いない。

多くの人びとにとっての原発事故後の懸念は、そもそも何が「危険」で、何が「安全」なのかを確定できないことからきている。この「有事」を一足飛びに解消するためには、「安全」であるという判断が予め、正確に為されているという状態を作り出せば良い。これは本来的には難しいはずなのだが、実は事故後のかなり早い段階で、いわば擬制の「安全宣言」が示され始めた。次に見るのは、『読売新聞』三月二三日付の「編集手帳」欄の記事である。

作家の泉鏡花は〝狂〟と呼べるくらい衛生に神経を使った。刺し身は食べない。酒は唇の焼ける熱燗を飲み、大根おろしは煮て食べた〔中略〕◆何もそこまでして…と、普段は誰しも思うのだが、何かの出来事をきっかけに、食べる側の過剰な心配が生産農家を悲しませる場面もないではない。いうところの風評被害である◆福島県の原発事故を受けて、風評被害が懸念されている。野菜であれ、果物であれ、出荷され、売られているということは、食べて安全ということである。スーパーなどの売り場で、鮮度や値段がそう違わなければ被災地の産品をカゴに入れる。そういう形の支援があってもいい◆鏡花先生の徹底ぶりを見習うべきは、農水産物が安全基準を満たしているかどうかを調べる政府機関であって、ほかの誰で

もあるまい。理性をもって正しく怖がる――放射性物質への対応はそれに尽きる。[6]〔傍点引用者〕

この短文が掲載された四日前、三月一九日に、官房長官が福島県の牛乳と茨城県のホウレンソウから規制値を超える放射性物質を検出したことを発表していた。その後も、新たな規制値超えが確認され続けた。これに加えて、放射能汚染への恐れを背景に、福島県に入るトラックが手配できないといった、原発事故に特有の事態も発生し始めていた。

この記事は、そうした、刻々と迫り来る汚染への懸念や恐怖を背景にしながら書かれたものである。その異常事態において、冷静さを求めるこの記事の論法は、原発事故後の「風評被害」を象徴するものである。まず、「売られているということは、食べて安全ということ」という、おおよそ根拠が不明な前提を置きながら、「支援」という言葉を通じて「被災者」や「被災地」への共感を呼び起こしつつ、消費者に買うことを強く迫っている。しかも、「安全基準を満たしているかどうかを調べる政府機関」以外は、目の前にある食べ物の安全性については、考える必要はなく、かつ、考えてはならないということになっている。

「風評被害」をめぐっては、早くも二〇一一年五月に、関谷直也『風評被害――そのメカニズムを考える』（光文社新書）が刊行された。その冒頭に近いところで示されている「風評被害」

の次の定義は、その後、しばしば引用された。

ある社会問題（事件・事故・環境汚染・災害・不況）が報道されることによって、本来「安全」とされるもの（食品・商品・土地・企業）を人々が危険視し、消費、観光、取引をやめることなどによって引き起こされる経済的被害のこと。(7)〔傍点引用者〕

ここでの言い回しの慎重さには、注意を払う必要がある。というのも、ここでは「安全なもの」とせずに、「本来「安全」とされるもの」と、カギ括弧が付いた形で、しかも「安全」とは断言しない形で、対象となるべき「もの」が規定されている。この定義は、原発事故直後に「風評被害」が言われ始めた状況と重ね合わせると、納得のいきやすいものである。

つまり、「「安全」とされるもの」を設定することによって、「風評被害」の発生を指摘できるという構図になる。売られているものは全て安全だと言い切ることで、買わないという選択をする消費者の存在による経済的被害を「風評被害」とみなすことができるというわけである。

もっともこのむやみに「安全」と言い切ることでできあがる「風評被害」の構図は、関谷の議論において肯定されていない。関谷は、「風評被害という限りは、「安全」ということが前提である。科学者同士でも議論が分かれるような汚染が存在する以上は、もう、それは風評被害の範囲を超えている」としつつ、重要なのは「許容量」であるとした。そして「今後、福島第一原発の近隣の人々をはじめ、首都圏の人も含めて、日々生活していく上でいやでも放射線量を意識せざるをえないだろう。あとは、それにともなうリスクをどこまで受け入れるかという問題になってくる。日本社会の、そして私たちの「許容量」が、いままさに問われているのである」と終章を結んでいる。(8)

しかしながら、この関谷の言い分に反して、原発事故後、買わないことが「風評被害」を起こしているという形で消費者の罪悪感があおられた。汚染状況がはっきりしないという「有事」を、「安全」を強弁することで無理矢理に「平時」に変える操作が始まったのである。

主体的に食べるという選択

この「安全」と「平時」のねつ造とは違うやり方で、消費者に食べることを求めた語りがある。原発事故や放射能汚染に関心の高い人の間では知られているであろう、京都大学原子炉実験所の助教・小出裕章の、次のような意見である。

放射能というのは危険ですから、本当は食べてはいけないものです。私も、もちろん食べたくありませんし、どなたにも食べさせたくありません。

しかし、福島原子力発電所の事故は、事実として起きてしまったのです。噴き出してきた放射性物質は、福島県を中心に日本全土に広がっています。もう一言いえば、世界中にまき散らされてしまったのです。

それらをすべて拒否するということは、私たちには「許されない」というより「できない」のです。汚染された食料がこれからどんどん出回ってくることになります。その食料を一体どのように取り扱えばいいのか、ということに私たちが向き合わなければいけないのです。

私は、こうなった以上は仕方がないので、責任のある人たちが、責任の重さに応じて、汚染した食べ物を食べるような仕組みを作らなければいけない、といってきました。

責任のある人といえば、もちろん東京電力の人とか、国のお役人、原子力委員会、原子力安全委員会の学者たちも含めて、今回の事故に責任のある人はたくさんいます。そのような人にはまず、猛烈な汚染食品を受け持っていただきたいと思います。

この事故を許してきたというか、原子力を見逃してきた日本人の大人というものも、それなりに責任があると思います。ですから、大人の人は甘んじて汚染食品を受け入れてください、と私は申し上げてきました(9)。

なお、この小出の「大人の人は甘んじて汚染食品を受け入れ」るべきという趣旨の発言は、しばしば、子どもにはできるだけ食べさせないようにということ、全ての汚染食品を排除することは不可能であること、そして福島を含む汚染された地域の第一次産業も守らなければならないということとセットになっていた。

放射性物質への恐れを抱いていた消費者にとっては、反原発の立場にあった小出は信頼すべき論客であった。その小出が、汚染の危険を受け止めた上で、責任をとるために食べるべきという覚悟を迫ったことには重みがあり、それゆえの批判もあった。しかし、彼はこの種の発言を繰り返すことで、原発事故に対峙する主体化のあり方を示し続けた。

これとひき比べた時、先の『読売新聞』に見られるような言い分は、同じ「食べる」ことを求めるという意味では共通しているものの、「甘んじて汚染食品を受け入れ」るという主体性や自覚とはほど遠い。注意しなければならないのは、「風評被害」の言い分は、汚染について考えることを、事実上、許さない、同調圧力を作動させるものだということである。

原発事故に関わる「風評被害」の特異性

ここで確認しておきたいのは、原発事故後の「風評被害」という言葉の持つ意味は、それ以前と大きく異なるという点である。

「風評被害」という言葉が頻繁に報道を賑わすようになったのは、一九九七年一月二日に島根県沖で起こったタンカー「ナホトカ号」の重油流出事故においてである。この時、重油は島根県から石川県にかけて広がり、このうち福井県にかなりの量が流れ着いた。この時、海産物の売り上げや観光への影響があったとして、「風評被害」が問題となり、しきりにこの言葉が使われた。これについては、国際油濁補償基金や船主保険などからの支払いによる補償があった。

なお、このナホトカ号の事故に際しては、当時の橋本龍太郎首相が、カニなどの海産物を食べて安全性をアピールした一幕があった。この「食べる」という政治家のやり方は、前年にもあった。堺市の学校給食で病原性大腸菌O157による集団食中毒事件が発生した際に、カイワレ大根が原因であるとする厚生省の報告を受けて、売り上げが低迷した際に、当時の菅直人厚生大臣がカメラの前でカイワレ大根を食べたパフォーマンスである。このO157の際には、「風評被害」という言葉こそあまり用いられなかったものの、二〇〇四年に最高裁で政府に賠償が命じられている。

この後、特に一九九九年と二〇〇一年は、いわば「風評被害」の当たり年になった。

一九九九年九月三〇日、茨城県東海村の、核燃料の加工を行っていた株式会社JCOの事業所において、高速増殖炉の燃料生成過程で臨界状態に至り、強い放射線が放出された。これにより作業員三名が被曝し、うち二名が死亡、残る一名も深刻な後遺症を残した。この事故に際して、近隣の農家や農産物が「風評被害」を受けたとして、JCOに損害賠償を請求している。同じ年の二月には、テレビ番組「ニュースステーション」で、所沢市の農産物から高濃度のダイオキシンが検出されたとの報道があり、所沢市周辺、ないしは埼玉県全体の農産物の売り上げ低下や取引停止が起こった際にも、「風評被害」という言葉がしばしば用いられた。そしてその二年後の二〇〇一年九月一〇日、日本で初めてBSE（牛海綿状脳症）の発生が確認された。これにより、国産牛肉の売り上げが落ちるという形で、酪農家が「風評被害」を受けた。

これらの「風評被害」について、原発事故後のそれとの比較において注目しておくべきなのは、被害に対する責任の所在について、扱いが大きく異なっていることである。

それぞれの事件をめぐっては、政府、船主、JCO、テレビ朝日などが、それぞれ「風評被害」の原因を作った主体として、まず批判の対象になった。不確実な情報を流した政府やテレビ朝日は、カイワレ大根や所沢ダイオキシンの事件で批判を受けた。政府は、監督のあり方や、事態を未然に防げなかったことを以て批判の対象となった。事故を起こした当事者として、船主やJCOなどが批判の対象になった。そして、いずれの事件においても、消費者が買わないことや安全性への懸念を抱くことそのものが、まず最初に問題にされたというわけではなかった。

それまでの「風評被害」の例にならえば、先に示した『読売新聞』の「編集手帳」でも、まずは、東京電力や、原子力行政をつかさどってきた政府に対して、強い批判が向けられるべきだった。ところが、いうまでもなく原発事故後の「風評被害」では、商品を買わない消費者、安全性に懸念を抱く消費者に、当座、批判的な眼差しが向けられようとした。

被害の有無の不確実性や、汚染規模の絶望的な大きさといった、原子力事故に固有の性格を前にした「風評被害」への対応は、個々の消費者の、安全や購買をめぐる主体性を削ぎ落とすような、全く新しいスタイルのものだったといえる。

4 「風評被害」の展開

「食べる」ことを求められること

原発事故以降、「風評被害」を以って消費者の行動を規制しようとする動きは広がっていった。そうしたなかでも、汚染を警戒する消費者にとっては、日本生活協同組合連合会（以下、日本生協連）の次のような発信は、いささか意表を突くものだったかもしれない。日本生協連では、地震発生から約一ヵ月後の二〇一一年四月一五日付で、ＷＥＢページを通じて、「原発事故による風評被害を受けている地域の農水畜産物を利用することで、生産者・産業を応援しましょう」と題したお知らせを発信した。そこでは、「風評被害」と汚染について、次のように記されている。

今、福島第一原子力発電所事故の影響で、福島県並びに周辺の地域では、新たな災害ともいえる「風評被害」に襲われています。毎日めまぐるしく伝えられている原発事故の様子や食品に関する報道などから、私たち消費者は漠然とした不安に駆られてしまいがちです。

しかし、現在、農水畜産物については、政府が定めた暫定規制値にもとづく検査と出荷制限が行われています。そのため、規制値を超えた商品は流通していません。

日本生協連は、政府がよりわかりやすい情報提供を行うことを求めつつ、組合員・消費者の皆さまには、風評に惑わされず、原発事故の風評被害で苦しんでいる地域の農水畜産物を利用することで、該当地域の生産者と産業を応援していただきたいと考えています。

また、日本生協連のコープ商品には、福島県や周辺の地域で生産した野菜等を原料にしたものがありますが、この原料は行政規制の対象ではないことを確認し、従来と同じようにコープ商品の製造・販売を続けています。

あわせて、日本生協連は、全国の生協に対して、風評被害を受けている地域の農水畜産物の取り扱いを継続し、組合員の皆さまの利用をお願いするよう要請していきます。(10)

ここでは、「政府が定めた暫定規制値にもとづく検査と出荷制限が行われて」いるので「規制値を超えた商品は流通してい」ないことを根拠としながら、「風評に惑わされず、原発事故の風評被害で苦しんでいる地域の農水畜産物を利用することで、該当地域の生産者と産業を応援」することを消費者に求めるという論理が用いられている。これに加えて、コープ商品のなかに「福島県や周辺の地域で生産した野菜等を原料にしたものが」あるが、「この原料は行政規制の対象ではない」ために従来通り扱っていることも示されている。

政府が規制をしていることを安全の根拠とし、しかもその規制が機能しているということを前提とするこの論理は、表現の仕方は異なるが、先に見た、三月二三日付の『読売新聞』の「編集手帳」と共通している。

この発信は、一九八六年のチェルノブイリ原発事故に際しての生協の対応と対照的である。当時、弘前大学医学部における自主検査で、コープブランドのイタリア産スパゲッティが汚染されていたことが発覚し、弘前と青森の生協で販売を中止したことが報じられた。また、日本生協連も翌年には輸入食品に対する自主測定を開始するなど、生協の安全対策の先進性が目立った。

もちろん、福島での原発事故を経て、最初からチェルノブイリの時と同様の対応をすることが難しかったのは理解できる。検査の対象となる食品が比較にならないほど多く、また当時と同じ厳しさで放射性物質の摂取許容量を決めることは食料確保の困難を伴うことになる。生産者をどのように支えるのかという問題も理解できる。しかしそうした事情を踏まえた上でもなお、指摘しておかねばならいのは、「食の安全」に対して敏感であると考えられる日本生協連においてさえも、「安全である」と断言することで「平時」をねつ造するスタイルの発信をしてしまったことの重さである。原発事故をめぐって「風評被害」を持ち出して、買わないことや食べないことに対して否定的な見解を示すことがはらんだ大きな問題の一つは、なぜそれが「風評」に過ぎないのかという問い、つまり安全であることの真偽の確認があいまいにされたままになっていたことにある。そうした裏打ちがないまま、人びとが自ら危険を感じ、あるいは危険と判断して、買うことや食べることを自主的に避けることを言外に「禁止」しようとすることには、そもそも論理的な破綻があった。

残念ながらというべきか、あるいは当然のことながらというべきか、汚染が発覚して、「風評」という前提が崩壊することがしばしばあった。最も極端だったのは、二〇一一年七月九日付の新聞で一斉に報道された、牛肉のセシウム汚染であった。福島県南相馬市から集荷された牛につき、東京都の検査で暫定基準値の四倍を超える、二三〇〇ベクレル／キログラムのセシウムが検出されたというもので、出荷時の体表面検査やサンプル検査では汚染が確認されなかったものである。セシウムによって汚染された稲わらが原因とされ、その後、稲わらの流通範囲が八月二日までに一七道県に渡ることが確認された。なお、皮肉なことに、汚染の疑いのあるとされた地域では、生産者が市場価格の下落などによって「風評被害」を受けたとして、東京電力から賠償を受けることになった。

こうみてくると、「風評被害」とは、ひとつのレトリックであったことがわかる。つまり科学的な立証を不問に付したまま「安全」を暗示するとともに、消費者の買わないという選択を抑制し、そして生産者に対しては、汚染の事実関係ではなく市場価格の下落を根拠に賠償を実施する、そうした一連の対処を下支えしながら、消費者に汚染に真正面から向き合うことを回避させて歪んだ「平時」を保つことに資したということになる。

「風評被害」の拡散

「風評被害」という言葉が広く流通するようになると、この言葉は科学性を不問に付すばかりでなく、極めて不誠実に自らの正しさを主張し、そして他者の発言を「誤り」と指弾する際の、強力なラベリングに用いられる傾向が強くなっていった。

最たる例は、二〇一一年七月一日付の『朝日新聞』に掲載された、九州電力の松尾新吾会長

（当時）へのインタビュー記事である。[11] そこでは、原発の運転再開が遅れていることをめぐって、「車検を済ませた車（玄海二、三号機）に乗るなという一方、車検を控えた車（玄海一、四号機）は動いている。エモーショナル（感情的）な側面がもたらした一種の風評被害だ」との発言があったとされる。

この言い分のなかでは、「風評被害」として批判の対象になっているのは、ある商品を買わない人でもなければ、事態を収拾できない政府や事故を起こした東京電力ですらない。むしろ矛先は、原発が危険であると考えることそのものに向けられている。つまり、安全性／危険性をめぐって、考えることや検証することそのものを、説得的な説明を欠いたまま止めさせようとする際の、大変便利な、しかし気持ちの悪い言葉として「風評被害」が流用されるようになった。

この九州電力会長の発言は、あまりに露骨であったこと、そもそも原発の安全／危険を自動車の車検になぞらえることの適否の問題、そして九州電力において玄海原子力発電所の再開に関わって賛成意見の「やらせメール」を送る指示があったという事件と同時期であったために、際立ったものとなった。

こうしたいささか品の悪いラベリングは、これほどまでに露骨でないにせよ、根強く残り続けた。それが非常に目立つ形で表出されたのが、二〇一四年四月二八日発売号の『ビッグコミック　スピリッツ』に掲載された、漫画『美味しんぼ』における、鼻血の描写をめぐる議論である。

『美味しんぼ』では、主要登場人物の山岡士郎が、事故後の福島第一原発の視察から東京に戻った後で、突然、鼻血を出し、「それから数日、鼻血が収まら」ず、医者に相談する。すると、「福島の放射線とこの鼻血とは関連づける医学的知見がありません」との医者からのコメントを挟んだ上で、元福島県双葉町長の井戸川克隆による「私も鼻血が出ます」との発言へとつながっていく。また、これに加えて、五月一二日発売号では、福島大学の荒木田岳の発言として「福島を広域に除染して人が住めるようにするなんて、できないと私は思います」とのセリフが掲載された。

これら、「鼻血」の描写と、福島に「住めない」という発言は、マスメディアにおいて批判的に取り上げられた。そして五月七日には福島県が小学館に、「『週刊ビッグコミックスピリッツ』四月二八日および五月一二日発売号における「美味しんぼ」について」と題した申し入れを行った[12]。そこでは、「本県への風評を助長するものとして断固容認できるものでなく、極めて遺憾でありますす」としながら、「偏らない客観的な事実」に基づく表現を求めている。また同日、双葉町からは「小学館への抗議文」が示され、「復興を進める福島県全体にとって許しがたい風評被害」をもたらし、また町民・県民への差別を助長させると批判した[13]。そしてこれらを追いかけるように、石原伸晃環境大臣（当時）が五月九日の記者会見において、「福島の事故に伴う放射線の住民の被ばくと鼻血には因果関係は無いという評価が既に出ている」、「その描写する物が何を意図して、また、何を訴えようとしているのか、私には全く理解できない」、「学術論文等であれば、学術的にいろいろな方がものを言えると思うのですが、（今回の場合は）媒体が漫画ということで、風評被害を惹起するようなことがあってはならない」との発言をしている。[14] そしてこうした批判、申し入れ、発言を引用する形で、しばらくは多くのメディアが『美味しんぼ』の記述への批判と受け取れる報道を行い、また同調する政治家などの発言も相次いだ。

　この一件を機に、低線量被曝と鼻血の因果関係について、多くのコメントが示された。その際、「因果関係は未解明である」はずが、「因果関係はない」に転化されるレトリックがしばしば用いられた。たとえば、『週刊朝日』の記事に、放射線防護学の研究者のコメントとして、「低線量の放射線と鼻血などの症状との因果関係は、証明されていません。鼻血なんていうのは、しょっちゅう起こるわけです。関係ありません」（傍点引用者）との記述がある。[15] これが研究者本人の表現を忠実に再現しているかどうかはともかく、このような論理的な飛躍は、時として批判されながらも、『美味しんぼ』をめぐる論評の底流に存在し続けた。

　鼻血の描写に対する批判そのものとともに注意しておくべきなのは、荒木田の発言への反応である。このセリフをめぐって、福島県から小学館への申し入れでは「作中に登場する特定の個人の見解があたかも福島の現状そのものであるような印象を読者に与えかねない表現があ」ったとしている。また福島大学では学長が「遺憾」の意を示した。

原発事故をめぐる「風評被害」という言い分の背景には、汚染された地域（多くの場合「福島」とされる）に対して配慮／共感／支援せねばならないという一種の「道義性」がある。そしてその前提には、対象地域の人びとが一枚岩の存在であるという言外の前提がある。

しかしながら、放射性物質による汚染をめぐる人びとの受け止め方や動きは、そう単純なものではないのはいうまでもない。たとえば、この『美味しんぼ』の一件をめぐり、「ふくしま集団疎開裁判の会」「会津放射能情報センター」「子どもたちを放射能から守る福島ネットワーク」「子どもたちの健康と未来を守るプロジェクト・郡山」の四団体が福島県知事に対して抗議を行った。福島県から小学館への抗議は、荒木田を特殊な存在として扱うことで「福島」から切断しただけでなく、原発や汚染と向き合いながら不安な日々を送っている住民たちの見解や感情の多様性をも奪い去ろうとするものだった。

既に原発事故直後から、福島県から遠くに避難ないしは転居した人びとがいるように、同じ福島県のなかで、事故や放射能汚染への認識や危機感には相当の温度差がある。こうしたことは、決して特殊なことではなく、いかなる社会にも普遍的にある、地域内の認識の相違である。そのようなごく当たり前の社会のありようまでもが、『美味しんぼ』批判の文脈では隠蔽されようとしていたのである。

この『美味しんぼ』の報道が繰り返されているさなかに、筆者はたまたま郡山に滞在した。その際に視聴したテレビのローカルニュースにおいて、『美味しんぼ』に対する住民の意見（そこには作品に批判的な意見と一定の理解を示すものが含まれる）の後で、キャスターが「福島には複雑な事情がある」こと、「いまの福島を全国に伝えていく」必要があるとの趣旨のコメントを付け加えたのが印象的だった。そこで言うところの「複雑な事情」への想像力が、「風評被害」を指弾する主張においてどれだけ働いていたのか、はなはだ疑問である。

なお、低線量被曝と鼻血の関係性については、実はこの『美味しんぼ』以前にも、新聞などでしばしば取り上げられてきた。一九九九年のＪＣＯ臨界事故をめぐって、事故当時に東海村で農業に従事していた男性が、事故の翌年、鼻血が出るようになったことと被曝を関連づけてとらえていることや[16]、悪性リンパ腫で死亡した原発労働者（後に労災認定）の生前の体調の異変を「鼻血が頻繁に出た」として紹介している例がある。[17]三・一一後の国会では、二〇一一年一二月二日の参議院東日本大震災復興特別委員会で参考人から子どもが鼻血を出すことへの懸念が語られ、また二〇一二年四月二五日の参議院憲法審査会では、生存権と絡んで、自民党の山谷えり子により、『美味しんぼ』にも登場した井戸川克隆町長（当時）の「毎日鼻血が出ています」という発言が引用されている。もっともその後、国会においては鼻血と低線量被曝には因果関係がないというニュアンスで語られることが増えていった。

この『美味しんぼ』をめぐる一連の騒動は、原発事故をめぐって一般的に許されている表現の限界を浮き彫りにした。つまり、汚染の度合い、健康への影響をめぐって、メジャーな媒体で一般的に言われていることを踏み越えた表現が、すぐさま批判の対象となる。その際、表現された内容の検証に先行する形で、「風評被害」をもたらすものとラベリングされる。このラベリングによって、事実関係の検証プロセスが大幅に省かれることになる。そしてこのラベリングが行われることで、そこで表現されていることがうしろめたいこととして受け止められる。このうしろめたさに同調することによって、私たちは思考と言論の上でより「安全な」身の置き所を確保できるのである。

私たちを支配してきた「風評被害」論は、実にこの『美味しんぼ』騒動において、人びとの言論と思考に対する最も抑圧的な性格を示したといえる。もっとも、それは、『美味しんぼ』への批判に対する異論を伴い、また『美味しんぼ』の作者、出版元の小学館も一応のところは簡単に退却をしなかったことによって、「風評被害」という言い分の問題性を浮き彫りにしたものでもあった。

5　同調と「信仰」の共同体の克服へ

汚染とそれによる健康被害をめぐって、とりわけ「消費者」の立場に身を置いたとき、最も汚染の深刻な現場に対して、どのような連帯の方法があるだろうか。これは、なにも原発事故に固有の問題ではない。過去の公害においても存在した、古くて新しい問いである。

このこととの関わりで筆者が想起するのは、一九八〇年代の琵琶湖の汚染調査の逸話である。農薬などによる琵琶湖の魚の汚染実態についての調査結果が出ると、漁師は仲買から買いたたかれてしまうという問題がある。それゆえ、漁師のなかには調査に対する懸念を持つ者が出てくる。そうした問題が話されていた座談会のなかで、「「ワー大変、もう買わんとこ」というような対応はもうやめていかんと。水問題をやりながら琵琶湖の魚を食べる運動、みたいなことをやっていかんといかんのやないか」という発言が飛び出している(18)。この発言のなかで考えられているのは、琵琶湖の水質を改善していこうとする消費者の主体性のなかに、魚を食べ続けるということをも含みこんだ形で、環境をめぐってそこで仕事をする生産者と消費者が一体性をもって対応する可能性である。

地域における取り組みは、放射能汚染の「ホットスポット」となった千葉県柏市でもあった。農家、流通業者、小売業者などが連携しながら、汚染に対してどのように向き合うのか、汚染された状況下で何ができるかを模索し続けた取り組みである。(19) 柏市の場合、汚染があることが広く認識されていない、あるいはそもそも汚染の事実自体が隠されていたという問題があり、情報収集を含む地域的な取り組みが焦眉の課題でもあった。*

＊東京大学柏キャンパスと国立がん研究センターでの計測から、柏市の汚染は原発事故後の早い段階から明らかだったが、その事実が広く報じられることは少なかった。そればかりか、「千葉県の柏、松戸、流山と、埼玉県の三郷の計四市で、飛び地のように放射線の観測数値が高くなる「ホットスポット」が発生している」との情報が電子メールなどで伝えられていたことに対して「デマ」と報じられることもあった。(20)

こうした、汚染という現実を前にした連帯が、地域という広がりのなかで追求されることの可能性には、常に開かれていなければならない。しかし、その重要性にもかかわらず、地域という拠点を必ずしも持っていない「消費者」の多くが連帯の場に関わることは難しいし、そもそも人びとがそうした地域などに対する関わりを持たない形の消費社会が形成されてしまっているというもうひとつの現実がある。

「風評被害」という言葉はこの消費社会において、「消費者」に対して、一見するところ連帯を促すようなロジックを使いながらも、むしろ安全を信じて買うことへと動員するものとして作用した。本章の第2節で引用した『読売新聞』の「編集手帳」に書かれていたように、食べることは、生産地への「支援」でもあるという言い分の裏側にある、食べないことへのうしろめたさが「風評被害」批判を成立させた。そればかりか、汚染への懸念や不安、狼狽に対して、科学性に基づいた評価を行ったり、そのことについて考えたりすることすら止めさせようとする力を作動させた。

こうして、静かに「消費者」として人びとを統合していく同調圧力は、同時に、現実に存在し得る汚染にも目をつむり、汚染という「有事」を、心配のない「平時」に読み替える作業に動員するものでもあった。そしてこの「安全」を信じる共同体の規範に反し、危険を唱えたり逃げたりすることは、時として大人げないと目されることになった。

こうした力の働く場に置かれ続けた私たちが抱えている問題はいくつかある。健康がどのように害されているのかといった、身体的で現実的な懸念はもちろんある。それと同時に、「風評被害」に名を借りた同調圧力の下で、原発事故後に汚染を恐れて右往左往した体験の記憶・記録が欠落しているという問題がある。そして何よりも深刻なのは、様々な意味での危険や懸念を、相互に表立って語らないことを規範とする、「安全」を信じる共同体の住人にさせられてきたことの問題である。

こうした、同調と「信仰」の共同体のなかで、平時を装って生きたことは、それそのものが日常化することによって、忘れ去られやすい。だからこそ、本当に忘れ去ってしまう前に、今一度、原発事故後の、人びとの様々な動き、とりわけ汚染への恐れを前にした日々を、思いだしたり、記録したりする必要があるだろう。

たとえば、危険を感じて遠いところへ避難したこと、放射線量を計り、あるいは自分で計らないまでも一生懸命に情報を集めたこと、雨に濡れないようにしたり、外出を控えたりしたこと、マスクや帽子を身に付けて外にでたこと、できるだけ汚染されていない食べものを手に入れようと努力したこと。あるいは、汚染の恐怖を感じながらもどうしたら良いのかわからないまま、不安と混乱に満ちた日々を送ったこと。もちろん、そうした危険への防御とは反対に、安全だと言い張ったりしながら、安全を求める人びとにあえて背を向けたり、冷ややかな視線を送った人もいただろう。

そうした多様な経験の束は、そもそも、原子力災害の持つ重要な性格のひとつである。限られた情報、知識、科学的知見、そして個々の判断力や感受性のもとで、ひとたび事故が起きると、そのようにしか動くことができないという現実を、私たちは見つめ直さなければならないだろう。そしてその上で改めて、人に表立って経験を話すことを回避させる力を持つ「風評被害」という言葉によって、人びとが静かに、偽装の平時へと統合される統治作用の下にいたことを想起する必要がある。

さらにいえば、「風評被害」批判には、本章で示したこととは別の展開がある。福島から避難してきた人びとに対する差別的な言辞やいじめが問題にされるなかで、時として「風評被害」という言葉が当てられることがある。この傾向は、二〇一六年から一七年にかけて、この問題が注目されるなかでさらに強まったといえる。*

*いじめを「風評被害」という表現と結びつける例はいくつもある。二〇一六年一二月一七日付の『読売新聞』横浜版では、福島県から避難した生徒に対するいじめをめぐり、「いじめを二度と起こさないように再発防止の検証を始めた。被災というつらい経験を乗り越え、避難した子供は市が守る」との横浜市長の談話を紹介した上で、「林市長が座長を務める首都圏の九都県市首脳会議と福島県はこの日、国に対して東京電力福島第一原発事故による風評被害の払拭などへの協力を求める要望書を共同提出した。福島県によると、同会議を構成する東京、神奈川、埼玉、千葉の各都県には福島県の被災者計約一万五〇〇〇人が暮らし、県外に避難した人の四割近くを占めるという」とまとめている。もっとも、「この日」、すなわち二〇一六年一二月一六

日に九都県市首長会議の各首長と福島県知事の連名で出された「福島の復興・創生について」と題する国への申し入れ書には、避難者へのいじめや差別に関する記述は含まれていない(21)。

こうした差別やいじめに対して「風評被害」が持ち出されるのは、原発事故や放射能汚染に対する誤解が原因のひとつであるためであるのは、一応のところは理解できる。しかしこの言葉の当て方によって、被災者への差別やいじめが、汚染を恐れた消費者の購買行動とあたかも同質の問題であるかのような印象が生まれ、「消費者」に原発事故後の経験をめぐってさらに押し黙らせてしまうことにもなりかねない。

私たちは、「風評被害」の加害者であることを止めなければならない。何も、「安全」を信じよう、「買おう」という呼びかけをしようというのではない。「加害者」とする名指しそのものに疑いを持つべきなのである。それは、自分のうろたえや迷い、そしてそうしたなかで取ってきた自らの商品の選択や避難などの防御行動、そうしたなかで何を考えていたのかを振り返りながら、そこに存在していたはずの意味を問い直してみることから始まるだろう。そのなかには、あるいは結果として間違っていたことが含まれるだろうし、なかにはデマにおどらされたことも含まれているかもしれない。そうしたことを、原子力災害がもたらした災厄として捉え直すとともに、「平時」がどのように偽装されたのかを考え直してみる必要がある。

このことによって、私たちは、少なくとも、原子力災害とはどのような性格をもつものなのかということを、もう一度考え直すことができるだろう。その性格のなかには、本章でみた「風評被害」のような、人びとの行動と思考を制約し、意識すらも操作してしまうごまかしも紛れ込んでいる。

その上で、私たちの行動や思考への悪質な制約が、いかなる形で展開するのかを問い直すことができるだろう。社会的な危機や混乱を前にして、同調と「信仰」の共同体意識に埋没してしまわないことが、どのように可能なのかを、今後とも考えていく必要がある。

注

(1) 遠藤薫『メディアは大震災・原発事故をどう語ったか—報道・ネット・ドキュメンタリーを検証する』(東京電機大学出版局、二〇一二年)、一三二頁。

(2) この経緯については、中野聡「東日本大震災・福島原発事故と歴史学研究会」(『歴史学研究』九〇九号、二〇一三年)、および原山浩介「震災「後」の歴史学の課題と博物館展示」(歴史学研究会編『第4次現代歴史学の成果と課題〈3〉歴史実践の現在』績文堂出版、二〇一七年)を参照。

(3) 「水道水の放射能測定結果について　第一七報」東京都水道局、二〇一一年三月二三日。

(4) 「水道水の放射能測定結果について　第一九報」東京都水道局、二〇一一年三月二四日。

(5) 「福島から一二八人受け入れ　取手市、バス三台で出向く」(『読売新聞』二〇一一年三月二〇日)。

（6）「編集手帳」（『読売新聞』二〇一一年三月二三日）。
（7）関谷直也『風評被害―そのメカニズムを考える』（光文社、二〇一一年）、一二頁。
（8）関谷著前掲書、一九七―一九九頁。
（9）小出裕章『騙されたあなたにも責任がある：脱原発の真実』（幻冬舎、二〇一二年）、一五五―一五六頁。
（10）日本生活協同組合連合会「原発事故による風評被害を受けている地域の農水畜産物を利用することで、生産者・産業を応援しましょう」（二〇一一年四月一五日、http://jccu.coop/info/announcement/2011/04/post_492.html、削除済み。但し二〇一七年一一月現在、Internet Archive: https://archive.org/index.php を通じて閲覧可）。
（11）「「玄海原発の再開容認」に波紋　佐賀県庁に抗議次々」（『朝日新聞』（西部本社）二〇一一年七月一日）。
（12）福島県「「週刊ビッグコミックスピリッツ」四月二八日及び五月一二日発売号における「美味しんぼ」について」（二〇一四年五月七日、http://www.pref.fukushima.lg.jp/uploaded/attachment/63423.pdf）。
（13）福島県双葉町「小学館への抗議文」（二〇一四年五月七日、http://www.town.fukushima-futaba.lg.jp/secure/5924/20140507_kougibun.pdf）。
（14）「石原大臣記者会見録（平成二六年五月九日（金）八：二九：～八：三五　於：環境省二二階第一会議室）」（http://www.env.go.jp/annai/kaiken/h26/0509.html）。
（15）「「美味しんぼ」鼻血論争で露呈、原発事故との「因果関係」」ワイド特集・習慣的自衛権（『週刊朝日』第一一九巻二一号、二〇一四年五月二三日、朝日新聞出版）、一三四―一三五頁。
（16）「[裁かれる青い閃光]（上）健康被害　「被ばく住民、置き去り」」（『読売新聞』（茨城東）二〇〇三年二月二七日）。
（17）「「下北よ！　原子力と私たち：2」原発労働　「夫倒れ危険性知った」」（『朝日新聞』（青森全県）二〇

〇八年一月三日)。

(18)「水は天下のまわりもの:琵琶湖淀川汚染総合調査団の三年」(Q編集委員会編『Q―生活協同組合研究』創刊号、草風館、一九八七年)、一五頁。

(19)五十嵐泰正・「安全・安心の柏産柏消」円卓会議『みんなで決めた「安心」のかたち―ポスト三・一一の「地産地消」をさがした柏の一年』亜紀書房、二〇一二年。

(20)「東日本大震災 震災掲示板」(『読売新聞』二〇一一年五月一六日)。

(21)九都県市首脳会議・福島県知事「福島の復興・創生について」(二〇一六年一二月一六日、http://www.9tokenshi-syunoukaigi.jp/09fukusimanofukousousei.pdf)。

第五章　被災地ならざる被災地
――秋田県大館市・小坂町の三・一一

髙村竜平

1　非・被災地の秋田県で

秋田県は、東北六県の中で唯一、東日本大震災による死亡者・行方不明者がなかった地域であった。[1] 秋田県庁をはじめ県内の自治体は、太平洋岸の自治体に応援の職員を派遣し、被災地から県内に避難したひとびとも多数いる。秋田県は、「東北」ではあっても「被災地」ではない、と言っても異論を唱える人は少ないだろう。

そのような状況の中、二〇一一年七月に次のようなニュースがもたらされた。「被災地」は山の彼方にあると思い込んでいた人々（少なくとも筆者はそうであった）の前に、突然「放射性物質」が現れたのである。(2)

千葉県流山市のごみ焼却施設で排出され、大館市にある民間の廃棄物処理場で処理される予定の焼却灰に、基準の約三・五倍の放射性セシウムが含まれていたことが一一日、分かった。県は詳しい経緯の調査に乗り出した。

県環境整備課によると、一キロ当たり二万八千百ベクレルの放射性物質が検出された焼却灰が九日、流山市の施設から三〇トン排出された。一一日午後一一時半現在、一〇トンは貨物列車でＪＲ大館駅まで運ばれ、二〇トンは秋田市内の操車場にある。大館市のＤＯＷＡグループのエコシステム秋田で薬剤による固化処理をした後、小坂町のグリーンフィル小坂で埋め立て処理する予定。

また、グリーンフィル小坂には震災後、流山市の同じ施設から運ばれた焼却灰が埋め立てられた可能性があり、県が量や放射性物質の有無を調べる予定。国は八千ベクレルを超えた場合に一時保管するよう基準を定めており、県はきょう一二日に大館駅や処理施設などで放射性物質の濃度を測った上で今後の対応を決める。(3)

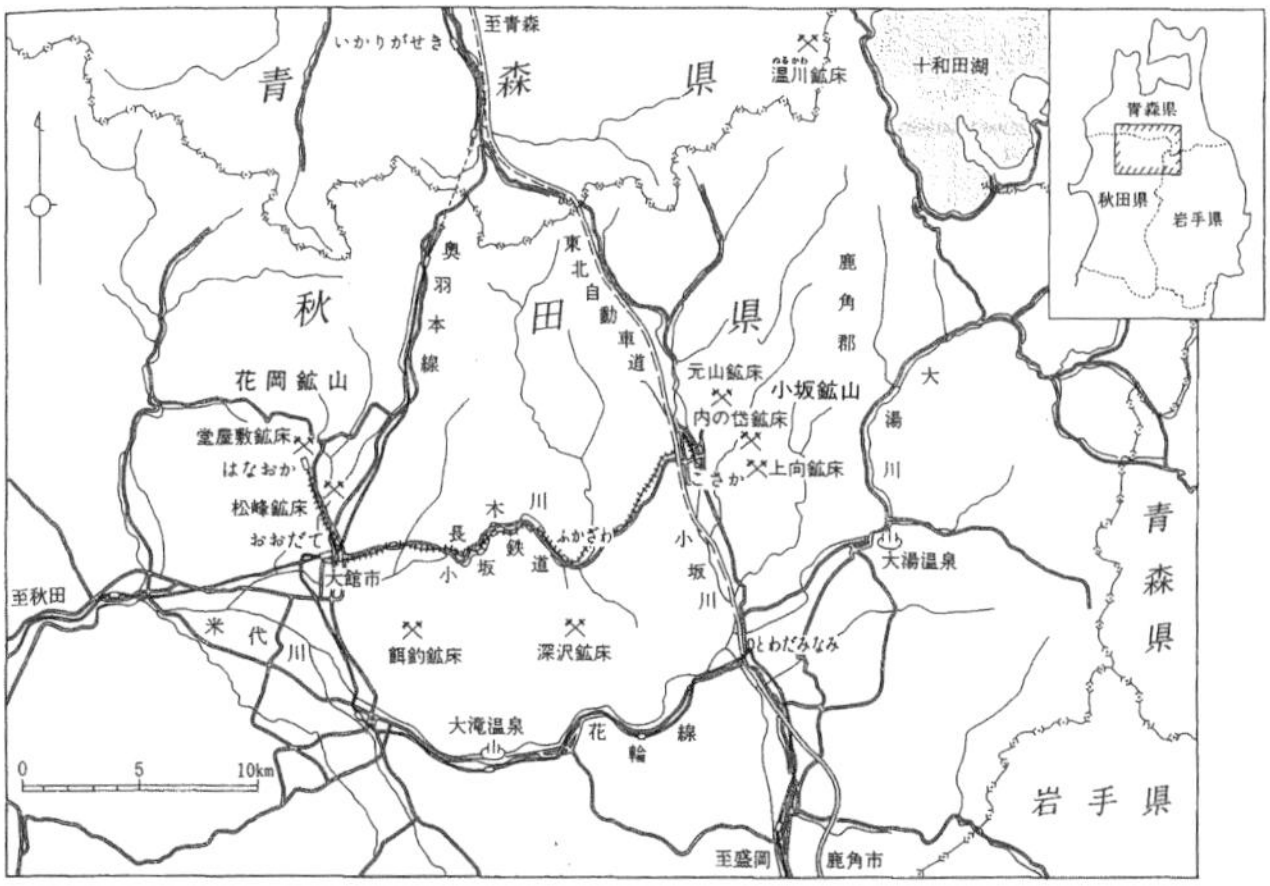

図1　1985年当時の花岡鉱山及び小坂鉱山の位置（同和鉱業株式会社『創業百年史』資料編，1985年より）
本図は同和鉱業の経営する鉱山のみが記されており，小坂町の相内鉱山（日東金属鉱山）などほかにも多数の鉱山が存在した．また現在は，大館―小坂および大館―花岡間の小坂鉄道はいずれも廃線となっており，東北自動車道は地図上のルートに加え大館―小坂間のバイパスが開通している．

大館《おおだて》市と「グリーンフィル小坂」の所在する小坂《こさか》町および隣接する鹿角《かづの》市・北秋田市という秋田県北東部は「北鹿《ほくろく》地域」とよばれ、小坂鉱山・花《はな》岡《おか》鉱山・尾去沢《おさりざわ》鉱山などの非鉄金属鉱山によってよく知られていた（図1）。それらが閉山した現在では、製錬技術を応用した金属リサイクルで知られている。そのような地域に、なぜ廃棄物処理場があり、なぜ遠隔地からの廃棄物が運ばれていたのか。本章では、受け入れ側である秋田県北東部の大館市・小坂町の近現代史に即して、この問題が地域にどのような変化をもたらしたのか、またそれがこの地域のこれまでの歴史とどのようにかかわるのか、を考えてみたい。

2　北鹿地域の二〇一一年

まずは、この事件の推移を確認しておこう。

先にあげた七月一二日の第一報では、大館市花岡にあるＤＯＷＡグループの中間処理施設で処理された後、小坂町に所在する同グループの最終処分場に搬入される予定であった、千葉県流《なが》山《れやま》市からの廃棄物に、基準値を超える放射性セシウムが含まれていることが報じられた。つづいて一四日には、千葉県松戸市から搬出されたゴミ焼却灰が、すでにグリーンフィル小坂に埋め立てられていることがわかった。[4] 震災以前には、放射性廃棄物としてあつかわなくてもよい基準は、放射性セシウムで一〇〇ベクレル／キログラムであった。[5] 震災後の六月二八日、国はゴミ焼却灰に含まれる放射性物質を測定するよう自治体に通知し、基準値を八〇〇〇ベクレル／キログラムとした。[6] しかし松戸市は、一部の焼却灰についいては測定結果が出る前に搬出してしまい、一部についても処分場親会社であるＤＯＷＡエコシステムに基準値超過を連絡したものの、最終処分場への搬入を中止するような具体的な指示がなかったため、ＤＯＷＡエコシステムは大館駅に運び込まれた焼却灰は基準値以下と思いこんだと説明する。小坂町の方も、松戸市から連絡を受けたものの、「今後、搬出しない」という伝言を聞いて「安心し、報告しなかったようだ」（町）という。先に挙げた流山市の場合にも、測定結果を待たずに搬出したり、あるいは市役所内での連絡が不徹底で搬出されたりした。[7]

大館駅や秋田駅でとどまったコンテナはその後搬出もとに送り返されたが、それ以前にグリーンフィル小坂や、やはりDOWAグループに属する最終処分場である大館市の「エコシステム花岡」に埋め立てられた焼却灰があることも明らかになった。[8]小坂町と大館市は廃棄物の受け入れを停止し、松戸市や流山市、DOWAエコシステムは両市町に謝罪した。

その後、小坂町と大館市は首都圏からの焼却灰受け入れを中断していたが、八月になってDOWAエコシステムが、月一回以上の放射能濃度のサンプル検査、焼却灰搬入ごとの空間放射線量測定、覆土、放流水調査などの計画を立てたことを受け、小坂町は受け入れ再開の意向を表明する。さらに町は九月一三日から二〇日にかけて、町内四ヵ所で受け入れ再開への説明会を開いた。[9]

これに対して、一〇月一八日には小坂町民有志による「放射性物質の受け入れを反対する町民の会」（以下「町民の会」）が、三三二八筆の焼却灰反対署名を町長に提出した。[10]署名者のうち三二四六人分が小坂町民で、人口（同年一〇月一日現在で六五一三人）の半数を超えたものであった。翌年の七月には、隣接する大館市や鹿角市などの市民も参加する、「米代川の清流といのちを守る流域連絡会」（以下「流域の会」）が設立される。「流域の会」は二〇一二年八月にも、搬入再開に反対する署名三八七六筆を小坂町議会と議長あてに提出している。しかし町は二〇一二年一〇月からDOWAエコシステムおよびグリーンフィル小坂側と「環境保全協定」を締結するなど受け入れ準備を進め、一一月二二日から首都圏からの焼却灰搬入を再開した。(11) 最初に受け入れたのは千葉県市川市からの焼却灰で、同時に流山市・埼玉県川口市からの受け入れ再開も決定した。さらに翌年三月からは神奈川県小田原市・大和市・千葉県八街市・習志野市からも受け入れを再開した。(12) この際町は、受け入れのための基準値を、四〇〇〇ベクレル／キログラム以下とした。国の定めた八〇〇〇ベクレルという基準の半分なのだということである。

このように受け入れは再開されてしまったが、「流域の会」はその後も活動をつづけている。二〇一五年一一月一五日には、小坂町において「放射能を含む焼却灰の受け入れについて考える集い」が「流域の会」主催で開かれた。そこで配布された「経過報告……私たちが辿り着いた思い」の五項目を要約すれば、以下のようになる。

①焼却灰の放射能汚染濃度をボーリングなどによって確認する必要があること。もし調査しないのならば、千葉などで指定廃棄物として処分するために保管されている三万ベクレル超の

焼却灰と同様かそれ以上のものとして扱い、遮断型処分場で処分するべきであるが、管理型処分場であるグリーンフィル小坂で処分されている。対策を改めて考え直す必要がある。

②焼却灰の受け入れ再開に際しては、町と秋田県は国に対して「放射性物質を含む焼却灰に係る国の関与の明確化」「埋立処分済みの放射性物質を含む焼却灰に係る国の責任の明確化」をもとめた要望書を提出している。[13] しかしこれに対して、国からの明確な回答がない。松戸市からの謝罪をのぞいて、誰もこの処分に対して責任をとっていない。

③町・県・DOWA・環境省とのさまざまな話し合いによって分かったことは、全ての当事者が正直に情報の公開をせず、事態の鎮静化のみに腐心してきたということではないか。

④以上から、DOWAは低レベルであってもこれ以上首都圏の放射能汚染焼却灰の受け入れを中止すべきで、管理型処分場であることを考えて、今後の管理の方法を考えるべき。

⑤町・県・DOWAは、モニュメントや町史、展示物などで、この負の歴史を記録し次世代に伝える努力をするべき。

つまり、まず実態が明らかでない（①③）、責任の所在も明らかでない（②③）、管理の方法が適切でない（①④）などの問題点を指摘し、そのことを未来に伝えるべき（⑤）としている。具体的な活動としては、上記の実態調査が現在まで行われていないことに対して、二〇一二年八月や二〇一四年一一月など、再三にわたって調査実施の陳情を町議会に対して行い、二〇一四年の陳情は満場一致で採択されている。そのほか、町・県・事業者・流域の会の四者による話し合いの場を設ける要望や、首都圏焼却灰の受け入れ条件見直し、「グリーンフィル小坂」の排水ルート見直しなど、さまざまな要望を提案し続けている。[14] また、二〇一四年には環境省職員との懇談や処分場見学、二〇一五年には町長や県職員との懇談などを行っている。

一方、もう一つの最終処分場であるエコシステム花岡が立地する大館市は、現在にいたるまで首都圏からの一般廃棄物を受け入れていない。

3　鉱山と北鹿地域

鉱山開発の歴史

では、どのようにしてこの地域に廃棄物の最終処分場が立地するようになったのか。まずはその前史として、鉱山地域としての北鹿地域の形成についてみてみる。

現在の小坂町にあたる地域では、江戸時代から銀や銅が採掘されていたが、のちに小坂鉱山元山鉱床として大規模な開発が行われる鉱脈は、江戸時代に地元の山師が発見したと言われている。

その後、南部藩（現在の鹿角市・小坂町は南部藩に属しており、廃藩置県に際して秋田県に編入された）の経営・明治政府の官営・南部家の経営をへて、一八八四年（明治一七年）に藤田組に払い下げられた。藤田組は長州出身の藤田伝三郎が起こした企業であり、戊辰戦争で官軍の軍靴や軍服などの装備調達を請け負うことで成長した[15]。過度な単純化は避けるべきであるが、以上の経緯から小坂鉱山は、戊辰戦争での賊軍側が開発していた鉱山を、官軍と結びついた長州の実業家が引き受けたということになる。

小坂鉱山を引き受けた藤田組は、この地域に多く存在する「黒鉱」と呼ばれる鉱石の製錬方法を確立する。黒鉱は金・銀・銅・鉛など多様な種類の金属をふくむ鉱石であったが、それぞれの金属の分離が難しかった。その黒鉱を製錬する方法を開発することによって、藤田組は成長した。いっぽう一八八五年には、現在の大館市北部に位置する花岡で黒鉱を多く産出する鉱脈が発見されていた。花岡鉱山は一九一三年（大正二年）に小坂鉱山に鉱石の売却を開始し、その二年後には藤田組に買収された。こうして、藤田組はこの地域での二大鉱山を抱えることになり、一九二〇年代からは、小坂で精錬される鉱石はむしろ花岡から運ばれるものが中心となっていた。戦時下の一九四四年には、経済統制の一環として帝国鉱業開発株式会社（「帝発」）が両鉱山を経営したが*、終戦と同時に帝発の経営は終わり、藤田組の鉱山部門は「同和鉱業」として再出発することになる。

＊一九四五年の「花岡事件」は、戦時下で増産を迫られた花岡鉱山で、選鉱場新設にかかわる河川工事に強制動員された中国人の大量脱走と虐殺事件である。またその前年には、坑道の崩壊により日本人・朝鮮人労働者二二人が死亡する「七ツ館事件」も起こっている。

戦後の日本では、朝鮮戦争や高度経済成長により、金属需要は高まっており、同和鉱業は積極的に探鉱を続けた。また政府も、一九六三年に金属鉱物探鉱融資事業団（のち金属鉱物探鉱促進事業団、金属鉱業事業団を経て、二〇〇四年より石油天然ガス・金属鉱物資源機構）を組織し、企業の探鉱を支援するとともに、地質構造調査を始めたが、最初に調査対象になったのは北鹿地域であった。この時期には、小坂では一九五九年に「内《うち》の岱《たい》鉱床」と六二年に「上向《うわむき》鉱床」、花岡では一九六六年に「松峰鉱床」が開発され、北鹿地域は「黒鉱ブーム」に沸いた（図2）。

鉱害と地域社会

鉱山の隆盛は、地域社会にとっては単なる一企業の立地にとどまらず、近代文明そのものの到来でもあった。特に小坂では、社宅・病院・劇場・鉄道などを藤田組が建設し、商店街や歓楽街も加わって鉱山都市となっていた。また鉱山に設置された山神社の祭礼では、鉱山で利用されて

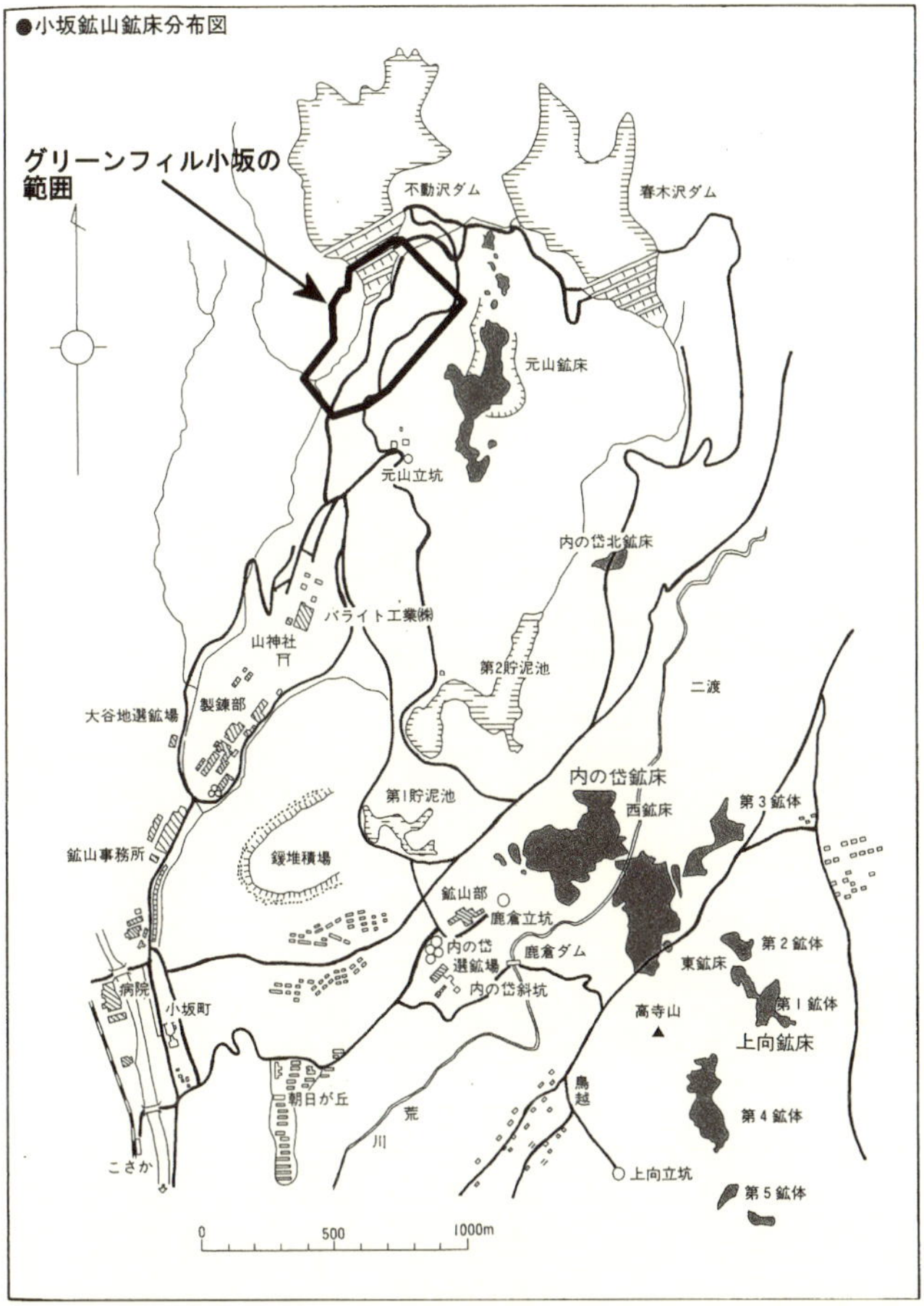

図2　1985年当時の小坂鉱山と，現在の最終処分場グリーンフィル小坂の範囲（前掲『創業百年史』資料編の図を一部改変）

いた電気を使った装飾がほどこされ、「電気祭」とよばれていた[16]。

一方で鉱山開発と製錬は、他地域の例にもれず、煙害・鉱水害などの被害を周辺地域にもたらした。たとえば黒鉱の製錬にあたっては、亜硫酸ガスが大量に発生し、周辺の広い地域で植物に対する被害があった。山林は枯死し、田畑の作物は不作に悩まされた。また、鉱山の排水が小坂川に流入し、周辺の田畑に被害を及ぼした。

このような被害に対しては、一九一〇年代から農民による抗議行動が行われ、これらの活動は当時活発になってきた無産運動の支援のもとに鉱山労働者の運動とも提携して活発な活動を繰り広げた。その結果、煙害に対しては現金による補償、鉱水害に対しては鉱山廃水の流入地点より上流から農業用水を引くという対策が取られた。煙害に対する補償は、製錬過程の亜硫酸ガスを硫酸として回収するシステムが開発されるまで継続し、また農業用水は現在でも活用されつづけている。

煙害の補償体系は一九二七年に確立され、一九六八年に亜硫酸ガスが排出されなくなり補償が打ち切られるまで使用された。宮館弘によれば[17]、これは大正時代の補償交渉の中で作られたもので、盛岡高等農林学校（現・岩手大学農学部）の研究者の開発により、農民運動指導者との交渉の中で完成したと宮館は推測している。

その内容は、例えば水田の場合「反当り標準収量×被害率×米価×面積」という計算によるのだが、この「被害率」は、硫酸による障害とそれが収量に与える影響を、実際に生育試験を行うことによって算出（Ｓｏ２被害率）し、同様の作業を煙による葉への影響についても行い（煙斑被害率）、さらに上記の両者を加えた収量被害率を四段階に分けた上で、コメの品質に与える影響（品質被害率）をやはり実地検査によって算出する、という、複雑な実験と計算によっている。同様の作業による補償を、稲わら、ダイズ（畑作物の代表として）、果樹園、自家用果樹蔬菜、杉・雑木にたいして行っていた。さらに牛馬に与える牧草などの補償として「肥料代」も支払っていた。宮館は同和鉱業で実際に補償交渉に携わってきた人物であるが、彼によると一一月から年末までにめどをつけ、一月に賠償額を示した案を作成し、二月に入って部落ごと・個人ごとに交渉を行っていたという。

このほか、一九七〇年代には鉱山の排煙に由来する農地のカドミウム汚染が問題になった。[18] 秋田県内に存在するこのような農地は、一九七四年から一九九三年まで「農用地土壌汚染対策地域」に指定されており、[19] 今日でも、秋田県農業試験場の研究重点テーマとして土壌汚染対策が挙げられている。[20] 二〇一〇年に食品衛生法上でコメのカドミウム含有量の上限が引き下げられ、同時に国による汚染米の買い上げが廃止されたため、土壌汚染対策の必要性はむしろ強まってきているとさえいえよう。

4　金属リサイクルによる「エコタウン」としての北鹿地域

上記のように、鉱山開発と金属製錬が北鹿地域の中心産業であり、さらにその中心は何といっても藤田組＝同和鉱業であった。しかし高度成長期の金属需要の高まりによって鉱石の輸入が増え、一九六〇年には原料としての使用量で国内産を上回るようになり、それは七〇年代の石油ショックや円レートの切り下げなどにより本格化する。金属鉱物探鉱促進事業団にも一九六八年に海外部門がもうけられ、またこの機構が進めていた地質構造調査も石油ショック以降は規模を大きく縮小した[21]。北鹿地域においても、「黒鉱ブーム」の象徴であった、小坂の内の岱鉱床は一九九〇年に、花岡の松峰鉱床は一九九四年に採掘を中止し、九〇年代には鉱山としての歴史を閉じる。ただし、小坂における製錬事業は継続し、金属リサイクルの拠点となる。

小坂鉱山では、一九八〇年から原料の一部に廃棄された電子基板を使用し始めた[22]。電子基板からの銅などの回収は、二〇〇八年にTSL炉と呼ばれる新型の製錬設備を導入して本格化する。またこれよりまえの一九九八年からは、通産省（当時）と環境省がすすめるエコタウン計画の一つとして、家電リサイクルとリサイクル製錬拠点形成事業が「秋田北部エコタウン事業」として承認される。この事業の中心はＤＯＷＡグループによる金属リサイクルで、ホームページで「黒鉱と呼ばれる複雑硫化鉱の処理技術については、世界のトップクラスで、これらの技術を確立させた鉱山や製錬所を活用した金属リサイクルの事業化を進めていました[23]」と紹介されるように、製錬技術との連続性が強調されている。

そのような意味づけに影響された筆者自身の文章も紹介しておこう。二〇〇九年度、勤務している大学の調査実習の授業で小坂町を対象にした際、筆者はその報告書の導入として町の近現代史を概観する文章を書いたのだが、その一部が以下のようなものであった（文中の「秋山報告」「久保田報告」とは、本書に収録された学生レポートを指している）。

長期的に見て、鉱業生産は衰退に向かったことは、秋山報告や久保田報告で示されている通りである。とはいえ、近年では黒鉱製錬の経験を活かし、現在使用済み電気・電子製品からの金属資源開発に応用され、リサイクルの街として再興を図っていることもよく知られている[24]。

この時筆者が看過していたのは、鉱業からの業種転換として廃棄物処理業があったことである。

5　廃棄物処理企業としてのDOWAグループ

DOWAグループは、同和鉱業が二〇〇六年に持ち株会社「DOWAホールディングス」になり、製錬、環境・リサイクル、電子材料、金属加工、熱処理の五事業部門に分社化した企業体である。二〇一一年から問題になった最終処分場エコシステム花岡とグリーンフィル小坂は、リサイクル部門の「DOWAエコシステム」傘下にある。

同和鉱業が廃棄物処理に乗り出したのは一九八七年の「同和クリーンテックス」創立からであった。この会社は大館市花岡に設置された産業廃棄物処理会社で、焼却炉や排ガス処理設備を新設するほか、既存の鉱水処理場や中和施設、埋め立て最終処分場も利用した。つまり、鉱山の衰退を見越して既存の設備と人員を、産業廃棄物処理場というあらたな業種で活用しようとしたものだった。[25] 小坂ではこれより遅れて、二〇〇五年に最終処分場グリーンフィル小坂が開業した。この施設は鉱山開業当時からの露天掘り跡地に隣接し、処分場造成のための土砂によってかつての露天掘り跡はほとんど埋められている（図2）。*

＊本章第1節で述べたように、「流域の会」は「グリーンフィル小坂」の排水ルート見直しをもとめているが、

これは図2で分かるように鉱滓ダムがすぐ上にあり、排水路が外周に沿って走っているため、処理場内に水があふれるのではないか、との懸念からはじまっている。実際、二〇一三年八月九日および九月一六日には、大館市で激甚災害に指定される豪雨があり、住民感情として自然なものといえるだろう。

震災前に『秋田魁《さきがけ》新報』に出た、グリーンフィル小坂に関するほぼ唯一の記事は、次のようなものだ。リサイクル業と同様、廃棄物処理についても、「鉱山の遺産」とされていることがわかる。[26]

最終処分場で最も課題となるのが浸出水の処理。運び込まれる廃棄物に水分が含まれていなくても、雨や雪解け水に触れて重金属などが溶け出すことは避けられない。グリーンフィルでは浸出水を五つの工程で浄化。同社のメーンの製錬事業でも重金属を含む水の処理は不可欠なだけに、その技術の応用はお手のものだ。〔中略〕

有用金属を生み出す鉱山、廃棄物を埋め立てる最終処分場は、いつか事業に終わりが来ることで共通する。グリーンフィルの寿命が尽きるまで、環境保全への取り組みはたゆまず続く。これもまた、先人が鉱山で培った技術の継承だ。

産業廃棄物処理場の建設には、確認できる限り大きな反対はなかったようである。「流域の会」の人々に聞いてみても、一九八〇年代には、「正直言って組合も地域の住民も処分場のゴミには関心がなかった」「電子基板だとか携帯電話だとかから金属をとるというので、反対はなかった」[27]

という状態であった。また、鉱山が立ち行かなくなる中で、雇用や税収の確保のために処理場は必要でもあった。二〇〇六年に稼働したグリーンフィル小坂では、首都圏などの地方公共団体からの一般廃棄物の受け入れ実績に従って、小坂町に対して「環境保全協力寄付金」を支払っていた。(28)

ここで、グリーンフィル小坂への一般廃棄物の搬入状況を、小坂町役場の所蔵資料から見てみよう(表参照)。まず開設当初の二〇〇五年に搬入しているのは、千葉県松戸市(四八三一トン)、同習志野《ならしの》市(一七六一トン)、埼玉県加須《かぞ》市・騎西《きせい》町衛生施設組合である。その後も、さいたま市や千葉県市川市(いずれも二〇〇六年から)など両県からの搬入は、自治体・組合数も搬入量も増加する。震災直前の二〇一〇年でみると、千葉県は一一市一組合から約二万五〇〇〇トン、埼玉県は五市町二組合から約二万トンの一般廃棄物を搬入しており、これらを合わせるとこの年の県外からの一般廃棄物搬入量(約七万トン)の六〇パーセントちかくにのぼる。近接する青森県や秋田県内、また東海・北陸などからも受けいれてはいるが、やはりこの処理場は、首都圏の廃棄物を引き受けるという役割がもっとも大きかったといってよいだろう。

このような状態で起こったのが、大震災と福島原発事故であった。原発事故は、もちろん福島県に大きな被害を与えたが、それだけでなく埼玉や千葉といった、まさにグリーンフィル小坂が廃棄物を受け入れていた地域にも、放射線量の高い地域、いわゆる「ホットスポット」を生み出した。そこで、冒頭で述べたように松戸市や流山市からの廃棄物焼却灰に、放射性物質が含まれるという事件が起こったのである。

首都圏からの廃棄物受け入れ再開後の二〇一二年は、松戸市は搬入せず、流山市は二〇一〇年の二一〇〇トンに対して四六トンと減少し、柏・白井・鎌ヶ谷環境衛生組合は二〇一〇年一四八〇トン搬入していたがこれも二〇一二年には受け入れていない。しかし二〇一三年になると松戸市はやはり搬入していないものの流山市は七二〇トンであり、震災前にはおよばないものの前年の一〇倍となっている。またそれだけでなく、船橋市など震災後新たに搬入を開始した自治体もある。

特に注目すべきなのは、二〇一三年に東埼玉資源環境組合から五二一〇トン受け入れていることである。この組合は越谷《こしがや》市・草加市・八潮《やしお》市・三郷《みさと》市・吉川市・松伏《まつぶせ》町からなり、震災以前は大館市の花岡に焼却灰を搬出していた。しかしおなじ処分場を利用していた千葉県流山市の焼却灰の問題を受けて、大館市がこの組合からの受け入れを停止したため、暫定基準内におさまる焼却灰であっても搬出できなくなったのである（本書、第六章）。そして翌年になって、小坂町が新たに受け入れを開始した。小坂町における、首都圏からの廃棄物受け入れ再開は、逆に基準内

2011	2012	2013	2014	備考
3,506	1,288	1,288		
1,463	1,257	1,762	1,839	
283		260	282	2013・2014は加須市
477		77	156	
19		84		
		914	1,383	
		5,210	6,023	越谷市・草加市・八潮市・三郷市・吉川市・松伏町
5,748	2,545	9,595	9,683	
2,197				
256	113	650	732	
2,193	1,081	2,502	5,872	
546		541	891	
	450			
	46	720	894	
	60	782	696	
			1,227	
		226	496	
		2,588	6,811	
		804	1,783	
		77	166	南房総市・鋸南町
		530	545	
		1,269	1,893	
5,191	1,750	9,420	14,511	
604				
280		268	479	
			3394	
73	63	429	292	
	39	1,007	1,579	
20				
9,683		10,082	9,768	2013は弘前市
			309	
854		1,844	1,936	藤枝市・焼津市
229			744	
			497	
			590	
			398	
87	103	117	136	
134	197	196	43	
185	298	409		2013は白山野々市広域事務組合
			513	
12,148	700	14,352	2,177	
53	44	43	43	
884	911	947	894	
4,773	3,559	3,552	2,568	
314	127	149	30	
3,000			1,095	
9,023	4,642	4,692	4,630	
32,111	9,637	38,059	31,001	

表　一般廃棄物の搬入量　グリーンフィル小坂搬入分（単位:t/年）

県名	市町村・組合名	2005	2006	2007	2008	2009	2010
埼玉県	さいたま市		9,243	9,238	9,421	13,850	13,568
	川口市		998	4,600	4,218	4,300	4,200
	加須市・騎西町衛生施設組合	968	1,067	1,043	973	1,000	940
	杉戸町		503	387	399	415	560
	伊奈町		503	387	419	450	450
	羽生市					462	528
	上尾・桶川・伊奈衛生組合					2	2
	志木地区衛生組合						
	東埼玉資源環境組合						
	小計	968	12,134	15,655	15,430	20,479	20,248
千葉県	松戸市	4,832	6,212	7,305	7,624	9,600	9,600
	習志野市	1,761	1,704	1,026	790	810	850
	市川市		5,288	11,574	10,742	8,460	9,180
	柏・白井・鎌ヶ谷環境衛生組合		1,542	1,448	1,409	1,390	1,480
	袖ケ浦市、木更津市、君津市				2,743	1,421	799
	成田市					360	360
	流山市					1,000	2,100
	八街市					850	850
	八千代市					90	90
	我孫子市						
	船橋市						
	長生郡市広域市町村圏組合						
	鋸南地区衛生組合						
	佐倉、酒々井町清掃組合						
	かずさクリーンシステム						
	小計	6,593	14,746	21,353	26,427	27,874	25,309
栃木県	小山広域保健衛生組合		999	2,194	2,048	2,563	2,271
茨城県	江戸崎地方衛生土木組合		585	809	850	900	1,000
東京都	多摩川衛生組合						
神奈川県	大和市		2,572	1,078	948	300	300
	小田原市				149	100	100
	秦野市伊勢原市環境衛生組合						
青森県	弘前地区環境整備事務組合		12,105	11,175	11,091	12,000	12,000
	西北五環境整備組合						
静岡県	志太広域事務組合		2,472	2,807	2,765	3,345	3,345
長野県	長野市					3,100	3,100
	穂高広域施設組合						
	松塩地区広域施設組合						
	木曽広域連合						
岐阜県	不破郡垂井町					2,690	
	各務原市					60	75
愛知県	犬山市					250	300
	尾張旭市						2,177
石川県	白山石川広域事務組合					360	360
山梨県	峡北広域行政事務組合						
	小計	0	18,733	18,063	17,851	25,753	25,028
秋田県	男鹿地区衛生処理一部事務組合						57
	鹿角広域行政組合						890
	エコシステム秋田						7,748
	エコシステム小坂						200
	大仙美郷環境事業組合						
	小計	0	0	0	0	0	8,894
	合計	7,561	45,613	55,071	59,708	74,106	79,479

（小坂町役場町民課生活環境班資料より筆者作成．2014年度のみ計画．）

であれば搬入してもよい、という、「お墨付き」を与えてしまったのかもしれない。

『秋田魁新報』は震災後におきた放射性物質をめぐる事件に触れて、次のように書く。「ごみの焼却灰まで県北に流入していた。放射性セシウムに汚染された灰が。人とエネルギー、食料、部品まで供給し大都市の繁栄を支えてきた東北。その一方で、首都圏の最終処分ごみを引き受けている現実。割り切れなさまで抱いてしまう[29]」。ここには、首都圏のごみを秋田に受け入れていることへの驚きがあらわされているし、それは多くの県民の正直な感情であったかもしれない。しかし「大都市の繁栄を支えてきた東北」の一員として「割り切れなさ」をいだいた『秋田魁新報』は、大館・小坂に廃棄物処分場があることに秋田県民自体が気付いていなかったことを自ら語ってしまっている。同じ秋田県内にも、ある種の中心と周辺の構造があったのである。そしてそのような県内にもある中心と周辺の構造に無関心であったのと同様に、震災後に首都圏からの廃棄物の搬入が新たなかたちで展開していることも、いまだに気づかれていない。

6 「町民の会」の人びとは、なにを主張しているのか

一般廃棄物や産業廃棄物についてはさほど問題にしていなかった住民も、国の設定した基準値

を超える放射性物質の搬入には敏感に反応した。有志による「町民の会」は、首都圏からの廃棄物の受け入れ再開に強く反対し、町の再開の方針発表から実際の受け入れまでには一年半ほどの時間がかかり、ＤＯＷＡエコシステム側は、処分場への行政の立ち入り検査をみとめるなどの計画を発表してようやく受け入れ再開となった。

ここでは、小坂町の「町民の会」の中心メンバーへのインタビューから、このような動きを進める人々はどのような人々なのか、何を求めているのか、を考えてみたい[30]。

「町民の会」は、前述のように二〇一一年夏に、グリーンフィル小坂への県外からの一般廃棄物受け入れ再開に反対する署名集めを契機に誕生した、町民有志の集まりである。その一年後には、「流域の会」が発足したが、この時には最終処分場の地元であるということで、当時「町民の会」代表の栗山京三が、「流域の会」の代表となった。インタビューに応じてくださった中心メンバーは四人で、栗山京三とその弟である栗山侑三、小笠原義行、中村一夫である。

栗山京三と侑三の二人は、父の代からの小坂町住民である。父は鹿角市で呉服店を経営していたが、小坂町での支店を経営するようになり、定着した。当時鉱山町として購買力のあった小坂町は、商業の機会も多かったためである。栗山兄弟は、園芸用の土壌の原料を製造・販売する会社を経営してきた。その原料は、小坂町から東に向かって岩手県との県境にある場所から採取している。放射性物質の問題に積極的にかかわるようになったきっかけは、この地域の土壌を加工して販売するという環境に依存した業種にたずさわっているからである。栗山京三は直接農業に携わったわけではないが、鉱山からの排煙と排水によって農業に被害があったことはよく記憶している。そして「水の問題とかガスの問題、亜硫酸ガスの問題ですな。これは経験したんだけども、放射能は全然ほれ、経験無《ね》えもんだから、やっぱり誰も好ましくは思って無《ね》えもんです」と語る。

小笠原は、父が鉱山の従業員であったため鉱山社宅で生まれ育った。小笠原自身は中学卒業後の一九五七年から一九六六年まで東京で働いたあと、小坂町に戻り溶接工として働いた。勤務していた会社は同和鉱業の関連会社で、かつて製錬施設とおなじ技術が原子力発電所内でも利用されていたため、福島第一原発にも建設時と点検時に一回(一九八〇年代と思われる)作業に赴いたという。

とくに点検時には、大変厳しいチェック体制が取られていたが、それとくらべて事故後に基準値が引き上げられたことに、小笠原は大きな疑問を持っている。「一〇〇ベクレルでも二重三重のチェックして、入るときに測って、出てくるときにも測って、ちょっとでも放射能汚染されてれば、作業着脱がされて裸にさせられて、それでシャワーで流して、一〇〇ベクレルの時でもそれだけ厳しい二重三重のチェックしたものですよ。それであの三・一一あったじゃないですか。一晩にして八〇〇〇になったでしょ」「一晩にして八〇〇〇になったというのは……なんでこう言うことになったのかな、と思ったもんだ」。

ただ、栗山兄弟と異なり小笠原は同和鉱業の関連会社で勤めていたため、説明会等ではなかなか表に立てなかったという。もちろんこれは小笠原に限ったことではない。栗山京三と小笠原は、署名集めの時の経験をこう語る。「おじいちゃんも鉱山さ通ってたし、おやじも通ってたし、というのもけっこういるんだからな。三代に渡って通ってる場合もある。心で思っててもやっぱり〔笑い〕……一回署名してもさ、電話来て「ちょっと遠慮します」っていうのもあったから」（栗山）。「息子の名前だけは勘弁してくれって言う人もいたし。同和さ、小坂製錬さ働いている息子がいれば、僕らは書くけど、息子の名前だけは勘弁してくれっていう」（小笠原）。

以上の三人は、今回の運動の前からお互いに知り合いであったが、中村は受け入れ再開の際に町が開いた説明会を契機に三人と知り合った。中村は小坂生まれであるが、国鉄＝ＪＲ職員として各地を転々とし、定年後にふたたび小坂に帰ってきた。中村がこの問題にかかわったきっかけは、町による受け入れ再開までの話の進め方に疑問を持ったことからだった。町は、受け入れまでに住民説明会を数回開いたが、それに出席した中村は、すでに町が受け入れ計画案を固めており、「もし反対がなければ、計画書の「（案）」をとって計画通り進める」という態度でいることに驚いたという。「いろんな文書が来たわけ。そこのとこさ、案があるべ。これが小坂町としての「（案）」ですよと。で、住民に説明して、それで住民が納得いけば、それでオーケーとなれば、その「（案）」が消えて、生きるわけね。〔中略〕それはどこの時点でその括弧を取ったんですかって、もう説明できねえわけさ」。そして三回目の説明会で中村は、説明会が住民の声を聴く場ではなく、計画を一方的に説明するだけの場であることに疑問を呈する発言をした。その発言を聞いた栗山たちが、中村を「町民の会」に誘ったのである。

また、中村と栗山京三の疑問は、形式的に住民の声を聞いたことにする、というやり方についても向けられていた。町の説明では、「調査委員会」と名付けられた「PTA会長や、老人クラブの会長」などからなる一〇人ほどが現場を見たというのだが、中村によれば「その道を一人でもくぐった人が一人もいないわけさ。この辺の老人クラブの会長が、放射能なんて何わかる」というメンバーだという。

以上の三人、とくに小笠原や中村の発言は、「町民の会」が放射性物質の持ち込みだけを問題にしているわけではないことを示している。小笠原は、自身の原発施設での勤務経験から、科学的な装いをもつ「安全」の基準が、じつは人間の側の都合で変えられる政治的なものであることをみてとった。また中村は、町民への「説明会」が、すでに作られた計画の、まさに「説明」の場であるにすぎず、そこには町民の意見が反映されていないことに疑問を呈している。「町民の会」の中心メンバーへのインタビューからみてとれるのは、この会が放射性物質そのものの扱いだけではなく、この問題が科学や技術によって武装したなにものかによって、頭越しに「処理」されることへの反発である。

したがって、受け入れ再開時の計画によって、空間放射線量や放出水の線量が発表されているからと言って（そのことの重要性はもちろん認めるとしても）、それで終わりにするのではなく、「受け入れを再開しても反対運動は続ける。業者任せにならないよう住民が監視していく必要がある」（受け入れ再開に対する栗山京三のコメント[31]）のである。

そもそも、問題は放射性物質だけではない。二〇一三年一二月には、千葉県船橋市からの焼却灰から、国の基準値を超える鉛が検出された[32]。これに対しても、「町民の会」は安全対策の徹底や受け入れのいったん中止を求めた[33]。かつては問題にしていなかった重金属も、放射性物質の問題が明らかになったあとは問題視されるようになっている。

7　地域の生活史と三・一一

小坂町をはじめとする秋田北鹿地域は、鉱山の集中した地域として、明治時代から日本の製造業にむけて非鉄金属を供給してきた。しかしそのことは、特に小坂町の場合、地域経済が同和鉱業といういち企業に依存するということでもあった。またそれは同時に、周辺の農村に鉱害ももたらした。鉱害の補償は、極めて科学的な計算のもとに行われた。

一九六〇年代の高度成長は、製造業の金属需要を高めたが、それはこの地域に対して二つの相異なる影響を及ぼした。一つは盛んな鉱脈の開発であり、企業のみならず政府の設置した団体による採鉱の支援も組織的に行われた。その結果、「黒鉱ブーム」と呼ばれるほど採掘と製錬がさかんになった。しかし、この時期は同時に海外からの買鉱が増加する時期でもあった。七〇年代に石油ショックを迎え、その後円高が基調になった時期にはいると、鉱山は放棄された。

放棄された採掘の跡地は、おなじ同和鉱業によって、廃棄物処理というあらたな産業に利用された。一般廃棄物の場合、この処理場は首都圏からの廃棄物を受け入れ続けているが、このような役割はリサイクルという仮面の陰に隠れていた。「グリーンフィル」という最終処分場の名称はいかにも象徴的である。そこにあるのは、再利用されることのない廃棄物なのだが、「緑で満たす（あるいは、緑が満ちる？）」と名付けられているのである。花岡の最終処分場の名称「エコシステム」（生態系）についても同様のことが言えるだろう。

このような見えない構造が、しかし、大震災と原発事故による首都圏でのホットスポット発生によって露呈する。普通の廃棄物の受け入れに反対してはいなかった住民も、「放射能は全然ほれ、経験無えもんだから」という栗山京三の言葉にあるように、放射性物質に対しては拒否反応をしめす。しかし反対したのは「経験」のない住民だけではない。原発での勤務経験のある小笠原の場合は、むしろその経験自体が、受け入れ再開反対に向かわせた原動力であった。福島原発での修理作業では、「二重三重のチェック」（この表現を小笠原は二〇一五年二月一一日に行った一時間のインタビューのなかで五回も使用している）が行われ、時には作業服を脱がされシャワーを浴びさせられるという経験があった。「作業着脱がされて、ビニールの袋に入れて、でまたさらにドラム缶に入れて密閉して、そうやって脱いで行けって言われたこともあるから」。

しかし福島原発の事故後には、基準値が「一晩にして八〇〇〇ベクレル」（この表現も同じインタビューの中で四回使用している）とされ、「びっくり」し「国としてはね、ゴミを全国さ散らばして、片付けようとしてそういう風にしたのかどうか分かんないけども」と、国への信頼を一気に失ったのである。

小坂町の住民は、企業による、実験と計算にもとづく農産物への補償を目の当たりにして生活してきた。今回の事態にあたっても企業と行政は、廃棄物処理場の空間線量やそこからの排水の放射能濃度を測定し、公表するという形で、受け入れの条件としての情報公開を行っている。しかし小笠原が語っているのは、そもそものような数値が、文字どおり一夜にしてその意味を変えさせられるという事態である。かつて着ている作業着を脱がされるという形で、「一〇〇ベクレル」という基準値を感覚させられながら、その「一〇〇ベクレル」は一夜にして「基準値以下」を示す数値になってしまったのである。

また中村は、放射性物質の受け入れだけでなく、それ以上に決定過程に疑問を呈していた。形だけの住民への説明を行った上で、初めから決まっている「案」が、住民たちが受け入れたものとして成立しそうになる、そのことにたいする疑問である。[*]担当者が原案を決めておき、全体会議で確認して「(案)」を取って確定する、というのは、仕事の進め方としては一般的なものだろう。しかし、それは行政と住民との間で、しかも突然持ち上がったこのような重大な事案について行うべきことなのだろうか。

＊佐竹秋田県知事は、グリーンフィル小坂への首都圏の焼却灰の受け入れ再開に対して「小坂町当局と、いわ

ゆる企業側が意志疎通を図って、また、住民の方々、あるいは議会に対して様々な説明を重ねた結果」国の基準よりも厳しい独自基準を作ったとし、「小坂町さんの決定、あるいは企業の対応については、私は県としては評価いたしたい」と発言している。[34] ここでは「意思疎通」と「決定」あるいは「対応」の行為主体になっているのは町当局と企業だけであって、住民と議会は説明の客体（「……に対して」）に過ぎない。

首都圏からの廃棄物受け入れに反対する理由は、個人史も反映してそれぞれ異なるが、共通性もある。まず小笠原は、突然の基準値変更に納得していない。次に栗山京三は、「〔受け入れを〕再開はしたんだけども、〔放射性物質を含んだ焼却灰が〕いつまで来るか分かんないすべ」と指摘する。「いつまでくるかわからない」というこの言葉は、中村の疑問と同様に、何かを「決定する」という方法で、この事態に対処できるのか、という批判であるだろう。

つまり、「町民の会」の人びとが求めているのは、「合意」や「決定」ではなく、継続的な交渉であると言えよう。そしてそれはある意味で当然だ。なぜなら、地域で営まれる生活は、日々刻々と変化する状況のもとで、それに対応して行っていくほかないものなのだから。

注

（1） 消防庁災害対策本部「平成二三年（二〇一一年）東北地方太平洋沖地震（東日本大震災）について（第一五〇報）」二〇一四年九月一〇日付け（総務省消防庁ＨＰ　http://www.fdma.go.jp/bn/higaihou_new.html、

二〇一四年一〇月一一日閲覧）より。
（2）この事件を首都圏と地方の間の問題として考察したものとして、原山浩介「消費社会のなかのゴミ問題の忘却の構造」（鳥越皓之編『環境の日本史　五　自然利用と破壊』吉川弘文館、二〇一三年）。
（3）「セシウム含む灰が本県に　千葉から運搬、基準の三・五倍」（『秋田魁新報』二〇一一年七月一二日）。
（4）「小坂町、基準超の灰埋め立て　松戸市から搬送、放射線量測定へ」（『秋田魁新報』二〇一一年七月一五日）。
（5）「製錬事業者等における工場等において用いた資材その他の物に含まれる放射性物質の放射能濃度についての確認等に関する規則」（経済産業省令第百十二号）別表第一。
（6）環境省大臣官房廃棄物・リサイクル対策部／廃棄物対策課／産業廃棄物適正処理・不法投棄対策室「一般廃棄物施設における焼却灰の測定および当面の取扱いについて」（関係都県廃棄物行政主管部（局）あて通知、二〇一一年六月二八日）。
（7）「千葉からのセシウム含む焼却灰に放射線量通常の一五倍　秋田市と大館駅のコンテナ1メートル地点から、県「生活に問題なし」」（『秋田魁新報』二〇一一年七月一三日）。「焼却灰、埋め立て中止せず　DOWAエコシステム　松戸市はセシウム基準値超連絡」（『秋田魁新報』二〇一一年七月一七日）。「松戸市搬出焼却灰、「セシウム検出」連絡放置　小坂町、内部調査で判明」（『秋田魁新報』二〇一一年七月二〇日）。
（8）前掲記事「小坂町、基準超の灰埋め立て　松戸市から搬送、放射線量測定へ」。
（9）「小坂町の処分場、月2回以上の放流水測定へ　セシウム含む焼却灰で」（『秋田魁新報』二〇一一年八月一三日）。「セシウム含む焼却灰、大館と小坂の三施設を県調査　空間放射線量、基準を下回る」（『秋田魁新報』二〇一一年九月一四日）。

(10) 流域の会「米代川流域を負の遺産としないために」二〇一四年六月二八日。
(11) 「小坂町が首都圏焼却灰受け入れ再開　環境保全協定を締結　町とDOWA、一一月にも再開方針」(『秋田魁新報』二〇一二年一〇月一六日)、「小坂町が首都圏焼却灰受け入れ再開　町、あす二二日　市川市から三〇トン搬入」(『秋田魁新報』二〇一二年一一月二一日)。
(12) 「セシウム焼却灰問題　新たに四市から受け入れ再開へ　小坂町、三月末まで」(『秋田魁新報』二〇一三年三月二日)。
(13) 「放射性セシウムを含む焼却灰の取扱に関する要望」(秋田県知事および小坂町長より環境大臣あて、二〇一二年七月二四日)。二〇一五年一一月一五日「放射能を含む焼却灰の受け入れについて考える集い」配布資料より引用。
(14) 「流域の会」文書「米代川流域を負の遺産としないために」、同「小坂町にお住いの皆さんへ」(二〇一五年二月)などより。
(15) 以下、藤田組と同和鉱業については、佐藤英達『藤田組の発展　その虚実』(三恵社、二〇〇八年)および同和鉱業株式会社『創業百年史』(一九八五年)による。
(16) 社宅研究会編著『社宅街』(学芸出版社、二〇〇九年)、第四章。
(17) 宮館弘「小坂鉱山鉱煙害と賠償の沿革について」(小坂町立総合博物館郷土館『郷土研究』第五号、一九九四年)、一一一二頁。
(18) 小坂町史編さん委員会編『小坂町史』(一九七〇年)、三五八—三六八頁。
(19) 環境省水・大気環境局「平成一六年度　農用地土壌汚染防止対策の概要」。
(20) 秋田県農業試験場『平成二七年　農業試験場年報』(二〇一六年)、一九—二二頁。
(21) 志賀美英『鉱物資源論』(九州大学出版会、二〇〇三年)、二一七—二二四頁。

(22) 二〇一四年七月二一日　小坂製錬でのヒアリングより。
(23) 「あきたエコタウンセンター」ＨＰ（http://www.akita-ecotown.com/ecotown.html、二〇一四年一〇月一一日参照）。
(24) 高村竜平「近現代の小坂町と小坂鉱山」（日高水穂・高村竜平編『小坂町　記憶と生成の民俗誌』秋田大学教育文化学部、二〇一〇年）。
(25) 「花岡に産業廃棄物処理会社　当初人員二〇人、操業開始来年四月」（『秋田魁新報』一九八七年二月二一日）。
(26) 「〈鉱山の遺産〉小坂　培われた技術で／グリーンフィル／頑固、愚直に環境保全」（『秋田魁新報』二〇〇五年一二月二九日朝刊）。
(27) 二〇一四年七月一二日大館市在住の「流域の会」メンバー笹島岩秋へのインタビューより。また、「町民の会」の栗山京三からも、同様のお話をうかがった。
(28) 「小坂町議会　小坂製錬の協力金計上　一般廃棄物の搬入量に応じ寄付」（『秋田魁新報』二〇〇六年三月二三日）。
(29) コラム「北斗星」（『秋田魁新報』二〇一一年七月二三日）。
(30) インタビューは、二〇一四年七月一二日・同九月五日・二〇一五年二月一一日に行った。
(31) 「セシウム焼却灰問題　小坂町が受け入れ再開へ　町長「不安払拭の努力継続」」（『秋田魁新報』二〇一二年八月四日）。
(32) 「焼却灰、基準超の鉛検出　小坂町最終処分場　千葉から搬入、三七トンを埋め立て」（『秋田魁新報』二〇一三年一二月六日）。
(33) 「小坂町・最終処分場焼却灰問題　受け入れ手順検討を　住民団体が要望書」（『秋田魁新報』二〇一三

年一二月二七日)。

(34)「知事記者会見(平成二四年八月六日)」七頁(「美の国あきたネット」「会見録 平成二四年度」http://www.pref.akita.lg.jp/pages/archive/21166、二〇一七年七月六日参照)。

第六章　中心のなかの辺境
――埼玉県越谷市の三・一一

猪瀬浩平

1　中心のなかの辺境という問題

東京電力福島第一原発の一号機が水素爆発した二〇一一年三月一二日から、首都圏で暮らす多くの人びとにとって、東日本大震災は地震や津波よりも放射能災害になった。序章に登場した宮城県の和牛肥育繁殖農家は、東北地方ですら地震や津波の被害をめぐる報道よりも、放射能の汚染をめぐる報道が多くなっていくことに、メディアは所詮東京中心の報道しかしないことを感じた、と言う。次々と原発が爆発するなかで、放射能は広範囲に広がった。やがて首都圏にも及び、そこで暮らす人びとも被災の当事者であるという意識を持った。原発への危機意識も強まった。より西へ避難する人びともいた。ガイガーカウンターは日常物になり、シーベルトやベクレルといった言葉は人口に膾炙した。そんな中で可視化されたものがあり、そしてずっと不可視化され続けているものがあった。

本章が取り上げる埼玉県南東部は、千葉県北西部・東京都北東部に広がる関東の「ホットスポット」を一部に含んでいる。放射能に汚染された物質の実在は、人びとの不安をかきかたてた。遠くの土地を襲った災害について、安全な場所から同情する身振りは成り立たなくなった。自分たち自身が放射能汚染の被災者になったのだ。そんななかで、これまで見えなかった首都圏と東北の不均衡な関係が東の間に可視化された。それは首都圏に住む多くの人がこの国の開発の歴史を振り返り、本来ありうるべき姿を想像する契機となりえたかもしれない。しかし、結局そうはならなかった。先の和牛肥育繁殖農家が直感したように、あくまで「首都圏に住む住民」としてのみ放射能被害に向き合い、東北との不均衡な関係について考える契機は失われていった。本章は、その不均衡な関係を考えるために中心のなかの辺境という問題を取り上げる。

巨大都市は、その外側だけではなく、内側にも〈辺境〉をつくる。

中心／辺境という概念は実体ではなく、関係の中で作られ、だから、「辺境」は地理的な意味での東京にも存在する。[1] 本章は「辺境」との距離を問題にするために、中心と辺境との〈間〉を考える。戦後、一極集中によって膨張する首都圏にとって、東北は外側の辺境として食糧・都市労働力・鉱物資源そしてエネルギーの供給地であり続けた。一方、屎尿処理場、屠畜場、ごみ処理場、火葬場といった施設は、そこで行われる事柄の必然性から、首都圏の内側につくられる。外側の辺境が地理的遠さによってその存在を目立たなくされているように、内側の辺境は人があまり立ち入らない場所にされたり、人が目を背けるように否定的な意味づけられたり、あるいは一見のどかな装いをまとわされたりしながら、いずれにしろ人びとが素通りするように〈開発〉されていく。そして内側の辺境と外側の辺境とされた場所を、まさに〈辺境〉に押しやる構造を不可視なものにしていく。

本章において、外側の辺境とは東北に作られた最終処分場であり、内側の辺境とは東京の郊外につくられたごみ処理場である。そして、外側の辺境と内側の辺境が結託してしまう可能性を持った、〈あの時〉に着目する。

二〇一一年七月一一日——千葉県流山市のごみ焼却施設で排出され、秋田県大館市にある廃棄物処理場で処理される予定の焼却灰に、基準の三・五倍の放射性セシウムが含まれていたことが判明した。この事件が、廃棄物をめぐる、首都圏と東北との非対称な関係を可視化した。(2) 前章では、焼却灰の受け入れる側に置かれた秋田県北東部「北鹿《ほくろく》地域」に焦点をあてて、この問題の分析が試みられた。本章では首都圏の内側で、廃棄物を受け入れてきた地域に焦点を当てることで、首都圏における開発という問題を捉えるための視座を探り、中心と辺境をめぐる議論をより動態的に描写することを目指したい。

二〇一一年一一月、『埼玉新聞』は千葉県流山《ながれやま》市に隣接する埼玉県東南部のごみをめぐる状況について、次のように報じた。

> 県東南部の五市一町でつくるごみ処理の広域組織「東埼玉資源環境組合」(管理者・高橋努越谷《こしがや》市長)の第一工場(越谷市増林《ましばやし》)に、放射性物質の暫定基準値以下なのに運び出せないごみ焼却灰約二五〇〇トンが一時保管され、仮置き場が来年一月末にも満杯になることが九日、分かった。これまで焼却灰を埋め立てていた秋田県大館《おおだて》市の最終処分場が、県外からの受け入れを停止したためだ。このまま焼却灰がたまり続ければ、ごみ収集ができなくなる可能性も出てきた。組合は新たな処分場を見つけるため、交渉を続けている。
> 東埼玉資源環境組合は草加市、越谷市、八潮《やしお》市、三郷《みさと》市、吉川市、松伏《まつぶせ》町の五市一町(人

口約八九万人）から排出されるごみを処理している。七月～一〇月の測定では、焼却灰の放射性セシウムは国の暫定基準値（一キログラム当たり八〇〇〇ベクレル）の半分以下の一キログラム当り二五〇〇～三六〇〇ベクレルで埋め立てが可能な数値だった。

だが、同じ処分場を利用していた千葉県流山市が大館市内に基準値を超える焼却灰を運んだことをきっかけに、業者が七月一四日から受け入れを停止。そのため基準値以下でも焼却灰を搬出できなくなってしまった。同工場でごみを燃やす際に出る廃ガスに含まれる焼却灰は一日当たり約三〇トン。組合は灰を袋詰めにし、工場内の空きスペースに保管するという綱渡りの対策を取っている。

九日現在で一時保管されている焼却灰は約二四九八トン。工場内の車が走る通路脇や作業スペースにはシートに覆われた袋が所狭しと並ぶ。ごみ収集車を洗う場所さえも保管所としたが満杯となり、隣の堆肥を作る施設にまで仮置き場を拡張した。だが、ここも「一月末にはいっぱいになる」と担当者は頭を抱える。(3)

この記事によれば、東埼玉資源環境組合の担当者は、焼却灰を一次保管できるスペースが限界に達しつつあると認識しており、ごみ収集自体ができなくなるのを危惧している。そのため大館市の業者に受け入れ再開を要望する一方で、新たな受け入れ先を探している。同時に住民に対して、放射性物質が蓄積されている草や枝などのごみの抑制をよびかけている。記事は、「最悪の事態を避けるため必死に努力している。国や県はこの現状を認識して、基準内であればきちんと受け入れるよう指導してほしい」という、担当者の言葉で結ばれる。

『埼玉新聞』の記事が報じるように、埼玉県南東部の自治体とそこに暮らす人びとは（この頃の首都圏の他の多くの自治体と同じように）混乱していた。東埼玉資源環境組合は、行く場を失った焼却灰をもてあまし、保管スペース探しに追われていた。住民は剪定した庭木の始末に窮していた。住民も担当者も、当初問題にされた千葉県流山の焼却灰と違い、自分たちの出す焼却灰が国の基準値以下であることを頼りに、受け入れ先の秋田県大館市の業者に対して、受け入れ再開を要請するとともに、国や県へ適正な指導を求めた。

大館市の業者や国・県に指導を求める彼らには、大館市を含む秋田県北鹿地域の人びとの姿は思い浮かんでいたのだろうか。国が基準として設定した廃棄物八〇〇〇ベクレル／キログラムが、原発事故後に受け入れ先の不安を無視して決定されたことを考えれば、基準値以下であるからという理由だけで受け入れ再開を要請することは、ごみを出す首都圏の住民・行政側のエゴとも断じられるだろう。

このような状況の中で、焼却灰の受け入れ先がなくなった問題について、同年一二月の埼玉県越谷市議会定例会において、ある市議会議員が次のように発言する。

飛灰の関係でございますけれども、今回の飛灰の問題は、もちろん原因は福島第一原発から飛んできた放射性物質ではありまして、特に越谷市の責任でもありませんし、また東埼玉資源環境組合の責任でもないということはもちろん言うまでもないというふうに思います。しかし、この飛灰問題のことが起きて、改めてこの地域のごみ処理の仕組みが循環型になっていないのだなということがよく見えてきたというふうに感じています。つまり焼却をすれば当然灰が発生をしまして、その灰というのはこの地域内では循環をしないのですね。つまり東北地方に持っていってお金を払って埋め立てをしてもらっているという構造が、なかなかふだんは意識していないのですけれども、自分たちの出したごみが遠く東北地方まで運ばれて、そこで埋め立てられているなんていうことは意識しないのですが、飛灰問題で改めてそれが可視化されたわけです。私たち首都圏の人間が大量生産、大量消費して大量廃棄した末に発生した危険な灰をお金を払って東北地方に引き取ってもらうということで、これは電力でいえば、電力を首都圏の人たちが大量に消費して、そしてそこの発電される原発のリスクとか、核廃棄物の処理なんかは東北地方にお金を落としてやってもらうというその構造と似たものがあるなというふうに今回改めて感じております[*]。

＊越谷市議会会議録検索システム http://www.kaigiroku/kensaku/koshigaya/koshigaya.html より取得。二四七頁の議員の発言も同様。

焼却灰のうち、飛灰とはろ過集じん機などで捕集した排ガスに含まれるダスト（ばいじん）であり、主灰とは焼却したごみの燃えがらで、焼却炉から排出される灰のことである。いずれも埋め立て処分される。主灰は高温で溶融してガラス質の粒状物質である「溶融スラグ」にされる。東埼玉資源環境組合には溶融スラグの埋立施設としてエコパーク吉川「みどり」（埼玉県吉川市）がある。エコパーク吉川「みどり」は「地元の人たちの理解と協力」を得るため、環境面において「非常に安定した」溶融スラグのみを受け入れる。[＊] 一方、飛灰の埋立施設は東埼玉資源環境組合内にはなく、大館の最終処分場に持ち込まれていたと考えられる。[＊＊]

＊東埼玉資源環境組合議事録 http://www.reuse.or.jp/association-assembly.html?eid=00009 より（二〇一七年一一月一七日参照）。二六八—二六九頁の議員の発言も同様。
＊＊グリーンフィル小坂の情報公開 http://www.dowa-eco.co.jp/assets/files/admin/GFK/201411.pdf（二〇一七年一一月一七日参照）によれば、二〇一五年一一月四日時点で、東埼玉資源環境組合から秋田県小坂町のグリーンフィル小坂へ主灰と飛灰が持ち込まれている。

この議員の発言にあるように、原発事故とそれに伴う焼却灰の放射能汚染によって、埼玉県南東部の五市一町の住民は、自分たちのごみの焼却灰が、お金を払って秋田で処理してもらってい

図1　文部科学省「放射線量等分布マップ：航空機モニタリング」(http://ramap.jmc.or.jp/map/mapdf/ より作成)
2011年9月12日現在の地表面から1mの高さの空間線量率（μ Sv/hr)。図では薄い色で覆われる柏・流山，そして吉川南東部と三郷市（千葉県との県境エリア）が0.2～0.5。吉川中央部，三郷市の大部分が0.1～0.2。越谷市はほぼ全域が0.1以下になっている．

たという事実を知る。同時にこの議員は、そこに原発を地方に押し付け、発電した電力を首都圏が利用するのと同じ構造を見出す。単に受け入れ再開を要請するのとは違った認識が、ここでは示される。

事態はさらに別の構造を露わにしていく。翌日の議会では、前日の議員の質問を受けて、別の議員が、「自区内処理」という言葉を次のように質問する。

今回の原発事故をきっかけに、遠く秋田県まで毎日三〇トンもの飛灰を運んでいたことが白日のもとにさらされてきたというものでありました。この毎日排出される三〇トンの飛灰は、単純に計算すると一年で一万トンを超えることになりますが、これをどこに埋め立てるのか、自区内処理の原則から言えば、その半分ぐらいは越谷市でも埋めていかなければならなくなってまいります。そのとき、また増林に埋めてくれというのでは踏んだりけったりであります。どこか違った地区で引き受けていただきたいと思うところでありますが、さてその場合に、どこが引き受けてくれるのでありましょうか。

『埼玉新聞』の記事にもあるように、増林とは東埼玉資源環境組合の第一工場ごみ処理プラントが立地する土地の名前である。「増林の視点」から語っているというこの議員の発言は次のように整理できる。自区内処理の原則に従えば、東埼玉資源環境組合に属する自治体内で処理する必要がある。草加市柿木町の第二工場の建設が完了していないこの状況で、焼却灰が増林にそのまま埋められしまう。つまり彼の発言は、ごみを出す側の自治体と受け入れる側の自治体の不均衡を是正するための「自区内処理」の原則には、自区内の中にあるごみを出す側と受け入れる側の不均衡を再生産する構造があるのを明らかにする。

2　農村から郊外へ

越谷の都市開発

それでは、増林と言われる地域にはいつからごみ処理施設がつくられてきたのか。これを探るためには、埼玉県南東部が東京の郊外として急速に開発されていく過程を見る必要がある。

首都圏近郊の農村の一九六〇年以前の地形図と、一九七〇年以降の地形図を重ねれば、眼を疑う変化がある。農地だった場所が住宅地になるだけではなく、農業用水は暗渠となり、溜池は埋め立てられた。風景が激変するだけではない。風景が持つ意味すらも変わってしまった。生業が生み出してきたその土地の風景は、そんな長年の営為を読み取ることができない人びとが増える中で、更なる開発を待つ「未開発地」になるか、新しく住みついた人びとに癒しを与える「緑地」となっていった。

大都市周辺で第二次産業、第三次産業が大規模に展開されるようになり、そこで働く人びとは職場から交通の便の良い場所に住みついた。首都圏においては、都心から放射線上に広がる鉄道に沿って、まず工場が、次に住宅地が、郊外へと広がっていった。その波は、東京都内から神奈川、そして千葉や埼玉へと広がっていった。埼玉の開発はまず川口・浦和・大宮に至る国鉄（現JR線）京浜東北線沿線地域に広がり、県西部の東武東上線、西武線沿線に広がり、やがて県東部の東武伊勢崎線沿線へと広がっていった。

増林のある越谷市は東京都心から三〇キロメートル圏内に位置し、東京から東北に向かう鉄道や道路が南北に走っている。国道四号線は東京から埼玉、栃木、福島、宮城、岩手を経て、青森を結ぶ日本一長い国道である。越谷中心部を南北に走る伊勢崎線（現在、東武スカイツリーラインと通称される）は都内では北千住駅で東京メトロ日比谷線、曳舟駅では東京メトロ半蔵門線・東急田園都市線と乗り入れる。一方、東北方面では栃木県新今市駅で鬼怒川線になり、新藤原駅から野岩鉄道会津鬼怒川線と乗り入れ、福島に入り会津高原尾瀬口駅で会津鉄道会津線に乗り入れる。時代をさかのぼれば、奥州街道の三番目の宿場町が越ヶ谷宿でもある。越谷の開発はこの

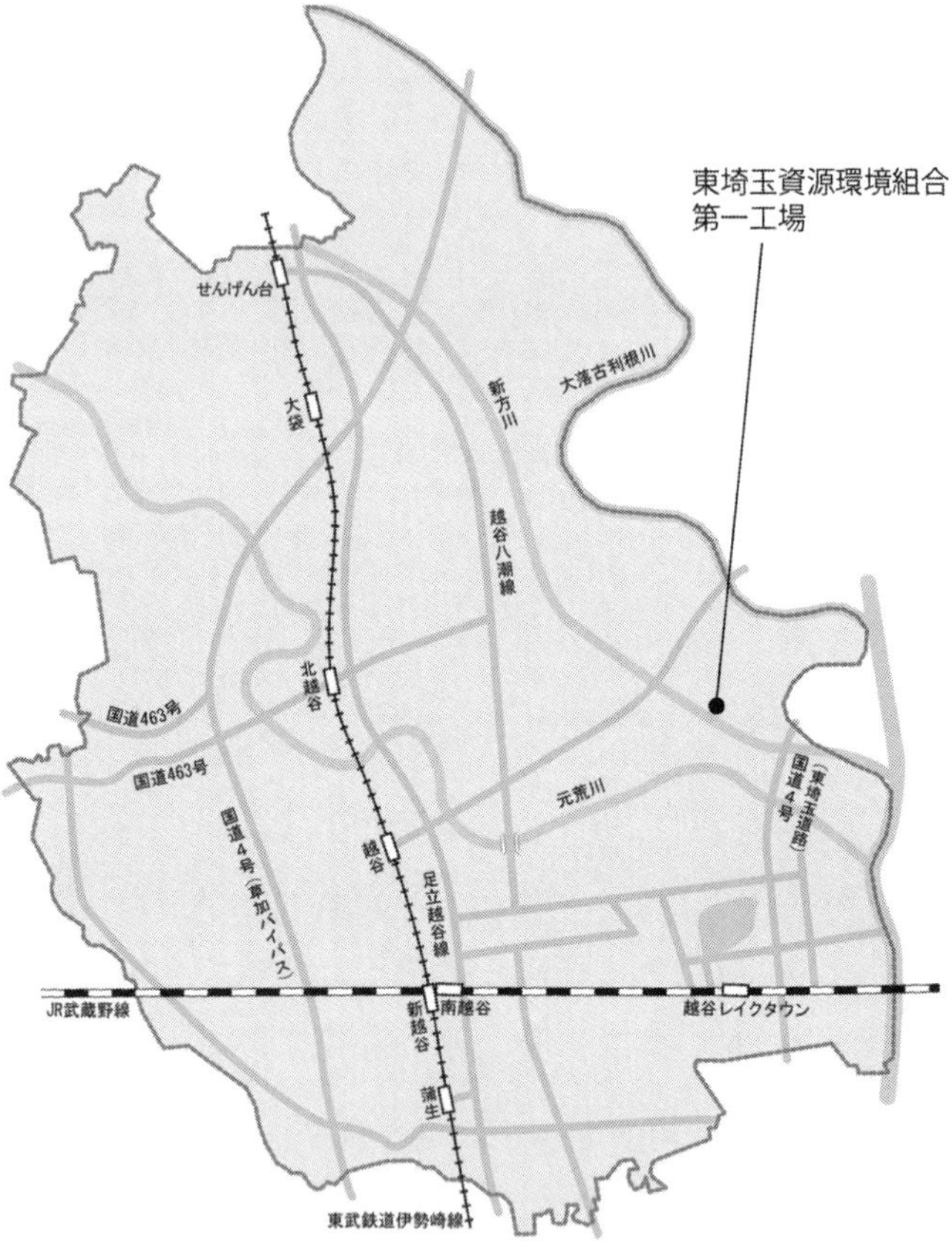

図 2　越谷市の概要（越谷市ホームページ「越谷市の幹線道路，河川，鉄道路線の概略図」https://www.city.koshigaya.saitama.jp/kanko/kosigaya/index.files/koshigayaryakuzu.pdf，2016 年 12 月 20 日取得，をもとに作成）

南北に走る鉄道と道路沿いになされ、次第に東西へ広がっていった。

越谷市域は埼玉県の中でも、県南部や県西部に比して開発が遅れた地域であった。伊勢崎線が一九六二年に日比谷線と直通運転することよって、東京都心への利便性は向上した。それまでは北千住で常磐線、浅草で銀座線への乗換えが必要だった。直通運転により銀座や霞ヶ関まで乗り換えがなくなり、上野、御徒町、秋葉原で山手線への乗換も可能になった。日比谷線乗り入れまでの伊勢崎線沿線の開発は都心から一五キロメートル圏内の足立区西新井までに留まっていた。しかし直通計画が一九五七年に発表され、実際着手されると沿線開発が活発化した。日本住宅公団が竹ノ塚、松原、武里にマンモス団地を造成し、民間のデベロッパーや不動産業者も住宅開発を活発に行った。宅地開発が手つかずの広大な農業地帯は、それだけ大規模な開発を可能にする余地を残していたのである。伊勢崎線の北千住から杉戸（後東武動物公園と改称）間の沿線人口は一九六二年に五九万人だったのが、一九七〇年に九五万七〇〇〇人、一九八〇年には一二五万三〇〇〇人で二・一二倍になった。越谷と春日部だけをみれば、二〇年間におよそ四倍になった。(4)

ごみ処理場の立地過程

一九五四年南埼玉郡越ヶ谷町、大沢町、新方村、桜井村、大袋村、荻島村、出羽村、蒲生《がもう》村、大相模村、増林村が合併して生まれた越谷町は、一九五八年に市制を施行した。市の人口は一九六七年一一月に一〇万人を超えた。同年、国の首都圏整備計画構想が明らかにされ、都心三〇キロメートル圏内に位置する越谷は東京への通勤地域に指定された(5)。当時、全国トップクラスの人口急増の中で、越谷では保育所や学校、病院、保健所、道路、上下水道といった社会施設の整備は追いつかなかった。当然、人口増加に対応できる規模や内容を備えたごみ処理場も存在しなかった。この頃、首都圏の中規模自治体は財政負担面の必要性から、ごみ処理広域連合をつくり、共同でごみ処理場を設置するようになった(6)。越谷市もこの流れに乗り、草加市、八潮町、三郷町、松伏村(一九六九年に町制施行)と共同で、一九六五年に広域組合「埼玉県東部清掃組合」を結成した。組合は屎尿処理場、ごみ処理場などを設置し、清掃に関する仕事を関係市町村が共同で処理した。

八木信一は高度経済成長期にうまれた大量廃棄社会について次のように整理している。

モノの流れから見れば、生産、流通、消費、廃棄はつながっている。しかし、資本主義経済のもとで進む社会的分業によって、生産や流通は企業、消費や廃棄は(とくにごみについては）家計が中心となって、それぞれを担う。このような分業関係のもとで、商品がごみとなった後のことを考えずに、それぞれが意思決定を行った結果として、ごみの量が増え、またその種類も多くなり、大量廃棄社会が形づくられた。そして、それが進むにつれて、埋立処分場の不足、焼却施設などが引き起こす環境負荷の増大、さらに処理費用の増加などが目立ってきた(7)。

八木が指摘する大量廃棄社会の到来による問題は、越谷にも起こった。当時越谷市長だった大塚伴鹿は次の様に振り返っている。

しかし、先にいったように、屎尿の処理も、遂に農家の自家処理だけにまかせておくわけにはいかなくなってきた。当地方の人口の急増のためではなく、自然肥料主義者の有吉佐和子さんが慨嘆しているように、農家が急速に人糞を敬遠して科学《ママ》肥料一辺倒となり始めたからである。こうして近代的な清掃処理工場の建設が当地方でも必要欠くべからざるものとなってきたのである。

折から〝広域行政〟のキャッチフレーズのもとに、いくつかの市町村による共同経営がこの方面でも唱道されるようになってきた。そこで私が先達となって、草加・八潮・松伏はもちろん、中川を越えた三郷・吉川にも呼びかけて、都合六か市町村を一つにした東部清掃組合ができたのが昭和四〇年〔筆者注　一九六五年〕のことである。[8]実際にどこにごみ処理場をつくるかは難問だった。大塚はこの問題を解決に導いたのは、旧増林村出身の市議会議員であったという。

しかし、幸いに、市議会議員で増林土地改良区の理事長をしていた須賀定吉さんが地区内の萌坪というところを進んで提供してくれることになったので、どれほど助かったかわからない。それも地元民の理解ある協力があったればこそで、文字どおり頭を下げるほかなかった。ここは千間堀（新方川）に沿っていて排水にきわめて便利であったから、まさに打ってつけの場所であった。むろん改良区に対しては将来隣接地にグリーンベルトをつくることや綜合運動場をつくることなどを約束したほか、改良区の事業に対しても年々清掃組合から助成金を出すことにした。だいぶ後のことになるが、昭和五四年〔筆者注　一九七九年〕三月、須賀定吉さんの議員隠退の慰労会が催されたとき、私は須賀定吉さんや関係地区民の好意に感謝して増林の方角には足をむけて寝たことはないと挨拶をして、同氏の苦労を犒ったのである。私に言わせれば、越谷市民はもちろん、関係市町村の住民も、増林地区住民の恩恵と寛容さに対しこれを一時たりとも忘れてはならないと思うのである。[9]

大塚は「千間堀に沿っていて排水にきわめて便利であった」と書いているが、水郷と言われる越谷には排水に便利な土地にはことかかない。むしろごみ処理場の立地した場所は伊勢崎線から離れ、一九六〇年代からの人口増加と工場進出によって始まった土地ブームから取り残された、ごみ処理場をもっていくにうってつけの土地だったと考えられる。伊勢崎線沿線に近い増林地区の西部が次第に都市開発されていく中で、増林地区の東部は伊勢崎線からも遠く、都市開発が及ばなかった、元荒川、千間堀、そして古利根川の合流する地域である。*

*当時のことをよく知る地元住民によれば、ゴミ処理場の用地として売却された土地の値段は、相場よりもかなり良いものだったという。

藤田直晴と小川洋一は越谷市の都市化について分析し、都市化の進展は鉄道駅からの距離の関数として把握でき、その広がりは市街化調整区域にさえも及び、政策誘導に優越する点を明らかにしている。(10) 一九八〇年の世界農林業センサスによれば、増林地区西部の大淵、野中、根郷などの集落の農家率はそれぞれ二一・一%、二二・二%、五・三%になっている。一九七〇年段階ではそれぞれ八三・三%、七八・三%、六一・九%と比較すると劇的な変化である。一方、ごみ処理施設が立地する東部地区の農家率は一九八〇年段階で平均して六〇%を超えており、藤田・小川の主張は増林についても、おおむねあてはまると考えられる。

一九六六年九月に着工した第一工場第一次ごみ処理施設は、一九六八年三月に完成し、一日最大六〇トンのごみ焼却処理をスタートさせた。県内では初の機械によるごみ収集が行われるようになった。その後、増林に一日最大三〇〇トンを処理する第二次ごみ処理施設が一九七三年に完成した。同年第一次ごみ処理施設の増改築も行われ一日最大一八〇トン処理が可能になった。一九八五年三月には、草加市内に第二工場ごみ処理施設が完成した。しかし、ダイオキシン類の排出濃度が厚生省の定める「ごみ処理に係るダイオキシン類発生防止等ガイドライン」の恒久対策基準値（二〇〇二年一二月から一ng-TEQ／N立方メートル）を超えることから、一九九八年で休止する。現在東埼玉資源環境組合（埼玉県東部清掃組合から名称変更）で稼働しているのは、一九九一年から一九九五年までの増改築によって一日の処理量を最大八〇〇トンまで拡大した増林の第一工場のみである。[11] それゆえ、二〇一一年七月以降、東埼玉資源環境組合埼玉県東部県東南部五市一町に由来する焼却灰は行き場を失い、増林に留まることになる。

越谷レイクタウン計画の余波

二〇〇五年には、増林には越谷市・吉川市・松伏町の広域斎場である越谷市斎場も、越谷市大相模地区から移転してきた。そもそも大相模地区に越谷市営の斎場がつくられたのは一九七三年。一九六四年に伊勢崎線沿線地域の蒲生地区に建設されたものが、農業地帯の大相模に移転した。斎場ができた一九七三年、国鉄武蔵野線が開業し、大相模地区を東西に横断するようになった。その後も大相模地区は農業振興地域として水田が広がる地域だった。

この大相模地区が、一九八八年頃から建設省の提案を受け、埼玉県、越谷市が中心となって構想された「レイクタウン」の計画地となった。レイクタウンとは、低湿地につくる遊水地を町の中心部に積極的に取り込み、水辺環境に商業、業務、レジャー、そして住宅地を配置した「内陸型ウォーターフロント構想」である。大相模地区は元荒川、古利根川、中川が合流する地点にあり、元々水害リスクが高い。それに加え、三河川の上流の田畑が宅地化され、保水力が落ちたことで水害リスクは増す中で、水田を中心とする農地二三五ヘクタールが調節池をもった「レイクタウン」として造成されることになった。当時の様子を新聞は以下のように伝える。

綾瀬川、元荒川など大小の川が流れ、「水の街」だった越谷市が、急激な都市化で緑などが減り、保水力が落ちたことが、構想のきっかけとなった。一九八八年から取り組んでいる。構想では、水田を中心とした市東南部の約二百三十五ヘクタールを造成し、中央部に広さ五十三ヘクタールの人造湖を造る。元荒川の水を引き込み、下流の中川に放水する調節池で、大雨に備え、最大百六十六万トンの貯水能力を持つ。普段から水をたたえ、市民が釣りやボート遊びなどを楽しめるようにする。

ＪＲ武蔵野線が人造湖を横切るように走り、中央の人工島に新駅を設ける。島は商業地区、住宅地区、緑地など用途別に大別して住み分ける。小中学校も開校する。湖の周囲の大半が、住宅地となる計画だ(12)。

計画はバブルの崩壊や、地権者組織である「レイクタウン事業連絡協議会」の不祥事によって難航したが、二〇〇〇年に計画面積を二二五ヘクタールに縮小させながらようやく着手され、二〇〇八年に街開きを迎える。ＪＲ武蔵野線の新駅「越谷レイクタウン」を中心に、一六万平方メートルを誇る国内最大級の大型ショッピングモールがつくられた。ＵＲ都市機構を中心とする住宅開発により、計画人口は二万二〇〇〇人を超える。

西側の伊勢崎線沿線の地域が都市開発され、二一世紀になる頃から南側の大相模地区の大規模開発が続いていく中、増林地区は農村の景観を残すと共に、ごみ処理施設や斎場が立地する地域となった。そして二〇一一年三月以降もごみが処理施設に集められ、焼却されていた。七月に焼却灰が行く先を失うと、施設内に一次的に貯蔵されることになった。貯蔵は一二月に飛灰の受け入れ先が決まるまで続いた。放射能に汚染された飛灰の受け入れ先がどこなのか、「受け入れ先自治体に配慮し」、公表されていない。唯一確かなのは、二〇一一年一二月までどこにあったのか、ということである。増林は、この時も越谷市の辺境として位置づけられた。

3　下妻街道の傍らで

ある老農の記憶

増林は、一貫して越谷市の辺境であったわけではない。東京一極集中に伴う都市開発が、通勤・通学手段としての伊勢崎線沿線で展開される中で、増林は「中心のなかの辺境」として開発されていった。

それ以前から、増林は農業地帯だった。『越谷市史』は、増林村公民館が刊行した雑誌『こうみん』に村の農民が寄せた、「農業委園蝶編」と題する記事を紹介する。増林村公民館は、村人の力で一九五二年に設置された。

我輩の生い立ちは荒山育ちよ。あの山、此の谷、あの川と、総ゆる処をとんで来た暴れん坊よ。しかし給方の花だ、此方の花だと生きんがために見付けて歩くことがなくとも、我輩には農業委園があり温室も有る故、月給草の甘い汁を戴かなくても、まあまあ何とか暮らせるよ。だから彼方此方ととんで歩いて平気さ。それに一寸、見た丈でも恐ろしいほど強そうにみえる体だ。その他の蝶々達もよけて通るね。第一月給案ばかり当てにしなくとも済むので、他の蝶々達より威張って居られるよ。唯どうも時折悪いくもの巣があるので、これには我輩も引っ掛かって仲々脱出するには気骨がおれるよ。兎に角、此の世は我儘な我輩でも自由にとんで歩けぬ事もある。[13]

戦後直後、己の田畑で農業生産をし、東京に食料を供給する農民の力強い語りがここにある。敗戦直後から一九四九年頃まで、越谷を南北に走る道路や鉄道をつかって東京から買い出し部隊が押し寄せた。[14]越谷駅には一日平均七〇〇〇人が下車し、その大半は増林村に向かった。*

＊『埼玉新聞』記事を参照。[15]当時増林村内に芋成金が続出したという報道もある。[16]

筆者が話を伺った川井忠夫（仮名）は、増林地区で市街化調整区域に指定され、今も農村的景観を残す場所に暮らしている。ごみ処理施設までは歩いてもそう遠くない距離である。大正から昭和に変る頃、農家の長男として生まれ、一町数反の土地を基盤に、生計を立ててきた。川井はごみ処理場や斎場の受け入れなど、この地域の歴史を聞きたいという筆者に質問に対して、古利根川沿岸に広がる自分の集落のことを、次の様に語った。

なぜ、この辺が開発されなかったというと、ホウレンソウとか野菜をやっていたので、裕福だったのですよ。ホウレンソウ、今は石灰入れて中和するとできるようになったけれど、当時は知識がなかったので、酸性土壌ではなかなかつくれなかった。この辺はアルカリ性土壌で、ホウレンソウがすごくよくできました。ホウレンソウ以外には、サントウサイとかハクサイ、ダイコンをつくりました。もともとは田んぼの方が多かったのだけど、畑の面積が増えていきました。下妻街道がここから吉川を抜けて、足立までいきます。リヤカーを引っ張って、足立の千住の方に野菜の問屋があって、そこまで持っていったのです。

越谷の辺境を生きてきた経験を聞こうとした筆者のもくろみに対し、川井は増林の豊かさと、東京の市場へのアクセスの有利さを語った。川井の話を聞きながら、筆者自身が増林を単に「ごみ処理場が立地する地域」としてしか見ておらず、そこに生きる人びとの生業や生活が織りなす地域史を見ていないことに気づかされた。

川井の家は、一九三五年頃に田んぼだった土地の一部で、ホウレンソウやネギ、ハクサイ、サントウサイの栽培を始めた。元荒川の自然堤防の傍らで、ホウレンソウはよく育った。それだけではない。川井の暮らす集落だけでなく増林地区全体が、養鶏の盛んな場所だった。一九七〇年の世界農林業センサスによると、四〇万羽以上の鶏が飼育される全国で有数の養鶏産地越谷市の中で、増林では半数近い一九万三〇〇〇羽の鶏が飼育されている。川井の父親は、一九二〇年、集落で最も早く養鶏を始めた一人だ。平飼いではなく、屋根を葦でふいた三段の立体バタリー鶏舎だった。一九三七年頃には一二〇羽の鶏を飼い、満州で生産されたトウモロコシを飼料として与えた。戦中、鶏卵は地元の業者が買いに来て、柏の陸軍病院へ供給した。戦後、供給先は進駐軍関係に変った。川井は生産した野菜や卵を、下妻街道をリヤカーで運んだ。下妻街道は、戦国時代、多賀谷氏によって武蔵と常陸を結ぶ道として開かれた。古利根川の自然堤防に沿いながら増林を東側に進み、吉川から中川沿いに東京方面に南下し、やがて北千住の市場まで至る。卵は地元の鳥屋も買いに来た。廃鶏も一羽売ると「ラーメン一箱」になった。卵は「都会に近い」、「交通の便がいい」という地の利もあり、「兎に角もうかった」。増林中で養鶏がはじまり、各農家は競いあい、五〇〇〇羽、一万羽と経営規模を拡張させていった。土地を売って宅地に変える必要もなどなかった。川井の弟も旧制中学を経て新制高校を卒業した後大学には入らず、分家して養鶏を始めた。分けられた土地にもバタリー鶏舎が立ち、一五〇〇羽の鶏が飼育された。

そんな養鶏がピークをむかえるのは、川井によれば、一九六〇年ごろだったという。農業基本法が制定されようとする時代、養鶏農家は大規模化して価格競争に挑むか、やめるのかのどちらかの選択を迫られた。世界農林業センサスで増林地区の全集落を合算すると、鶏飼養羽数は一九六〇年に五万一一六四羽、一九七〇年に一九万三四〇五羽でピークを迎え、一九八〇年に一一万五四八三羽、一九九〇年に七万二〇〇〇羽になっている。養鶏農家数は一九七〇年に六八軒、一九八〇年に二六軒、そして一九九〇年にはわずか二軒となっている。

川井は大規模化の道は選ばず、一五〇〇羽から二〇〇〇羽の範囲の経営規模を維持した。一九六五年頃から多頭化に伴ってニューカッスル病などの伝染病が広がる中、川井は一九七八年に養鶏をやめる。やめたときは、鶏は二〇〇〇羽になっていた。ワクチン代などがかさみ、がんばるほどに赤字になる構造を見て取った川井は、養鶏に見切りをつけた。集落で最も早い判断だった。

養鶏場が移転した後で

養鶏が頭打ちになった一九六五年頃、増林には埼玉県東部清掃組合のごみ焼却施設が計画された。建設地は水はけのよい土地で、麦や馬鈴薯がよく取れた場所だったが、驚くほどの高値で売却されることになったため、地権者からの不満はでなかったという。行政が主催する説明会には、予定地の地権者でないとよばれなかった。千間堀に近い建設地は水はけが良く、米の裏作で麦か馬鈴薯の二毛作ができる土地だった、と川井は語る。同じ土地を、当時の越谷町長は「排水に極めて便利だから、(ごみ処理場をつくるのに)まさに打ってつけの場所」と考えたのと比べたときに、土地の特性に対する捉え方が対照的である。

一九六五年頃になると、市街地住民が「養鶏公害」という言葉を使い、臭いやハエ・蚊などの発生についての苦情を言うようになった[17]。増林地区内で市街地に近く、宅地化が進み農家率の低い西部地域では、一九七〇年に養鶏農家は数軒を数えるだけになり、一九八〇年には一軒もなくなっている。そんな中で人びとの仕事と暮らしは変容していった。増林の周辺地域の養鶏業者の娘で、脳性マヒの林田和子（仮名）の仕事と暮らしも大きくかわった。

朝早く起きて、つぶれた卵（液卵）をビニール袋に集めるのが、彼女の仕事だった。結婚した兄たちとその家族も一緒に住んで、みんなで鶏舎を守っていたので、幼い甥っ子や姪っ子の世話も家族の役割だった。しかし、周辺が都市化し、鶏舎の臭いが「公害」とみなされ始めた時期と、跡取りの兄がアメリカに留学して、コンピューターで管理された大規模養鶏を学んだ時期が一致し、兄は鶏舎をたたんで他県で機械化された大規模養鶏場を立ち上げた。鶏舎のあった土地は新設高校の敷地として売られ、自宅は残ったが、彼女の仕事はなくなってしまった。彼女はそのころ開所した市立の通所授産施設に通うようになったが、長年やってきた仕事と、生活リズムと、家族・地域での役割をなくした喪失感は、何によっても埋められない。早起きで勤勉、そして世話好きな性格は、対象を見出せず、空回りする。仕事もないのに暗いうちから起きてうろうろされることも、もう中学生、高校生になった甥っ子や姪っ子を子ども扱いして面倒をみようとする行為も、すべて「迷惑」になる。それをたしなめられ、怒られて、精神的に不安定になる。通所施設も休みがちとなり、やがて退所となる。体の動きもどんどん重くなる。[18]

鶏舎がさらに遠くの地域に移転していく中で、障害のある人たちは周囲の人間から「迷惑」な存在として括り出され、鶏舎と同じように隔離されていった。そんな中で、伊勢崎線沿線が越谷の人と物の流れの中心となり、「都会に近い」、「交通の便がいい」（川井さん）増林は辺境にされていった。増林の農民がホウレンソウや卵をリヤカーで運んだ下妻街道も、二毛作ができる排水性の良い土地も、ただそこに生きた人びとの個人の記憶の中にだけ存在するようになった。ごみ処理場ができると、専業農家をやめて、関連する仕事や、都内を含めた近隣地域でごみ収集関係の仕事に就く人が増えた。その家では妻が農業をやり、夫は農繁期以外手伝わなくなった。地区外に働きに行くことを、川井は「出稼ぎ」と呼ぶ。

ここではないどこかへ

ごみ処理場ができた頃、家の周りに灰が舞うようになった。川井はそれを報告しに、市役所に出かけた。あえてごみ処理場には触れず、「出所不明の灰が舞っている」ことを訴えたが、「そんなことはありえない。ごみ処理場も灰が飛ばないような対策をしている。そういうことはむやみに口外するものではない」と取り付く島もなく追い返されたという。彼が感じた「異変」は人びとと共有されることはなく、あくまで個人の記憶に留められた。ごみ処理場が稼働することによって、異臭が発生したことを記憶している元住民もいる。当時の焼却炉は低温で燃焼するため、悪臭や有毒ガスが発生しやすい状況にあったことが原因として考えられる。同じく多くの住民を悩ませた悪臭の対策のため、清掃工場に脱臭掃除が設置されるのはようやく一九七七年四月五日のことである。(19)

ごみ処理場を受け入れることで発生するリスクの計算を、完全に行うことは不可能だ。にもかかわらず交渉は土地取引として地権者だけに対して行われ、彼らが同意することでごみ処理場は建設される。いったん建設されてしまえば、当初想定していなかった問題が発生しても、それを不可視化するメカニズムが働く。住民が「灰が舞っている」と語っても、それはあり得ないこととして片づけられる。逆に言えば、ごみ処理場などの施設は、声の挙げる人の少ない、有力者に話をすればことが済んでしまうように見える土地に立地することになる。見返り施設として、運動場や公民館などの公共施設がつくられることもあるが、それが取引に見合ったものなのかは永遠に分からない。

同じ構造が原発立地についてもいえる。むしろ同じことが原発では言われ続けていた。(20) しかし原発は全面廃止するべし（＝廃止が可能である）という話で、原発立地を認めない立場の人びとはリスクを別の意味で不可視化できた。つまり、彼らは「原発なくても電気足りる／そもそも原発はいらない。だから立地なんて考える必要がない」、と安全な距離を取って語ることができた。

一方、ごみ処理場をなくすことは今のところ想像されておらず、（どこかに）なくてはならないものとして了解されている。立地地域を身近に感じることのない場所に住む人びとは、ごみを排出する恩恵だけを享受しようとする。ごみ処理場という存在に私たちが感じる居心地の悪さは、自身はその恩恵にあずかっているという、この距離の取れなさに起因する。そして、ごみ処理場が立地する中心のなかの辺境を、自らの住む都市部と比較して、「辺境」や「田舎」とネガティヴに意味づけることで居心地の悪さから脱しようとする。私たちは、中心のなかの辺境が抱えさせられる問題を不可視化し、その地域自体を自らに都合の良い形で表象していく。外側の辺境が地名すら与えられない「ここではないどこか」にされるように、中心のなかの辺境も「ここではないどこか」にされ、いずれもいつしか忘却されていく。それはまた、障害のある人を地域の生業や生活から切り離し、もはや迷惑をかけようも／かけられようもない場所へと押しやっていく一連の過程にもつながるだろう。

問うべきなのは、まさにこのことなのだ。

4　灰の記憶

二〇一一年七月以降、行き場を失った東埼玉資源環境組合に所属する五市一町から発生するごみの焼却灰は、この年の一二月に新たな受け入れ先が見つかり、問題は「解決」したことになり、私たちの感じてきた居心地の悪さは解消された。

二〇一二年三月二七日の東埼玉資源環境組合の議会において、ある議員は次の様に発言する。

　このたびの原発事故の影響によって、あらゆるものの放射能汚染が心配される中、この第一工場でも国基準の八〇〇〇ベクレルをはるかに下回っている、三〇〇〇ベクレル以下という数字にかかわらず昨年七月から受け入れを拒否された焼却灰はどんどんたまってしまい、一時はどうなることかと心配いたしました。昨年も一二月に全員協議会の中で、新しい受け入れ先のめどが立ったという説明を受けておりましたが、その後、改めて二月二七日に飛灰の処理、処分に係る経過報告をいただきました。報告には二三年度内に発生する飛灰の見込み量四〇〇〇トンのうち新たな民間施設に二五〇〇トンを搬出を開始し、残りについては協議中である。一二月議会で説明を申し上げたが、残りについても二月二五日から搬出を開始いたしました。ご心配をおかけいたしましたが、年度内に発生する飛灰については全部処分の見通しがつきました。

今後については平成二四年度における処分の協議を引き続き進めてまいりますと書かれてありましたので、本当にほっといたしました。

昨年の七月以来、焼却灰の搬入先を求めて大変なご苦労があったと思います。昼夜を分かたずご苦労された職員の皆様に心から感謝申し上げたいと思います。これからも予断を許せませんので、どうぞよろしくお願いいたします。

この時点において、飛灰を含む焼却灰の搬出先は明らかにされていない。基準値以下なのにもかかわらず——しかし、その基準値は果たして妥当なのだろうかと問われることもなく——、受け入れに不安を感じる秋田北鹿地域の人びとの姿は、この時点で発言者には見えていない。焼却灰の行先が地名すらない「ここではないどこか」に決まったことに安堵し、そのために奔走した職員たちを労う。自らの安全な暮らしの場が確保される一方で、辺境が〈外側〉にもう一度生まれた瞬間である。

同じように地元の古老が麦や馬鈴薯の二毛作ができると語った土地は、中心のなかの辺境として「ここではないどこか」に変えられていった。その傍らで、この土地は豊かな土地であると考えながら、野菜をつくり、鶏を育て、自給のための米をつくり続けてきた人がいる。毎朝早く起きて、家族の営む養鶏場の廃卵を集めてきた人がいる。増林地区は農家の二種兼業化や農地の転用が進む一方で、農業振興地域に指定された東部を中心に、ネギ・サントウサイ・コマツナなどの野菜やブドウやイチゴなどの果物、花卉《かき》生産が盛んであり、観光農園や直売所などを含めて、傍らに人口がある利点を活かした農業が現代も営まれている。

灰に翻弄され、そしていつしかその灰をどこかに押しやり、押しやってしまったことすら忘却していく私たちは、同じように彼らの生きてきた経験の都合の良い部分だけを消費した上でどこかに押しやり、押しやってしまったことすら忘却しようとしている。

記述せねばならないのは、その灰の記憶である。

注

（1）小熊英二「まえがき」（赤坂憲雄・小熊英二編『辺境からはじまる　東京／東北論』明石書店、二〇一二年）、三―五頁。

（2）原山浩介「ゴミ問題の忘却の構造―放射能汚染が映し出したもの」（安田常雄編『社会を消費する人びと―大衆消費社会の編成と変容』岩波書店、二〇一三年）、二四八―二六九頁。

（3）「たまる焼却灰　県東南部、放射能問題で搬送停止」（『埼玉新聞』二〇一一年一一月一日）。

(4) 越谷市教育委員会『越谷市史　第二巻』(越谷市役所、一九七七年)、九九八―一〇二五頁、東武鉄道社史編纂室『東部鉄道百年史』(東武鉄道株式会社、一九九八年)。
(5) 市制二五年史刊行会『越谷市二五年の歩み』(市制二五年史刊行会、一九八五年)、一一三頁。
(6) 八木信一『廃棄物の行財政システム』(有斐閣、二〇〇四年)、一〇八頁。
(7) 八木前掲書、三―四頁。
(8) 故大塚伴鹿初代越谷市長の遺稿を出版する会『首長生活一九年　田園都市論に情熱を燃やした初代越谷市長大塚伴鹿氏遺稿集』(故大塚伴鹿初代越谷市長の遺稿を出版する会、一九九五年)、二〇九頁。
(9) 故大塚伴鹿初代越谷市長の遺稿を出版する会前掲書、二〇九―二一〇頁。
(10) 藤田直晴・小川洋一「大都市近郊における都市化と地域問題：越谷市を事例として」(『駿台史学』一二一号、二〇〇四年)、一一九―一四六頁。
(11) 東埼玉資源環境組合『四〇年のあゆみ』(東埼玉資源環境組合、二〇〇五年)。
(12) 「人造湖に「未来都市」越谷市のレイクタウン構想」(『朝日新聞』一九九六年三月三一日)。
(13) 越谷市教育委員会前掲書、九五七頁。
(14) 越谷市教育委員会前掲書、七四〇―七四五頁。
(15) 「慌てた増林村　じゃが芋の闇売で割当完納危し」(『埼玉新聞』一九四七年七月一四日)。
(16) 「闇から闇へ五萬貫　増林村に芋成金」(『埼玉新聞』一九四七年七月一二日)。
(17) 越谷市教育委員会前掲書、九八七頁。
(18) 山下浩志「障害が照らし出す地域―わらじの会の三〇年」(わらじの会編『地域と障害―しがらみを編みなおす』現代書館、二〇一〇年)、一一―七六頁、一九頁。
(19) 「臭気ほとんどなし　脱臭装置が完成　越谷市増林の清掃工場　来月からスタート」(『埼玉新聞』

一九七九年四月五日）。

（20）　鎌田慧『日本の原発地帯』（潮出版社、一九八二年）、鎌田慧『原発列島を行く』（集英社、二〇〇一年）。

終章　「復興に抗する」経験を生きる

中田英樹

1　暮らし続けるなかに再創造される「我がよき故郷」

ミクロな地域社会の固有性

以上、序章での『あまちゃん』と宮城の肥育繁殖農家の事例にはじまり、秋田県小坂《こさか》町や埼玉県増林《ましばやし》など、震災や原発にかかわってはあまり知られていないところを含め、それぞれの土地を生きた人たちを取りあげた。人びとの暮らす土地はいずれも、他の地とは代替不可能な、地理や気候などに関する固有な自然的諸条件のもとにある。

そしてその土地のうえに暮らす人びとが、地域社会を構成する。この社会も他と代替不可能な地域的歴史的に固有なものであり、土地そのものの自然条件的な固有性に、密接に影響されたものである。

その土地での人びとの生業にかかわる部分においては、その固有性が如実にみられるだろう。とりわけ、序章の宮城県角田の肥育繁殖農家や第三章など、議論の巡る生業が農業である場合などはより端的だ。だが農業に限らずとも、日々の食生活は、気候や地質の条件に合わせてその地で採れる農産物と関連しているし、現金収入のための労働形態も、鉱山業や都市圏との距離など土地の位置的地理的条件に呼応して固有なものである。

しかし、だからといって、こうした固有な地域社会に暮らす人びとは、独立して閉じた共同体的な社会でまったく自由に固有な暮らしを営んできた、という訳ではない。いかなる社会とて、日本国家という近代資本主義国家の領土の一部にある。つねに国家にとっても、その土地の固有性に即した活用方法があるのだ。こうして、土地に暮らす者たちと国家にとっての開発が、自然環境的な固有性を備えた同じ土地を巡って展開される。

したがって、国家のその土地の利用が、そこに暮らす者たちの生活ニーズに決して即したものになっていない時や、あるいはより問題なのは地域住民の生活を度外視している時もある。ダム建設による村の水没、空港建設による強制立ち退き等は端的な例だろう。エネルギー施策の変遷史は、この点において格好の切り口だと思われる。本書でも、原発立地計画、石炭火力発電所建設、放射能汚染灰のゴミ廃棄場など、エネルギー開発に絡む事例は、やはり数多く登場した。

震災による連続と断絶

この点に関して、第一章からの各章を担当した執筆者には、次の姿勢が通底していると序章で述べた。歴史における連続性と断絶性への両睨みである。それは第一には、この地域の「現在」をもっぱら震災や原発事故によってのみ理解しないこと。「(三・一一のとりわけ原発事故に関する) 震災復興」さえ実現すれば問題が解決するということには、被災した人にとってならないはずだ。まずもってそこには既に、「ではなぜそこに危険な原発が建設されたのか」という歴史的な「中央―地方」の非対称な関係が完全に忘れ去られている。震災後の「復興」としての過程にもまた、震災まで中央に従属させられてきた歴史は流れているはずだ。「なぜ原発がそこに建つことになったのか」という歴史的な問いかけとともに、「そこに原発が建つに至るまでに、受け入れない段階で他にどのような地域存続の案が検討されたのか」という過程にも着目することは、

〝歴史に、たら・れば、はない〟と一蹴できるほど軽い問いかけではないだろう。

戦後復興の象徴としての一九五六年の「経済白書」における「もはや「戦後」ではない」という有名な一節。一般的に思われているのとは異なり、じつはこの一節は、高度成長という総てが輝かしく光る時代の到来宣言ではない。「戦後を脱したといって国民を安堵させることを意図したのではなく、むしろこれから近代化を成し遂げねばならない、そこで生じる諸矛盾はいずれ経済発展が解決するまで、国民相互に分けあわねばならない、と説き、ゆがみを前提とする考えに立っていた」（第一章、友澤）。戦後日本の経済成長主義が必ずやどこかで矛盾をきたすことが、完全に一九五六年の段階で、既に政府公認で織り込み済みだったのだ。この矛盾が、高知窪川の原発建設計画だったり、陸前高田の広田湾埋め立て計画だったり、福島の原発建設だったりするはずだ。

そして私たちは、その結末としての現在を、残念ながら、異質なものや面倒くさいものをすべて躊躇なく排除することで得られる「安楽」に満ちた『全体主義の時代経験』（藤田省三、一九九五年）として生きている。私たちが正視を余儀なくされているのは、この事実だ。

東日本大震災で大切なものの多くが消え去った。そして「復興」がはじまった。だがこの「復興」の現在に至る歴史の始点が、すでにそもそも（公害や原発など様々な問題を孕む）高度成長へと向かう「戦後復興」だったはずだ。ならばいまこの、私たちの暮らしている「復興」への毎日は、この「復興」概念そのものからまずは少なくとも、戦後開発の歴史的諸経験とそれへの反省が含み込まれたうえで考え直されるべきだろう。

第一章が示したように、「復興」がそれまでの「開発」の、更なる圧力とスピードを備えた変名でもあることを鑑みれば、東日本大震災による被災地の今を、自然災害の普遍的で顔のない「三・一一による被災地」としてしまえば、三・一一とは、第三章で触れた国立歴史民俗博物館の企画展示、「歴史にみる震災」における最も新しい一事例でしかなくなる。戦後の日本が、「もはや「戦後」ではない」と経済成長にもっぱら目を向けながら一方で見ぬふりをして、周辺たる地域に押し付けてきた諸矛盾の歩み――こうした歴史が、完全にドン詰まることになった三・一一による地震や津波、そして何よりも原発事故という、圧倒的な固有性を孕んだ出来事を契機とした十二分な議論がなされない限り、何ら歴史的な反省もない「復興」の議論における過ちが繰り返されるだろう。

だが逆に、三・一一が鮮明に露呈させた「中央―地方」関係は、三・一一前後で何も変わらない――この見方一辺倒に陥っても問題がある。それでは三・一一による社会構造の再構成と新たな問題点は無視されてしまうからだ。「復興」の旗を掲げたミクロな今の営為に発露しているかもしれない、また別の新たな展開可能性と、新たな顔を纏った強権的な開発主義は、見過ごされるしかなくなってしまう。

なぜ福島の農家が、農地を汚染された被害者であることが明白であるにも拘わらず、ある日突然に放射能汚染物質をばらまく加害者だと指差されるのか。都市部を中心とした消費者の側は、なぜ「生産にあたる農家を時に加害者として、時に被害者として自分たちに都合よく捉え」られるのだろうか（序章、猪瀬）。震災瓦礫の焼却に反対する秋田県大館の住民が、なぜ県知事から「〈普通の一般県民ではない〉極端なことを言う人」[1]だと非難されたり、同じ市民から匿名でエゴイストだと批判されるのか*。

＊大館で四度の大火災の度に各地から救援をもらっているのに、瓦礫受け入れを拒否することはいかがなものか、という文脈で、「自分さえよければ良いのですか」という投書が寄せられている[2]。

こうした「加害者」「被害者」の線引きの曖昧さ、そしてその両者間での突如の反転の容易さそのものこそが、日常生活のミクロな領域での権力発動の恐ろしさであるはずだ。震災による社会的秩序の安定性の揺らぎから発生する、風評被害をはじめとした未来に対する不透明ななかを、私たちは暮らしていかざるを得ないのだ。そのなかにあって、「被害者―加害者」「中央―地方」などといった枠組みを不変のものと固定化していたのでは、その線引きの反転性や揺らぎは捉えられない。暮らす人が、何にいったい恐れ、それでも何を創造しようとしたのかこそが問われるべきはずだ。ならばいったん、大枠でのそうした枠組みを当て嵌めることを保留し、まずは個別の対象をミクロに描き切る先に垣間見える世界を、考えてもいいだろう。本書の各章が、どういう意識で持って、何を課題として、どういうスタイルでの分析や思考を試みたのか。序章での『あまちゃん』のエピソードにおいて、髙村は端的に一言でこう述べた――「普遍は個別を追求したその先にある」。

髙村が述べた「個別を追求」――本書の各章におけるこの「個別の追求」は、このように固有な歴史における連続性と起きた出来事による断絶性を両睨みした、対象事例のモノグラフを書くことだったと言ってもいい。

プロセスとしての「復興に抗する」

日本の「発展《デベロプメント》／開発《デベロプメント》」という大義名分のもと、戦後の日本国家は領土内の土地を、どのように利用しようとしてきたのか。東日本大震災という不可逆な出来事を経て、元には戻せない新たな局面に至った岩手や宮城、福島をはじめとする各地を、国家はどのような国土にしようとしているのか。本書が取り組んだのは、この動態のなかで、その土地に暮らす人びとの生活から見える世界である。

本書の各事例の少なからずが、国家の都合によって決定された開発計画に揺さぶられながらも、国家と開発対象たる土地に暮らす住民という認識の経路では見えてこない、そこで生活し続ける人たちの「顔」が見えたことに触れている。現在でも「頑張ろう日本」へ向けた復興作業で、「重機の轟音のかげでつぶやかれる声の中にも、いくつもの異なる道がありえた」（傍点引用者）――友澤の言う、この「ありえた」という状況に在るのは、そこに暮らす者が、たんなる復興の対象として収まり切っていない姿である。

友澤は、「ひとが生きようとする時間には、生業のなかの「循環」」はあっても、「人びとにとっては、自分たちなりの暮らし方を自分たちなりに模索し続ける「時間」と、その模索の場としての「ここ」を、壊さずに残すことじたい」（第一章、友澤）を生きているのだと述べた。他の箇所でも、この「別の顔」は、決して先験的に存在する実体としての顔ではなく、「日々刻々と変化する状況のもとで、それに対応して行っていくほかない」（第五章、髙村）というプロセスに顕れた、瞬間々々の表情ともいえようもののなかにであった。「眼を向けなければならないのは、決定プロセスや速度の違い」（第二章、猪瀬）――ほ場事業整備計画に揺れる高知窪川の事例をミクロに描いた先に猪瀬が最後に捉えたのは、たんなる計画の受け手としてではない「速度」での、住民自身の「間」で展開させろという決定プロセスへの要求であった。身に起きた日常の変動に対する、地元住民の「タイミング」の取り方の姿だといってもいい。*

*ここでいう「タイミング」とは、言い換えれば「間を取る」「間合い」と言った「間」と通ずるものである。それは、計測可能な時間の区切りや、繰り返しの時間的間隔ではない。木村敏が野球等のスポーツを引き合いに出したように、それは打者と投手という間主観的な双方における、出会って接触するその臨界ギリギリにおいて駆け引きされる互いの呼吸の合わせ方、ずらしかたである。(3)

「復興に抗する」事例、「開発に抗した」事例というのは、「抗した」運動展開の諸条件や「抗した」人物の優れたリーダー性ではなく、「なぜ、どのように「抗した」と後世にて目されるようになったのか」というプロセスこそが考えられて然るべきだと、各章は主張していよう。

「(実体としての)故郷を愛する」のではない「(過程としての)我が故郷」

戦後国家の国土開発史を、生き抜いてきた者たちを考えるのが本書である。ならば、とりわけ開発を経て土地が領土として包摂されていくプロセスのなかで、国家はその土地をどのように利用したがったのか。同時に、その土地に暮らす人びとは、その過程で土地とどのような関係を維持しようとしたのか。国家にとっての国土は、一方でそこに暮らす者たちにとっての「郷土」や

「故郷」「地元」などとして、本書でもいくつもの章が着目している。彼ら彼女らは、どのように「故郷」や「郷土」を生きようとしたのか。

各章が「故郷」を描こうとしたのは、国家の至上命題としての復興に抗する、実体として措定されたような共同体ではない、プロセスとしての「抗する」「故郷」である。つまりは、そこに暮らす者たちの「復興に抗する」をプロセスとして捉えての、その展開とともに日々刷新される「故郷」である。

猪瀬の描く第六章に登場する、養鶏農家の娘で脳性マヒの林田和子（仮名）を思い出してみよう。埼玉県下の一周辺都市越谷の、さらにその辺境としての増林に暮らす人びとは、「豊かな土地であると考えながら、野菜をつくり、鶏を育て、自給のための米をつくり続け」ていた。やがて高度成長期になると養鶏業は頭打ちになるとともに、ゴミ焼却施設が計画された。「麦や馬鈴薯がよく取れた場所」が「驚くほどの高値で売却され」た。

五年も経たない一九七〇年頃になると、「市街地住民が「養鶏公害」という言葉を使い、臭いやハエ・蚊などの発生についての苦情を言うようになった」。「鶏舎の臭いが「公害」とみなされ始め」「障害のある人たちは周囲の人間から「迷惑」な存在として括り出され、鶏舎と同じように隔離されてい」った。そして「生業が生み出してきたその土地の風景は、そんな長年の営為を読み取ることができない人々が増える中で、更なる開発を待つ「未開発地」になるか、新しく住みついた人々に癒しを与える「緑地」となっていった」。

そんななか「和子さんの仕事と暮らしも大きくかわる」。「朝早く起きて、つぶれた卵（液卵）をビニール袋に集めるのが、彼女の仕事だった」が、「鶏舎のあった土地は新設高校の敷地として売られ、自宅は残ったが、彼女の仕事はなくなってしまった。彼女はそのころ開所した市立の通所授産施設に通うようになった」。だが、彼女の「早起きで勤勉、そして世話好きな性格は、対象を見出せず、空回りする。仕事もないのに暗いうちから起きてうろうろ」する。

ここで考えたいのは、増林に暮らす彼女にとっての「我が故郷」とは、いかなるものかということである。周りの風景が一変するなか彼女は自宅に暮らし続けた。増林に暮らし続けた。だが朝暗いうちから起きてウロウロする彼女にとって、その自宅はもはや「故郷」ではない。彼女にとって増林の「故郷」は、市街化へのプロセスのなかでどこかへ持ち去られたのだ。その「喪失」を猪瀬は、「長年やってきた仕事と、生活リズムと、家族・地域での役割」と書く。ここで猪瀬が論じたい核心とは、不変実体としての「かつてあった故郷」の喪失ではなく、増林一帯が市街化したの後の、かつての仕事や生活のリズム、家族内や地域社会の一員としての毎日というプロセスであり、その日々のなかで毎朝喪失したものを施設に行く前にウロウロと探す彼女の「現在」である。彷徨う彼女の姿そのものが、高度成長期の歴史のなかで変貌してきた、彼女の「故郷」たる増林だからだ。

まさにこの意味において、固有な「我が故郷」の「故郷」を議論するならば、そこで最も問題となる核心とは、被害に遭う前の土地に在った、実体としての「故郷」ではないだろう。序章に登場した宮城県角田の和牛肥育繁殖農家、堀米の自宅傍にある牛小屋から離れた敷地の片隅には、汚染された稲藁を包んだフレコンシートが今もってなお歴然と存在する。だから毎日それを目にする堀米は、もはや元には戻らないこと、それゆえに「「何とかなる」と待っているわけではなく、新たな方法で「何とかする」ことを探」っている（序章、猪瀬）のだ。被災後に、そこを生きる者たちの毎日で思い起こされる「故郷」——被害に遭った後のそこを生きる人びとが、もう後戻りができないその地での毎日をどのように生きるのかという、生業の繰り返しのなかで想起される「故郷」——この日々の繰り返しとして在る現在進行形の「故郷」は、「被災後」を生きる各々の経験のなかでの、日々刷新される「故郷」である。

「我が愛するがゆえに、この故郷に残り続ける」という「故郷がまずありき」ではない捉え方。つまり「将来へ向けて、今日をここに生きる。そのように愛する我が故郷」という捉え方。「故郷」という地とそれへの愛を、そこに暮らす人びとの重ねる毎日の経験の位相において考えることには、意味があると考える。実体としての「故郷」ではなく、人が決意や主張を成立させるのが、自らの行為自身であるという、自己言及的・行為遂行的な意味での、「明日もここを生きる」地としての「我が故郷」——これは、最も人と人が紡ぐ生身の社会を礎とするものであり、そう簡単に他者によって完全従属、完全統制《アンダー・コントロール》されるものではないだろう。この動態的・プロセスとしての故郷とは、今日をここで生きたという確認としての故郷であり、そしてそれは明日もまたここで生きるという、未来へ賭けた行為そのものに在る。

出荷停止解除後、初めての品川でのセリで、自分の出荷した角田の牛がやっとのことでセリにかけられ、電光掲示板で値段が確定した時。その値を見た序章で登場した肥育繁殖農家堀米は、軽くガッツポーズをした。放射能というまったく未経験の危機に対して、いま、農業を奪われる事態は回避したと彼は感じたからだろう。この時の彼のガッツポーズは、牛肉の輸入自由化や狂牛病や口蹄疫といった、これまで乗り越えてきた幾多もの危機的状況の経験が総動員されてのものである。それは決して、震災以降としての日々だけが詰め込まれたものではない。

だが「今に始まったことじゃぁないけどなあ。でも今回は放射能だからなぁ……まぁ、何とかなるとは思うけど」という彼の拭い切れぬ不安と、安堵しようとする自らへの言い聞かせ。この震災という出来事に関して、震災前後での連続性に関心を払うと同時にその断絶性による将来の不透明性――彼のこの呟きにみられる自己鼓舞と不安の混じった姿においてこそ、私たちは、「被害者／復興者」を生きるなかでの、未来を主体的に創造しゆく鼓動を読み取らなければならない。その時、生きていくこの肥育繁殖農家を支える、自身の経験における「故郷」は、その変革可能性の駆動源としてあるはずだ。

2 在日日系ブラジル人による福島原発廃炉作業――「我々がやるしかない」

本書がこのように、「プロセスとして捉える」ことの意義を考えるならば、当然射程に入ってくるべきもうひとつの議論に、この第2節では触れてみたい。ここまでの議論展開を鑑みれば、おそらくは、次のような議論も検討されて然るべきだろう。

つまり本書が、「国家と土地」をめぐるものだとしたら、同時に一方で「国家と労働」で考えることがあるだろう。本書の各章はいずれも、「いま・そこ」に生きた（生きる）者たちの営為そのものに、「郷土」や「故郷」を看て取った。自然に存在する土地に「郷土」や「故郷」を創りあげていく――つまりそれは、最も広義的な意味での「労働」だともいえる。

本書を通じて各章は、戦後の国家が発展へ向かう開発史のなかで、そして震災後の「復興」へ向かう道程のなかで、動員される人たちの生きる日々の視点から、改めて今に至る同時代史を考え直そうとしてきた。そこで以下では、かかる「労働」の視点から、ひとつ、同じような姿勢で考察を展開してみたいと思う。

おもに各章が取りあげたのは、ある特定の地域に根差した生活をしてきた人たちである。そのような人たちにとっては、思い起こす故郷の具体的な地域像はイメージしやすいだろう（だからこそ、まるでかつてあった故郷を「取り戻す」ことをしているように見えてしまう）。しかし、日本の戦後史のなかでは、そういった特定の土地からは離れて暮らす人びとの方が、むしろ格段に多いはずだ。そのような人びとにとって震災や復興はどのような経験なのか。その一つの例として、在日日系ブラジル人をめぐる、いくつかのエピソードを取りあげてみたい(4)。

とある求人広告

東日本大震災から一年余りが経った、二〇一二年の五月。ある求人広告が打たれた。

それは大阪市の人材派遣会社によるもので、日本国内で発行されているフリーペーパーの求人雑誌に掲載された、ポルトガル語で書かれたものだった。すなわち、日本国内に暮らす日系ブラジル人に向けた求人募集である。他の同じくポルトガル語で書かれた、「京都府や和歌山県での橋の建設作業員募集」といったよくある求人募集に混じって、その冊子に掲載された問題の募集とは、福島原発の二〇キロ圏内での労働をも含めた、放射能汚染瓦礫の撤去労働だった。労働内容によっては二時間で三万円というもので、日本語での福島原発に関連する他の労働の求人条件から見れば、決して悪くはない。実際にも数十名の応募があり、二〇人ほどが登録されたとのことだ。

だがこの求人広告は、掲載されるや否やたちまち批判を浴びたらしく、一週間も経たぬうちに人材派遣会社は広告を取り下げていた。筆者の所感では、世論の批判的レスポンスの大半とは、〝あの事故を起こした福島原発の、二〇キロメートル圏内という危険区域内での労働にまで、日系ブラジル人を使うのか〟といったものであった。

実際、求人冊子の発行元も「募集後、抗議の電話を相次いで受けており、ブラジル大使館からの問い合わせがなかったとしても〔ブラジル人の登録を〕止めるつもりだった」とのこと。在日ブラジル大使館も、「派遣会社に事情説明を求めるために電話した時には、既に同社にブラジル人のほか日本人からも抗議の電話が殺到したために、広告は打ち切られていた。現在、ブラジル人が福島第一原発で働いているという情報は把握していない」と述べている。また東京電力は、

「弊社が直接雇用している外国人労働者はいない。下請け企業が雇用している従業員に対しては把握も、説明する立場にもない」と返答したという。[5]これらいずれの反応にも、福島原発関連の労働に日系ブラジル人を募集したという事実に対して、とにかくも知らなかった・関わってはいない・あまり触れられたくない、といった姿勢が見て取れる。

関係者はもとより、日本社会では、事故を起こした福島原発の収束に関わる作業に、日系ブラジル人が関わることは、一片の議論を挟むことないままに棄却された。何故にこの求人広告が、日本社会からの拒絶反応を喰らったのか――この節では、まずこのことから考えてみたい。

「原発ジプシー」を問題化させない「原発安全神話」

だが、日本社会が原発を抱えはじめて以来、命の危険を承知のうえで、全国の原発をジプシーの如く働きまわる労働者たちは数多くいたはずだ。堀江邦夫著の『原発ジプシー』[6]はじめ、三・一一のずっと前から、そうした労働者を取材し、労働者被曝の問題や数々の事故隠蔽問題など、原発労働における闇の領域を暴いた書はたくさんある。

とりわけ、スリーマイル島での原子力発電所の事故(一九七九年)やチェルノブイリ原発事故(一九八六年)などは、日本においても活発な原発是非の議論を呼び起こした。また、国内の原発関連施設に関しても、一九九五年の高速増殖炉「もんじゅ」でのナトリウム漏洩事故はじめ、原発関連の労働が、被曝を伴う命に関わる極めて特殊な危険労働であることは、幾度となく指摘されてきた。

そうした社会問題の提起が、いかほどまで世論の関心を惹きだしたかは評する者によって異なろうが、少なくとも次のことは言えよう――三・一一までのこうした議論には、「原子力ムラ」の人たちの唱える「原発安全神話」が圧倒的な効力を有していた。

しかし福島原発の事故は、「原発」そのものの存在意義を社会の広範に根底から問い直した。全国に、世界に、放映された福島原発の水素爆発シーンをはじめとする映像は、「原発安全神話」がいかに脆いかを晒けだした。原子力というものが人智による制御可能範囲にまったく収まるものではなかったことを知らしめた。

三・一一を即刻「平常化」させた安倍政権

だが三・一一による原発事故が社会に与えた影響は、このように言うだけでは事足りないと筆者は考える。問題の核心は繰り返し唱えられてきた「神話」が、社会的に完全に疑問視されるようになったことのみにはない。安倍晋三首相は、ブエノスアイレスでの東京オリンピック招致に向けたプレゼンテーションで、福島原発事故の現状を「制御下にある《アンダー・コントロール》」と言い切った。この発言は、その内容が正しいか否かのレベルにて議論されるイシューを遥かに逸脱している。「安全神話」が、「アンダー・コントロール」が、嘘だというところにこの発言の不気味さはないのだ。肝要なのは、そのような嘘八百が、国家元首の口から世界へ向けて、公式発言として堂々と放たれたことそのものにある。嘘をついているということよりも、嘘であることを承知で権力のマスクを被って宣言することの方が、より国家権力の孕む暴力性を、圧倒的に社会に知らしめる。世界に向けて彼は言ったに等しい――「福島の民を棄てる」、と。だから福島原発の廃炉作業がことごとく怪しいものであることを示す汚染水漏れをはじめとする諸問題が、廃炉作業の進行とともに顕わになろうとも、もはや再稼働で頭がいっぱいな自由民主党および原子力ムラ関係者は、痛みを感じることはない。既に安倍首相が、ブエノスアイレスで〝そしてこれからも棄て続ける〟ことを明言したに等しいからだ。

この点に関して、冨山一郎は、福島原発告訴団団長の武藤類子の「私たちは棄てられたのだ」という言を見逃さない。終身に渡って福島の人びとを「見えない檻に閉じ込め[7]」、「放射線物質が飛来する空間に人々を囲い込み続け[8]」ることで、原発事故以降の日本社会に充満した不安を、そして想定外の新たな事態が突発することへの不安を、そのようにして押し殺すことで、「平和な」日常社会を一方で括り出すための（頑張る）「日本」が展望され、スローガンとして唱和される。

事故を起こした福島第一原発構内に関して、描かれることを求められる事故後の歴史は、よって事故前と同じ類のものとして「収束」へと向かう。三・一一直後の事態の収め方すら誰もわからない有事の状態から、日本国家の誇る最新の技術と人智でもって、あれほどの事故すらをも「今」（二〇一三年）では慌てることなく処理できている――そうした「頑張ろう日本」へ向けての完全想定内、完全統御下のもとでの日常が、現在では流れていると納得させるための言い分がさまざまに編みだされる。数千というレベルの日本人労働者は、事故を起こした福島原発の構内外で、放射能漏れの処理と原発廃炉の労働に関っているが、この労働もまた、（ずさんな防被曝管理や不当な偽装請負がない限り）問題視どころか顧みられることすらない。スポーツ新聞下段の四行広告や、フリーペーパーの求人雑誌、厚生労働省運営のハローワークのサイトでも、いまでも堂々と募集が掲載されている。それはあたかも、戦争によって破壊された荒野における、戦後の復興過程のように。次に取りあげる漫画の言を借りれば、人間など暮らせないとされていた未開の地を拓く、日本近現代史での最後の開拓のように。

漫画『いちえふ』――三・一一後の崩壊した神話での原発労働

途方もなく長いが、確実に「アンダー・コントロール」にある復興へと向かう道のり――この文脈に見事に沿った事故後の福島第一原発（「いちえふ」*）描写の例として、ある漫画を取りあげてみたい。竜田一人（ペンネーム）著の『いちえふ』(9)である。この漫画は、主人公でもあり筆者でもある竜田が、「高給と好奇心、それにほんの少しは被災地の為という義侠心から」（第零話）、自身イチエフの構内労働者として働き経験したことを「福島の真実」を暴く漫画としてではなく、「その目で見てきた「福島の現実」」であることを強く強調しつつ描いたものである（第一巻の帯にあるコピー）。

*この漫画のタイトルが『いちえふ』とあるように、福島第一原子力発電所のことを、地元住民や、当原発に関わるようになった作業員はじめ関係者は「いちえふ」と呼んでいる。本章ではイチエフと表記した。

では『いちえふ』の内容を少し掘り下げて考えてみよう。「真実を暴く」のではなく「現実」を記しただけという言い分は、竜田自身が経験した物事のなかから一定のフィルターをかけて諸事実を取捨選択したうえで、『いちえふ』の物語が構成されているということを指す。意図的にフィルターをかけて伏せておこうとした事実群とは、端的に言えば、登場人物や会社の誰をも悪く言うことのないようにした、という点だとされている。構内で行われている不正な「真実を暴い」たり、不当なピンハネなどの実態を暴くことによって、「当時の所属会社や関係者に迷惑をかけたくなかった」からなのだが、同時にまた、正体がバレてどこも雇用してくれなくなることを避けるためでもあった（第一一話）。

『いちえふ』で徹底された「平時」としての廃炉作業

とはいえ、竜田がさまざまに気を遣って伏せた諸事実があるとはいえ、それを経ても竜田のこだわる主張はある。

「フクシマの事故は収束していません！」などとメディアはこぞって報道し（第一話）、構内が「この世の地獄のように言われる」（第零話）のだが、そんなものはもはや「耳にタコができる程」聞かされた話だ。収束していないなんて「ああその通り」なのであり「だから俺たちは今日もこうしてここにいる」（第一話）のだ――このように「作業員をやたらと虐げられた労働者や逆に強靱なヒーローに仕立てたがる傾向には」（第一二話）ウンザリで、「メディアではあまり報じられていない「福島の現実」」とは、時には（高線量を浴びる作業の日などは、一日あたりの労働時間は自ずと短くなるがゆえに）「のんびりメシ食って昼寝なんかしている」（第零話）こともある――そうしたイチエフ労働のひとときもあるという。

とはいえもちろんのこと、それはただたんにノンビリと働く毎日ではない。つねに被曝と隣り合わせの労働であることも、当然描かれている。「電力さん」（東京電力のこと）の形式的な危険管理チェック（それは現場の労働者にとっては、運転免許の違反者講習のような形式的なものにしか見えない）とは別に（第七話）、息が詰まらぬようマスクのバンドは絶妙な強度で締めることはじめ、現場で怠れば直ぐに被曝に繋がる事々が山盛りあることを叩き込むべく、現場の古株が新人に「いいか放射能をなめるな。本当に怖いなら本気で勉強しろ」と殴らんばかりに恫喝する場面もある（第二話）。すなわちイチエフ構内という「場」とは、その「場」に固有な、被曝せずに自命を守るための暗黙知が至る場面で必要なのである。

こうしてイチエフ構内の現場では、現場ならではの人間関係が固い絆で結ばれており、現場を知る者たちならではのさまざまな防被曝の知恵が蓄積され、互いに助け合いながら、何も収束などしていないイチエフの廃炉作業に向けて、毎日が延々と繰り返されている。これが漫画『いちえふ』で強調された世界である。

では、主人公であり筆者でもある竜田は、こうして描いたイチエフの世界を、どのような未来へ接続しようと願っているのか。

二〇一四年の秋に、国道六号線がさらに一般車両通行可となった後の某日、彼ら作業員は帰途の際に少し足を伸ばして浜通りをドライブすることにした。浜通りのあちこちに復旧復興の変化を見出しながら、竜田はこの浜通りを、「現代日本に期せずして出現した最後の開拓地のように」思い、「不幸な災害ではあったが、そこを切り拓き取り戻す事業に携わる全ての人々に俺は開拓者魂を感じる」(いずれも傍点は筆者。以下同様)、と。そして竜田は、楢葉町《ならは》で思わず車を止めて飛び出した。それは放射能汚染により耕作不可能となった水田に、秋桜が一面満開になっている風景であった。そして次のように述べる。

福島県産米の二〇一四年の全量全袋検査で放射性物質が基準値を超えたものは一袋も出なかった／この楢葉の水田にも今年〔二〇一五年〕はコスモスに代わって満面の稲穂が揺れる光景が見られることを切に願う。(第一四話、傍点竜田)

この漫画『いちえふ』に描かれた福島復興のダイナミズム——「廃炉作業の終わりも見えない。だが、夏も冬も作業員たちは日々を地道に積み上げる」(第二巻、最終頁)。「生きてこの目でその瞬間を見届けることはないのかも知れないが」「いつか必ずこの職場〔いちえふ〕を福島の大地から消し去るその日」に向けて(第零話)。「日本の未来に向けて。僕たちの明るい日常に向けて」(第二巻、最終頁)。——この漫画は講談社発行の『モーニング』に新人賞MANGA OPEN大賞受賞作として掲載され、さらにはNHKや読売テレビ、アメリカAP通信やドイツ国営放送はじめ、スイスやイタリア、英国など世界的レベルにて話題にされた。着々と作業員の安全や福利厚生にも顧慮しつつ進められる廃炉作業の物語。日本以外の世界的規模での国々で、安心して読むことのできる原発事故後の現場の物語。

竜田がこの漫画で描くイチエフの世界とは、事故直後と依然変わらぬ非常事態と捉える認識の逆転像である。イチエフの燃料プールの循環冷却システムの停止を竜田は例に取る。このシステムダウンは、事故直後では緊急非常事態の象徴として放映され、高圧ポンプやヘリコプターから水をかけるしかないという甚だ原始的な処置しか取れないことが、「高度な技術で守られた原発の安全」神話の崩壊に大きく作用した。だが二〇一四年に、この冷却システムの配管作業に従事した竜田は、配管補修などの作業中では一時的に冷却システムを止めるのであり、システムダウンは、非常事態どころか、廃炉作業の現場では意図的に実行される通常作業のこととして記述されている。

だが、イチエフ構内の廃炉労働は、竜田の描くように、もう何も慌てる必要の無い平時に戻り、長い長い道のりではあるが、計画的に「収束」へと一歩一歩進んでいる話としてこと済むのだろうか。被曝対策などが十全になされているかさえクリアーされているならば、このイチエフの労働は土木建設労働のひとつである、として済むのであろうか。

だが、イチエフに日系ブラジル人が働くということが、瞬時に社会を騒がせたことは、〝そうは問屋が卸さない〟ことを私たちに問い続ける。

『いちえふ』に登場しない「外国人労働者」

竜田の『いちえふ』で、外国人労働者がまったくと言っていいほど出てこないことは、無視すべきでない。『いちえふ』全二三話のコミック版で一ヵ所だけ、「原子力ムラ伝説」として、「死んだ外国人作業員を密かに1F〔いちえふ〕の裏でドラム缶に入れて燃やしたとか酷いデマもある」と、「外国人労働者」が言及されているが、竜田によるこの言及は、「大体「1Fの裏」ってどこ？／何故外国人？／しかし何故かデマ屋はドラム缶が好きだよね」という、なかば現場作業員の一蹴すべきチャラけた一会話として終わる（第三話）。これ以上、竜田は自身の見解を込めた記述をしていない。つまりイチエフに外国人がいるかいないかは、彼（この漫画）においては、（意図的か偶然かは抜きにして）完全な関心外にある。

ならば、依然として先の問いかけは、まったく未解決のままだ——なぜ、日系ブラジル人の二〇キロメートル圏内での瓦礫撤去の求人募集が、かくも瞬間的に撤廃されたのか。震災から五年経った二〇一六年には、在東京総領事館は、こうした類の求人広告がいくつかの求人フリーペーパーに散見されたことを受け、労働者の健康に危険がある福島第一原発周辺の求人を控えるよう求める旨をホームページ上に掲載するに至っている。[10] だが（まったく日本に帰化した日系ブラジル人のように）日本国籍の人びとと同じとは言えないにせよ、職種や居住地選択の自由など、日本人と同様の人たちとして、少なくとも日本政府は日系ブラジル人の定住を認めている。ならば竜田にしても、イチエフ廃炉の長い道のりで、日系ブラジル人とも互いに協働し「頑張ろう日本」へと毎日働いている、としたところで問題は無いはずだ。だがそれは許されない。以下に見るように、日系ブラジル人がイチエフで働けば、そのこと自体で全国紙（『毎日新聞』）の記事になるのだ。ならば問われるべきは——日系ブラジル人とは、どのように「日本人」ではない、いのか。

以上、少し長い前置きを置いたが、イチエフで働いていることそのものが（意図的に強硬に無視することをも含めて）問題となる、在日のラテンアメリカからの日系人（これを便宜上、本節では「日系ブラジル人」と表している）。ならばいったい、この在日日系ブラジル人とはいかなる人たちなのだろうか。次に彼ら彼女らの、渡日して以降の道程を辿りなおしてみたい。

「外国人」に押し付けられた原発労働

一九八〇年代にもなると、日本では少子高齢化問題が活発に議論されるようになり、バブル景気も相まって、とりわけ「3K労働」とよばれる単純底辺労働力を、日本人のなかから確保することが極めて困難になった。対して政府は、ひとつには「入管法」を改正し[11]、職業選択や居住地選択などが広く認められた日本在留資格取得権を、ペルーやブラジルといった日本国外に暮らす何十万という日系人に与えた。インドシナ難民や、中国や東南アジアからの研修生、また「興行ビザ」を得たフィリピンなどからの人たちとともに、多くのラテンアメリカからの日系人は「ニューカマー」の一員として、単純「労働者[*]」となった。「ニューカマー」というのは、在日朝鮮人の人たちを「オールドカマー」としての措定である。

＊ラテンアメリカからの日系人であれ、中国や東南アジアからの研修生であれ、日本社会はこうした人びとを「労働者」としては受け入れていない。外国人研修生でいえば、日本の高度な技術を学ばせる国際協力だというのが呼び寄せの名目である。だがこの点に関する厳密な記述は、本章の目的に関係ない場合には省略した。

とりわけ入国時の時点から職業が決められ、在留期間も三年と厳格に限られている外国人研修生とは異なり、日系人の場合には、就労や居住地などに制限はなく、何年も滞在するなかで日本に帰化した者も少なくない点が特徴として挙げられる[12]。

こうしてやってきた日系ブラジル人たちは、静岡や愛媛、群馬などに集まっていった。おもに自動車製造業などの下請け工場における単純労働の非正規雇用労働者として、(時には違法な)

経済搾取の激しい単純労働に従事するようになった。当初、こうした日系人は、できるだけ短期間で集中的に働き、暮らしている地域社会に住んでいた日本人の住民たちと交流を持つこともなく、日系ブラジル人だけの独自の社会を築いていた。この時期の在日日系人のことを、梶田孝道が「顔の見えない定住化」と呼んだのは、在日日系人に関する議論ではよく知られたことである。(13)

彼ら彼女らが「顔の見える」存在になったのは、バブル景気が崩壊し、渡日時に見こんでいた短期集中・短期貯蓄という戦略が難しくなってからである。思うように貯蓄は得られず、滞在が長期化するなかで、日系ブラジル人たちは自動車や家を購入し、日本で暮らす生活そのものの質的改善に関心を持つようになった。同時に、徐々に地域社会の他の住民とも関わりを持つようになり、「顔の見える」日系人へと、つまり、地域住民たちの一員として、地域に溶け込むようになったのである。

だが、二〇〇八年のリーマンショックによる影響は、日系ブラジル人たちに決定的だった。非正規雇用であった多くが解雇され、次の職も見つからなかった。こうした社会的動向を受けて日本政府は、帰国を望む日系ブラジル人に、その家族の分も含めて帰国費用の負担(当人三〇万、扶養家族一人あたり二〇万)をすると発表した。明治の初期から、日本国内の過剰人口をアメリカ大陸へと「棄民」して百年余り。「同じ血を引く日本人」として呼び寄せながら、日本社会での底辺労働者として長らく動員し、そして要らなくなった時、こうしてまたもや「日系人」という括りでの「外国人」（事業の正式名称は「帰国支援事業」―傍点引用者）として、多くを（出自国である南米などへと）帰国させたのである。

その一方で、同時に多くの日系人が残り続けた。何も大金持ちになったからではなく、相変わらず厳しい雇用状況のなか、日本経済のなかで生き続けた。「在日日系ブラジル人」という、もはや現代日本社会では広く知られる彼ら彼女らとは、こうした不安定な単純労働力として職を何とか見つけながら、もはや四半世紀が経とうかという同時代史を暮らしてきた人たちである。

ならば少しでも割の良い就職口を求める彼ら彼女らに、日本社会において職業選択の自由が権利として保証されているからには、このイチエフの事故収拾に関する労働にも、従事する権利はあるとして議論はこと済むとする――これではあまりにも軽率と言えよう。日系ブラジル人は、国家によって、日本経済社会によって、極めて恣意的に「日本人」と「外国人」との両カテゴリーに振り分けられてきた。この彼ら彼女らにとっての毎日が、不安定であることはよくよく顧慮に入れられるべきである。

日系ブラジル人の生き抜いてきた渡日以降の毎日

例えば、日本にすでに二〇余年にもわたり暮らしてきた日系ブラジル人たちは、在留資格の承認をはじめ、いつ、いかなる日本社会の都合に合わせて排除や排斥されるかわからないという不安定な状況を、日々の繰り返しそのものとして生きている。

一九九七年、愛知県小牧駅北側広場の午後九時。日系ブラジル人たちが、地元の日本人暴走族たちに集団暴行され一人が死亡するという事件が起きた。殺される標的となったエルクラノ少年が拉致され、自身も重傷を負った少年の友人は小牧駅の改札員に助けを請うた――「自分の勝手だから自分で電話しなさい」――だがこれが、答えだった。暴行を受けた瀕死のエルクラノ少年が、病院のＩＣＵに運ばれ絶望的な蘇生手術が行われているなか、駆けつけた両親にかけた警察の一言とは「ビザを持っているか？」だった。事件後も、「小牧警察の対応は「よくある普通の事件だ」というもので、積極的に動こう」という姿勢はなかった。事件の公判を終え、殺された少年の父親はこういった。「命が奪われることは普通のことではない。安心して生きられることが普通でなくてはいけない」[14]――彼ら彼女ら日系ブラジル人の渡日以降の毎日とは、このような「普通」だったのだ。

現在、日系人たちは三世までは、日本での（延長できる）在留資格はじめ職業選択の自由など

「日本人」としての諸権利が保証されているものの、とりわけ四世以降に関しては、場合によってはより脆弱な法制度のもとで日本社会に暮らしている。法的には三世までと同様な諸権利の保証がされていないことも多い。日本にずっと暮らしている四世以降とて、〝成人したとたんにこうした諸権利が剥奪されるという訳ではない〟と法的にはされているものの、だからといって〝剥奪されることがない〟とも明示してはいない。つまりは在留資格を喪失することがあり得るということである。

かつて筆者が調査で訪れた埼玉県北の日系ブラジル人学校では、夕方になると、（日中とは異なった）子供たちが次々と登校してくる。リーマンショックを経て、私立の（しかも学校法人として極めて低い認可しかされていない）[*]ブラジル人学校に子供たちを通わせることが出来なくなった日系ブラジル人の三世や四世といった子供たちが、ポルトガル語を失わないように、（日本語の）地元公立学校を終えた放課後に、ポルトガル語を習いにやってくる。何時、ブラジルへと（一世紀以上前に日本国家によってされたように）「棄民」されるかわからない――こうしたブラジルへの再度の「棄民」という不測の事態に備えた、日系ブラジル人世帯の生き延びるためにひとつでも選択肢を多く確保しておこうと万策を打つ日々を、何年、十数年という年月に渡って、彼ら彼女らは生きてきたのだ。先に見た求人広告の「炎上」には、彼ら彼女らの辿ってきた渡日以降が、こうした毎日であったということが根底にある。

＊日系ブラジル人学校は、ごく少数が国内の大半の外国人学校と同じく「各種学校」として法人化されているが、それでも日本人学校の「一条校」の法人格とは異なり、税制度などで不利な位置づけにある。また、学校の敷地面積の所有率などの条件等がクリアーできないために、こうした「各種学校」法人として認可されてない「私塾」扱いの学校が大半を占める。例えば、当該地域の日系人を多く雇用している会社などは、雇用時間外の生活を安定させるために寄付をしたとしても、法人化されてないため寄付金は免税とはならない。こうしたさまざまな法制度面に起因する脆弱性が、自ずと月に五万前後といった日系ブラジル人学校の高額費に繋がっている。

イチエフ構内で実際に働いていた日系ブラジル人

そして震災から五年半余り経った、二〇一六年の一一月。『毎日新聞』にて、福島原発の構内労働に関わる日系ブラジル人の記事が掲載された。今度は、先のように求人広告を介した呼びかけでは、もはやない。求人広告冊子に登場した日系ブラジル人が高線量の構内で、実際に働いていることが記事になったのだ。日本社会を根幹から崩壊させかねない福島原発の危機的状況に、立ち向かい、値千金の労働を提供している日系ブラジル人たちである。

この『毎日新聞』の記事とは、先だっての求人広告の場合での、即座に拒絶された事態そのものである。だが、この記事は、先の求人広告のように、たちまち世論のトップクラスの話題となることはなかった。この事実に対して、メディアや関係者は、さして日系ブラジル人がイチエフで働いている事実に、賛否両論を乱打戦のように打ち合うことはなかった。なぜだったのだろうか。

そのためにはこの記事の、さらに繊細な文脈をまずは丹念に見てみなければならない。構内労働に従事する日系人は、いったいどのように言及されたのだろうか。

まずは、関谷俊介という記者がもっぱら担当した『毎日新聞』の、当該記事内容を細かく紹介してみよう。じつはこの関谷記者、同日の一一月七日にて、『毎日新聞』の政治経済面と社会面の二ヵ所で、同じ事実を記事にしている。しかも、情報入手の経路などは明らかにされていないが、関谷は、二〇一四年の春頃、つまり、先の求人広告が拒絶された時からおよそ二年後のことを、二〇一六年になって記事にした。そんな古い事実を掘り出してまで、彼が記事にして社会に問おうとした内容には、いったい何処に核心があるのだろうか。

二〇一二年の先の騒動になった求人募集では即座に撤廃されたものの、やはりこのイチエフ関連の労働に、日系ブラジル人たちは動員され、実際に送り込まれていたのだ。宇宙服のような物々しい防被曝服を着て、イチエフ構内で実際に働いている日系ブラジル人——この、同じ日に政治経済面と社会面に、別々で二つの記事として取りあげられた、まずは政治経済面での記事から考えてみたい。ひとまずこの政治経済面の記事を「第一の記事」と呼ぶことにしよう。記事のタイトルは「廃炉　外国人に偽装請負か　汚染水対策人手不足」となっている。記事の内容とは、こうだ。

第一の記事で触れられている点は二つある。一点目は違法たる「偽装請負」のもとで日系ブラジル人が雇われていたかもしれない点である。汚染水は溶接にて密閉された巨大タンクに閉じ込めるのが最も安全である。だが、「東京電力→元請けの大手ゼネコン→一次下請けの建設会社→二次下請けである溶接会社」へと下ろされていった溶接タンクの建設工事は、日本人溶接工が確保できなかったために、石川剛ホーニーという日系ブラジル人溶接工に連絡が行った。そして彼は、知り合いの日系ブラジル人に声をかけ、合計七名がイチエフ構内での溶接タンク工事に着手した。しかし石川は、その後に現場を離れてしまった。結果、溶接会社が実際の作業指示を出す状況になった。つまり偽装請負に相当する雇用関係になったのである。

確かに、偽装請負は違法である。だがそれはイチエフ廃炉作業に限ったことではなく、労働雇用そのものの問題のはずだ。日系ブラジル人だろうが日本人だろうが、またイチエフ関連の労働だろうがなかろうが、偽装請負は違法である。事実、この記事のなかでも二〇一二年に福岡県警が、原発労働に関した日本人労働者の偽装請負を摘発した例を併せて紹介している。日本人しか登場せず、広く読者層の関心を惹いた漫画『いちえふ』でも、（違法の偽装請負ではなく）多重請負は大きく取りあげられ、下層請負になれば普通の建設労働とほぼ変わらない日給となること、そんななかで少しでも上位請負の雇用を手にしようと多様な策を講じる（イチエフ現場での労働者の引き抜きは切実な御法度である）物語が描かれたりもする。だが、著者の竜田は『いちえふ』にて、誰かを悪者にする不正の暴露本とする意図がないと明言したこともあるが、偽装請負のことには一切触れることはなかった。

とはいえ、あとで同日同紙の社会面の記事を論じるなかで筆者が導くことなのだが、この第一の記事において、関谷は偽装請負を暴露することを、この記事での「ネタ」にしたかったのではない――そう筆者は考える。この記事において関谷が読者の関心を惹こうとしているのは、イチエフという現場と、そこで雇用された日系ブラジル人、そのものに考察の焦点をあてようとしてのことだと考える。そうでなければ、関谷は何も二年も前の事実を、わざわざここで取りあげずに、もっと最新の偽装請負の例をスッパ抜こうとするはずだ。

ここで、ひとまずは続いてこの第一の記事で紙幅を割かれている二点目の内容を考えたい。働いていた日系ブラジル人たちの母語はポルトガル語であり、少なからずが日本語に不精通であった。言わば二点目の内容とは、言語の壁に関することである。原発労働に就く場合には、事前に基礎知識の学習および試験の通過が必要なのであるが、それらは日本語によるものであり、問題の意味すら彼らは解さない。だが、先の石川（彼は日本語が堪能である）が、コッソリと答えを教え強引に合格させていたことが、二点目の記事内容である。このままでは、放射能の危険性などに関する知識をほぼ欠いたまま、構内労働に就くことになる。問題である、と言う訳だ。

だがこの二点目の記述内容も、関谷をしてこの記事を書かしめた核心ではないように思われる。理由は一点目の時と同様である。危険な作業現場で、事前のチュートリアルが日本語（かよくて同時に英語でも表記）だけであったならば、それはイチエフであろうがなかろうか問題である。また、外国人を日本国内にて労働させる際に、答えを教えて無理やり合格させることは、外国人研修生に対する試験でもしばしば問題として指摘されてきたことである。(15)

ポルトガル語が雇用された日系ブラジル人の母語ならば、事前学習や構内の注意事項が、英語やポルトガル語など多言語での表記に改善されたら、関谷はこのことを記事にするに足りないと考えるだろうか。筆者はそうは思わない。事実関谷自身、東京電力が〔雇用の際に〕「外国籍の方には英語のテキストを用いたり、雇用主が通訳をつけたりしている」と答えたことも併せて述べている。それでも関谷は「外国人作業員の母語はおもにポルトガル語」であるとして、この第一の記事は終わっている。彼の関心は、イチエフ現場での多言語対策の不備にはない。

かくして、政治経済面の第一の記事は、明らかに失敗だと筆者は考える。この第一の記事に書かれた上記二点の内容を鑑みたとき、取りあげられる事項が、あまりにも必然性がないからだ。やはり関谷にして筆を運ばせたのは、偽装請負でもなければ多言語表記の問題でもなく、日系ブラジル人がイチエフ構内の作業現場にいた、という事実そのものにある。

関谷は、裏でコッソリと偽装請負という罠にかけられた「犠牲者」たる日系ブラジル人の姿や、理解できない重要事項を日本語で伝えられるため何ひとつイチエフ労働の怖さを熟知することなく現場に入ったという無知な「犠牲者」たる日系ブラジル人の姿を、読者に突きつけたかった訳ではなかったと考える。彼は、もっと圧倒的な迫力を持ったイチエフ構内で働く日系ブラジル人たちの姿に出会い、それを、読者に突きつけようとしていた――そう筆者が考える理由が、この同じ関谷が書いた社会面での記事にある。だが、その前に、補助線を一本引きたいと思う。釣崎清隆著の『原子力戦争の犬たち』という本である。[16]

「戦争状態」にある国難は「日本人がケツを拭け」

『原子力戦争の犬たち』の著者釣崎清隆とは、自身を「写真家・映画監督・文筆家」としている。

彼のオリジナリティは、タイやコロンビア、パレスチナなどを渡り歩き、とりわけ「無法地帯」と化した紛争地域にて、死体の写真を多く取りあげてきた点だという（「著者略歴」より）。この本を読んだ時の所感としては、釣崎は、（本の帯には「右も左も関係ない」（読者が右翼でも左翼でも関係ない）とあるが）きわめて国家主義的、国粋主義的な思考スタイルに徹底しているように思える。

この釣崎も、先の漫画『いちえふ』を書いた竜田同様、自らイチエフに労働者として入り、イチエフ構内にて経験したことに基づいてこの著を書いたということで、それならではの迫力がある（その記述に通底する思想的な側面に賛同するかは別として）。東京電力や政府による不正の暴露本や、地獄のような現場で搾取される可哀想な労働者たちを描いたといったものとは、明らかに一線を画す。

その、構内でのさまざまな見聞きしたことが盛り込まれた著において、釣崎は次の一点を絶対に譲らない——自分が経験してきたイチエフ廃炉作業の現場は「国難」たる「戦争である」。他の数多ある土木作業現場ではないのだ、と。そしてこの福島という日本国内の「戦場」において、日本という国家を守り、維持するのは、日本人であるべきだと主張する。

この時、釣崎の頭にあるのは、ひとつにチェルノブイリの原発事故の後、ヘリコプターから原発の屋上に降り立ち、秒刻みで命を削りながら汚染物質を片付けた「英雄」たちである。この人たちの姿は世界的に放映され、旧ソビエト連邦は彼らを英雄として表彰した。そして釣崎は言う――「ロシア人は戦争の本質をよく理解していた[17]」。

対して釣崎が苛立つのは、彼も「志願して」経験したイチエフでの、日本人労働者に対する現行の日本社会である。イチエフという「戦場」で命を張る日本人に、世論が無関心すぎるというのだ。日本国内で起きた「日本のケツは日本人で拭ってしまいたいものである」、と。イチエフで共に働いた日本人を、彼は「善良な日本人」と表現する。そしてその「善良な日本人」がイチエフでは、まったく足りていない。それどころか、何の違和感も持たずに、イチエフ構内のそここで、日系ブラジル人やその他の外国人にその国家の一大使命を任せている。このように釣崎は捉え、嘆く。釣崎の望むのは、もっとイチエフ構内での現状を日本人が注視し、その重大さを認識し、国家の一大事とも言えようイチエフの廃炉作業に、「さらなる痛苦の意識と暗い覚悟」をもって、今、働いている「覚醒した光栄ある少数者」が現れることである[18]。

そして、そういう者たちに賛辞を送り、銃後に位置する者たちは、もっと有り難みでもって敬意を示し、感謝すべきだという。

あたかも敗戦間際の特攻隊のように。靖国に祀り、後世に語り継げと言わんばかりだ。

筆者は、この釣崎の主張に決して賛同はしない。だが、彼の言い分は、たんなる「外国人嫌悪《ゼノフォビア》」ではない。釣崎が何よりも嘆いているのは、イチエフの労働現場に外国人がいることではなく、そこに日本人がいないことに対してだからだ。そしてそれは、先の『毎日新聞』の記者が、記事の内容では日本での労働雇用一般の問題としての「偽装請負」の問題と、在日外国人「労働者」一般の問題としての「多言語表記」問題とを別個に問題視しつつも、「廃炉　外国人に偽装請負か」と、イチエフに日系ブラジル人がいることそのものを執拗に取りあげる根底にあろうものである。*

*この他にも関谷は、同紙二〇一六年一一月一八日付けで先述の拒絶された求人広告の話を、同月二二日と翌月二二日には再度偽装請負についての記事を載せている。とまれ、内容は、この終章で論じた諸点とは目立って異なるものではないので、ここで取りあげることはしなかった。

以上が、釣崎を補助線として引き合いにだした筆者の意図である。関谷と釣崎は、日系ブラジル人労働者に対する評価ではまったく異なるものの、一点において同じ認識に基づいている——事故後のイチエフ構内は、依然として国家を揺るがす「有事」の状態なのだ。

そしてこの議論のさらにその先では、先述の『いちえふ』を描いた竜田の世界も、続いて改めて考え直すこととなる。

日系ブラジル人から見たイチエフ構内労働に入るということ

以上、イチエフ廃炉作業に日系ブラジル人が関わることにいくつかの考察を経たうえで、関谷の社会面での記事を最後に取りあげたい。繰り返すが、記事にある事実は二〇一四年の春頃、記事として載ったのは先の政治経済面の記事と同日の、二〇一六年一一月七日である。これを「第二の記事」としよう。

同じイチエフで働く日系ブラジル人溶接工を取りあげながらも、本当に同じ人物が書いたのかと疑うほど、両記事での目線は異なるものとなっている。この第二の記事では、もはや「偽装請負疑惑」や「日本語能力の無い外国人を働かせている」といったことは、まったく触れられていない。内容を大雑把であれ追いかけてみよう。

記事ではまず冒頭で、安倍首相がオリンピック誘致のプレゼンテーションの場で、原発事故が既に「アンダー・コントロール」にあると宣言したことが書かれ、次いで、だがイチエフではその前月に、大量の汚染水が漏れ出る事故があったことが触れられている。現場ではボルトで繋ぐ「フランジ型」というタンクに汚染水を閉じ込めていたのだが、水漏れを防ぐには溶接型のタンクが圧倒的に優れている。だが、そうした熟練溶接の技術を持った日本人溶接工が完全に足りていない。東京電力は溶接型のタンクを半年で五〇基作れと下請けに発注するが、溶接工を募集したところで「当初は原発で働く予定だった日本人従業員も、〔被曝への恐れから〕直前に家族の反対で断念」されてしまう。「毎日が戦争状態だった」（二次下請けの溶接会社社長の言）。もはやまだ被曝量が限界に達していない日本人溶接工も、高齢であったり技量不足で話にならない。そこまで状況は逼迫していた。

そこで白羽の矢が立ったのが、第一の記事では偽装請負疑惑の張本人であり、解さない日本語での事前試験にこっそりとポルトガル語で答えを教えた人物である、石川剛ホーミーだ。だが、この第二の記事では、そのような問題点は一切書かれていない。第二の記事では、かかる非常事態が依然として続く現場にて、それを見た石川が「外国人がやるしかない」と思い、自らの日系ブラジル人溶接工のネットワークを駆使して日系ブラジル人の熟練溶接工を集め、かくして七人が「戦争状態」のイチエフに入ることとなった――このような外国人たる日系ブラジル人の命を張った助力の物語が一貫して描かれる。

石川は言う。さっそく「突貫工事を強いられた。トイレに行く時間も惜しく、現場で用を足した」。もちろん彼らはこの労働が高い被曝危険性を孕むことは、十二分に承知のうえだ。だが「この日当は他では〔他の働き口では〕出ない」と〔被曝への不安も〕自ら納得するしかなかった。〔求人の条件は良いものの被爆が怖いため〕「日本人が次々去る現場」には、その後「他の〔日系ブラジル人の」グループが溶接以外でも入るようになった」。

また、現場に入るにあたっての事前学習が日本語であったことにも言及されている。しかし、第一の記事では問題視されたこの点についても、ここでは彼ら自身の創造的な対処として、「通訳もなく、漢字の形を暗記し」、構内放送が日本語であっても「日本語ができる作業員が苦手な作業員に意味を教えていた。」――この一文で、第二の記事は終わる。第一の記事で問題とされた多言語表記に関する問題も、この第二の記事では彼ら日系ブラジル人たち自身が、同じ「日系人」として助け合い、諸困難を乗り越えていく英姿として描かれている。

有事としてのイチエフ構内

このようにプロット化された物語こそが、先の『原子力戦争の犬たち』において釣崎を嘆かせたもの、そのものである。そしてこれはまた、漫画『いちえふ』にて竜田が、日本人労働者に対して、とかくも大袈裟に書きたがるメディアの脚色として否定したものでもある。竜田でいえば、誤った風評が絶えない温床として彼がした状況認識――『毎日新聞』がこの記事を掲載するに至った二〇一六年においても、依然としてイチエフ構内は、釣崎の描写と同じ認識、そして竜田とは正反対のそれとしての「戦争状態」、つまり「有事」なのだという状況認識である。

日本国という国家を、いつ何時、壊滅的な状態へと導くかわからないイチエフ構内の「有事」たる非常事態。事態が最悪になっていないのは、日本人ではなく、ひとえにこの日系ブラジル人たちの活躍の賜物だという。このことが、竜田がまったく触れず、釣崎を嘆かせたことである。

そして記事を書いた関谷自身は、この事実に対峙して、釣崎のような見解を引き出さない。だが釣崎の言い分が、たんなる外国人嫌い《ゼノフォビア》ではないのと同じように、関谷のこの記事での日系ブラジル人たちの位置づけ方も、「多民族共存」や「多文化共生」の一美談としてではない。静岡や群馬のように、日系ブラジル人たちも日本人たちとともに、同じ場を生きる隣人として、日本社会を維持している――そんなことを広く訴えようという訳ではない。

関谷が、二年前のことであれこの事実を記事にしたのは、日系ブラジル人たちがいる「そこ」が「有事」であること――これを日本人労働者ではなく、日系ブラジル人たちを取りあげることによって、彼らを例解に読み手へと伝えようとしたからだ。静岡や群馬の工場で底辺労働に専ら従事する日系ブラジル人では看過されようとも、二〇キロメートル圏内の瓦礫撤去の求人広告では瞬時に拒絶されたという、読み手の何とも言えない「落としどころの悪さ」を、取り零させたくない姿勢がここに明確に確認できる。これを次に解読したい。関谷は間違いなく、「多民族共存」が決してイーブンな関係で結ばれる「多《マルチ》」の動態ではないことを、そしてこのイチエフに日系ブラジル人がいるということでは、彼らこそが、「手を差し伸べる」側に圧倒的に立っていることを、感じ取っていたのだ。

「日本人がやらないのなら我々がやるしかない」

この第二の記事こそが、精一杯想像力を働かせて考えられるべき第2節最大の対象である。そしてそのためには、この記事の中央に据えられた彼らの写真も、併せて考えてみるべきだろう。*

*もちろん、この写真が撮影されたのも二〇一四年である。故にこの写真のキャプションも次のようになっていることは、注意すべきである。「福島第一原発で汚染水貯蔵タンク建設を請け負った外国人作業員ら。作業服の下に防護服を着込む＝二〇一四年五月ごろ撮影（関係者提供、画像の一部を処理しています）」。

騙されて雇われた現場が汚染に塗れた原発労働だっただとか、日本語に不精通なためにイチエフの汚染を知らされることなく送り込まれていた——彼らの姿はこうした解釈でもって、読者が納得して落ち着けるような、、、、、、、、、、一方的で無口の犠牲者像には決して収まっていない。この記事の副見出しでも大きく書いてある——「被ばくしたら……不安も」——彼らは、十二分にこの労働の危険性を知って就労している。彼らは、日本人たちからの救いの手を待つだけ、という位置にはい

福島原発廃炉に外国人

「我々がやるしかない」

東京電力が廃炉を進める福島第1原発の過酷な最前線で、外国人が働いていた。「日本人がやらないなら、外国人がやるしかないと思った」。汚染水貯蔵タンクの建設に従事した日系ブラジル人の男性は言った。彼らは、必要な人数がそろわない日本人の穴を埋めていた。

「福島第1原発について私は皆さんに約束する。状況はコントロールされている」。安倍晋三首相は五輪招致に向けて2013年9月、国際オリンピック委員会の総会で力説した。第1原発ではその前月、鋼材をボルトでつなぐフランジ型のタンクから汚染水約300㌧が漏れ出た。

現場は増え続ける汚染水と格闘していた。政府は溶接型タンクの増設を指示し、東電は大手ゼネコンに発注。2次下請けに入った東京の溶接会社は13年11月ごろ、半年で約50基建設という日程的に厳しい作業に着手した。

溶接会社の社長は取材に「当初は原発で働く予定だった日本人従業員も、直前に家族の反対で断念した。（ぎりぎりの要員で）毎日が戦争状態だった」と証言。「日本人溶接工三十数人を集めたが、技量不足で半数を入れ替えた」と話す。

「外国人がやるしかない」と語った津市在住の溶接工、石川剛ホーニーさん(43)はブラジル生まれの日系2世で日本に移って日本国籍を取得。外国人たちのまとめ役を務めた。彼らも日系2、3世やその配偶者で就労制限はなかった。

被ばくしたら…. 不安も

福島第1原発で汚染水貯蔵タンク建設を請け負った外国人作業員ら。作業服の下に防護服を着込む＝2014年5月ごろ撮影（関係者提供、画像の一部を処理しています）

石川さんは14年1月に初めて第1原発に入り、目を疑った。汚染水の円柱タンク（高さ、直径とも約10㍍）は、分割された約20個の部材を溶接でつなぎ合わせて作る。だが、現場に集められた日本人作業員の多くは高齢で溶接の技量が低く、作業は進まなかった。

最初のころはタンクの残り容量に余裕がなく、突貫工事を強いられた。トイレに行く時間も惜しく、現場で用を足した。外国人作業員をタンク上部の足場に残したまま、下部で溶接の火花から引火したとみられるボヤ騒ぎも起きたという。

日当は通常の約1・5倍。「一緒に働く外国人から、被ばくしたら補償はあるのかと不安の声も上がった。こちらは『この日当は他では出ない』と報酬の話をするしかなかった」と振り返った。

外国人作業員のうち40代の日系ブラジル人男性が取材に応じた。石川さんから作業を請け負った後も有期で別の会社に雇われ、日本人が次々去る現場で約1年間タンク建設に携わった。「（廃炉作業に）日系人が入ったのは私たちが初めてだと思う。その後は他のグループが溶接以外でも入るようになった」と話す。

事前に放射線防護教育も受けた。内容は核燃料物質の知識や放射線の身体への影響、関係法令など。労働安全衛生法の規則に基づき原子力施設で働く作業員に雇用主が行うが、第1原発では東電が元請け企業などを支援する立場でテキストを作り、実施する。男性は「日本人と同じ講義で通訳もなく、漢字の形を暗記した」と話す。

別の元請けの下で働いた40代日系ブラジル人男性はこう説明した。「作業中の会話はポルトガル語で、構内放送があると日本語ができる作業員が苦手な作業員に意味を教えていた」【関谷俊介】

福島第1原発の汚染水

山側から大量の地下水が原子炉建屋に流れ込み、溶けた核燃料に触れるなどして発生している。流入量は現在1日300〜400㌧。貯蔵タンクはフランジ型から溶接型に順次建て替え、計約1000基（容量約100万㌧）に上る。

写真　事故後の原発構内で働く日系ブラジル人たち（『毎日新聞』，11月7日，社会面〈毎日新聞社提供〉）

ないのだ。

　何はともあれ少なくとも、彼ら日系ブラジル人が、その日本国家の「有事」に命がけで立ち向かうべきだという理由はどこにもない。三・一一以降、ブラジルへと帰国した日系ブラジル人たちを（実際は残った人たちの方が多い）、〝何かあれば直ぐに日本を見捨てて〟などと根拠皆無の批判がネットの掲示板などに現れたが、いつ何時日本社会から排斥されるかわからない――そうした日々を当たり前に生きてきた彼ら彼女らに、イチエフに起因する日本国家の「有事」を、命の危険をも顧みず関わらねばという必要など微塵も無い。

　それでも、である。彼ら自身は、自ら自身が「日本人」ではない「日系ブラジル人」であると名乗り、自らを他者として括りあげ、そして言う――日本人が誰もやらない「ならば我々が」、と。この彼らの自らをして「外国人」たる「日系ブラジル人」と括りあげることそのものが、求人広告炎上の核心であり、釣崎の嘆きが、たんなる〝日本人の敬遠する労働を押し付けられてきた日系ブラジル人〟という単純な犠牲者認識からでは説明のつかなかった、思考の痼りの根幹でもある。

　危険な労働内容とその相殺理由たる福利厚生環境や高い賃金など、すべてを天秤にかけたとき、日本人は引き受けない。日々溢れ出る放射能汚染水すらまともに処理できていない――これがイチエフの現場だというなかで。それを放置することは国家の壊滅に繋がるという日本の現在——このタイトルが「日本人がやらないので、彼ら〈外国人〉にやらせている」となっていないことの意味をよくよく考えるべきである。このタイトルとは、日系ブラジル人たちこそが、間違いなく読み手に対して、彼ら側がイニシアティブを取り「主語」の位置を掴んだ一言である。救いの手を差し伸べるか否かは、読み手たる日本社会ではなく、彼らなのだ。「日本人がやらない」「国難」たるイチエフにて、彼ら自身が「外国人」として「我々がやるしかない」、と。

外国人としての日系ブラジル人からの「差し伸べられた援助の手」

『毎日新聞』が入手したイチエフ構内で働く日系ブラジル人の熟練溶接工七名の写真——彼らはマスクを取り「日本人がやらないのならば我々〈外国人〉がやるしかない」と読み手に迫る。それによってイチエフは、釣崎を嘆かせたように、日本人は最早「嫌だ」と敬遠して忘れ去ろうとしている時空として立ち現れ、だがそこは日本社会を何時崩壊させるかわからない、「誰かがやらなければならない」緊急に対処することが山積みの有事の時空であることを、彼らは日系ブラジル人という外国人として自らを括り、日本社会に教えてくれる。

渡日して以降の日々を有事のそれとして暮らしてきた日系ブラジル人。日々、いつ、日本から排斥されるかわからない毎日のなか、彼ら彼女らは「日本人ではない日系人」として著しく底辺労働に従事してきた。このことを日本社会は知っている。だから、そのような「有事」がイチエフへも連続していることを、そしてそこすらをも日本社会は、日系ブラジル人にお世話になって初めて維持できていることを、彼ら自身が、自ら肩を組み、ピースをして写真に写ることで、彼らの側から、読み手にこの「現在」を確認せよと詰め寄る――これが記事中央の写真の持つ迫力と、受け手のいかなる説明の枠組みからもはみ出してしまう、彼ら自身の姿である。

彼らがそこにいまも暮らし、そして明日もまたそこを生きる――前節の「故郷」に関して述べた通り、ここでも「そこ」（イチエフ）という時空の固有性、そして彼らがそこで生きているというプロセス――安倍首相の言う「アンダー・コントロール」でのイチエフ廃炉作業や福島復興とはまた異なった、「復興に抗する」姿が間違いなくこの写真に在る。

だがさらに、付け加えて述べるべきことがある。明日からまた、彼らはマスクを被って、イチエフでの溶接作業に従事することだろう。他の日本人溶接工に混じって。「顔のない」（隠れた）、だが仰々しい防被曝服（タイベックと呼ばれている）を着て。議論は日系ブラジル人七名の問題として収めてもまだ不十分なのだ。

日本社会そのものが、（とりわけ一九九〇年代以降）こうした「外国人労働者」を抜きにしては、成立してこなかったこともまた、彼らは同時に教えてくれているのだ。イチエフが有事で大変なこと、もっと労働者が必要であるということ、そうした労働者が簡単に目下のところ使い捨てられていること。このことは、とりわけ彼ら「外国人」を排斥しようとする者たちに対して「まずは日本人がやるべきことではないのか」という詰問でもあること。だから一層釣崎は苛立ち、イチエフ構内の依然として想定外の案件が頻発する状況を暴こうとするマスコミが、なぜかこの七名に触れないことが論理的に必然となる理由である。

先に触れた竜田の漫画『いちえふ』で描かれた世界――日本社会に数多溢れる、いわゆる「土方労働」だと、連続的に繋がるものとして描こうとしたイチエフ廃炉労働の世界――この世界とて、いくら竜田本人が誰も悪く言うこともないようフィルターをかけて描かれたものだと断ろうとも、そこには確かに釣崎や関谷が受け止めた「有事」たるイチエフ構内の世界が見て取れる。「好奇心と高給と、そして僅かな義侠心」で参加した竜田にしても、高線量（高給）の労働現場を「早くああいう気合い入った現場に行きたいもんだ」と求め（第八話）、実際にイチエフ第三号機の循環冷却系の配管補修作業に就いたとき、まわりに「コレ」（給料）が良いことが動機だとニンマリと伝えつつ、しかし現場では熟練の「職人さんに任せるしかない」助手の後片付けしかさせて貰えない自分を歯痒く思う（第一五話）。

だがそうした彼を現場の仲間は言う。「特攻隊なんか組織されたら真っ先に志願するクチちゃうか」。それで竜田は答える。「そうかも知れないっスね」。しかし質問をした側も同じく「最前線に出たがるアホなのはお互い様かもな」（第八話）――いくら竜田が、描く世界を、不正や不条理な地獄の世界と読まれる要素を省いたと言おうが、いくら見聞きした現場を竜田がそのように恣意的に描いたと言おうが、彼が自らを描いたそのものに、既に「有事」としての、「戦場たるイチエフ」としての世界は描き込まれている。

〝日系ブラジル人がそこ（イチエフ）にいる。そして明日もそこに（再びマスクを被り）いる〟という事実――日系ブラジル人が生き抜いてきた歴史が有事であったこと、そしてそれがイチエフでも同様であること。この事実をめぐる議論で、この「日系ブラジル人が、明日もそこにいる」という一文は、どの語を抜いても核心を完全に取り零す。

本書の序章で取りあげた、宮城の角田で肥育繁殖農家を続ける堀米――彼のエピソードから引きだした各章での議論と同じく、「明日もまたそこに生きる」――このことそのものが、読者に投げかける問いかけ、これが何を問うているかが、徹底的に考えられるべきだろう。この点を十分に踏まえたうえで、私たちはイチエフが、そして日本の原発が、日本社会に存在して以降、日々「有事」としてあったことを、私たちはよく考えなければならない。釣崎はこのことをまったく的確に捉えている――「そもそも日本の原発を存在論的に顧みれば、存在する限り矛盾は不可避であるどころか、矛盾であることがその存在目的でもある事実に行き着く」。そしてこの言は、次のことを言っているに等しい――私たちの暮らす資本主義社会とは、つねに「有事」の「平時」であったし、いまもあるのだ、と。釣崎がイチエフ労働者を「まるで時代に置き去りにされた棄民とでも言おうか」と喩えたように。[19] そして竜田もまた、「日本最後の開拓地」とイチエフという場を喩えたように。日本近現代史の「開発・復興・成長」は、つねに誰かをどこかで「棄民」と棄てることによって、息苦しく生きながらえてきたのだ。

「多文化主義」などということが言われるようになって久しい。

しかしである。「健常者たちの社会」と「障がい者たちの社会」、あるいは「地域社会」と「その地域に移住してきた外国人移民たちの社会」――「多文化主義」などというときの「多《マルチ》」が、その「共生」する同じ社会空間において、決してフラットで平等な「多《マルチ》」の「一《いち》」として関係を結んでいることは、まずもって前提とはならない。「多文化共生」や「多民族共存」の議論には、優位に立つ「手を差し伸べ、理解する（してあげようとする）側」と、劣位に「手を差し伸べられる弱者たる側」という不均衡な力関係が、ほぼ必ずやある。

それゆえに、「手を差し伸べる側」こそが、「差し伸べるか」「差し伸べないか」の決定権を握り、「差し伸べられる側」はじっとそれを無言で待つ。あるいは「無力で純粋な」犠牲者としてのみ、「手を差し伸べてください」と助けを請うことができる――そうした非対称性の問題が、まずもって議論の初手からあることを、「多文化主義」をめぐる議論は無視してはならない。

この記事に登場した日系ブラジル人溶接工を例解に読み解いたここでの議論は、この「多文化主義」をめぐる議論に潜む問題点を鮮明に浮かびあがらせていると考える。政治経済面での、「偽装請負」で雇用され、理解できない日本語環境でさらに危険に晒される、「デカセギ」にやってきたブラジルからの日系人たち。

だが『毎日新聞』同日の社会面での記事、その中央に据えられた写真に写った彼らは、日本社会が問題視し、手厚く日本社会に受け入れられるよう「手を差し伸べられる」ことを無言で待っている存在ではない。救済の手を差し伸べるか否かの主語たる主体のポジションが、静かに逆転して彼らこそに移行されているからだ。これが関谷記者を圧倒した核心だと筆者には思えてならない。

しつこく繰り返すがこのことは、「彼らが犠牲者ではない」（つまりは高給所得に徹底した「デカセギ」移住民である）と簡単に言って済ますこととは決定的に違う。彼らは「犠牲者」として

「手を差し伸べて」いるのだ。だから彼らが求めているのは、無言の犠牲者としての彼らへの救済ではない。彼らを犠牲者として、日本社会こそが救済されてきたこと——このことを、この記事で彼らこそが現代日本社会に対して詰問しているのであり、このような契機をきっかけとして「多文化主義」をめぐる議論は、いま一度、真っ向から再検証されるべきだと、筆者は思う。

あと二年後の二〇二〇年に開催される世界の祭典オリンピック。そこでの「復興」の世界とは、何を置き去りにし、誰を片隅に棄て去ることによって、「平時」の日本として世界へ開示されるのだろうか。少なくとも私たちは、「偽装された平時」として片付けられている「有事」を検知できるよう、猫に鈴を付けるように、見張っておかなければならないだろう。

注

（1）「平成二四年一月四日知事定例記者会見録」八頁（「美の国あきたネット」「会見録　平成二四年度」http://www.pref.akita.lg.jp/pages/archive/21167　二〇一七年七月六日参照）。

（2）「一枚のハガキ」（「セシウム反対母の会ブログ」二〇一二年三月二九日、http://ameblo.jp/hahadesukara/entry-11206821676.html、二〇一七年七月六日最終確認）。

（3）この発想は、木村敏『偶然性の精神病理』（岩波書店、一九九四年）、一六―一九頁、に依っている。

（4）本章第2節に展開した考察は、トヨタ財団共同研究助成（崔博憲代表、助成番号 D15-R-0369）での作業によるものである。

（5）この求人広告をめぐる本章での記述は、次の諸資料を参照しつつ筆者がまとめたものである。「東日本大震災：福島第一原発事故 事故処理の求人広告、ブラジル政府が自粛要請 日系人向け情報紙 被ばくリスク懸念」（『毎日新聞』二〇一六年一一月一八日、東京朝刊）、三一面／「福島第一原発の事故処理、日系ブラジル人にまで触手」（『alterna』デジタル版、二〇一二年六月一一日、http://www. alterna.co.jp/9205、二〇一七年三月二二日最終アクセス）／「在日ブラジル人の登録撤回　原発周辺作業で大使館照会」（共同通信発（『msn 産経ニュース』二〇一二年六月七日、sankei.jp.msn.com―dst12060719260008-n1.htm、二〇一五年一月二〇日最終確認）。

（6）堀江邦夫『原発ジプシー』（現代書館初版、一九七九年）。

（7）武藤類子『福島からあなたへ』（大月書店、二〇一二年）、一五頁。

（8）冨山一郎『流着の思想』（インパクト出版会、二〇一三年）、一九頁。

（9）竜田一人『いちえふ　福島第一原子力発電所労働記』（講談社、第一巻、二〇一四年、第二巻および第三巻、二〇一五年）。

（10）「東日本大震災：福島第一原発事故 事故処理の求人広告、ブラジル政府が自粛要請 日系人向け情報紙 被ばくリスク懸念」（『毎日新聞』前掲記事）。

（11）正式名称は「出入国管理及び難民認定法」であり、精確には一九八九年改正の九〇年施行である。

（12）日系人の定義や、改正の詳しい内容などについて詳しくは、梶田孝道・丹野清人・樋口直人『顔の見えない定住化―日系ブラジル人と国家・市場・移民ネットワーク』（名古屋大学出版会、二〇〇五年）などを参照されたい。

(13) 同右。
(14) 本章で触れる、小牧での日系ブラジル人殺人事件に関する記述は、すべて、西野瑠美子『エルクラノはなぜ殺されたのか　日系ブラジル人少年・集団リンチ殺人事件』（明石書店、一九九九年）に依った。
(15) 「外国人研修生権利ネットワーク」や「移住者と連帯する全国ネットワーク」での中心的存在である指宿昭一弁護士は、さまざまな場でこのことを指摘している。例えば、「実習生試験、形だけ？　問題使い回し、実技でそうめんゆで　ほぼ合格、労働力確保優先か」（『西日本新聞』、二〇一七年三月三日、朝刊）など。
(16) 釣崎清隆『原子力戦争の犬たち――福島第一原発戦記』（東京キララ社、二〇一七年）。
(17) 同右、一九二頁。
(18) 同右、一三四―一三七頁。
(19) 同右、一八―二五頁。

あとがき

中田を代表とし髙村・友澤・原山が参加した、本書の出発点となる研究計画がトヨタ財団の研究助成に採択されたのは、二〇一二年のことであった（助成番号D-12-R-0796）。そしてこの助成期間中に猪瀬が実質的なメンバーとして加わった。まずはこのような、震災をあつかうには遠回りにもみえる研究を支援してくださったトヨタ財団、なかでも事務を統括されている大庭竜太氏に感謝の意を表したい。

二〇一四年に助成期間が終了した後も共同研究をつづけ、二〇一五年には猪瀬と中田が所属している明治学院大学国際平和研究所の研究助成を受けるとともに、公開シンポジウムを開催できた。高原孝生所長（当時）とシンポジウムに参加してくださったみなさん、とくにコメンテーターとして参加して頂いた齋藤雅哉氏と鄭栄桓氏にも感謝したい。このほか、JSPS科研費（25770307, 21510253, 16H03707）の助成も受けて調査を行った。

また、本書の調査過程でお世話になった方々へも謝意を表しておきたい。各章の中ではすべて敬称略としたが、感謝の念に変わりはない。ありがとうございました。

序章：宮城県角田の肥育繁殖農家の堀米荘一さん、堀米薫さん、堀米萌美さん。

第一章：調査のきっかけを下さった河野正義さん、八木澤商店の皆さん。とりわけ多く助言を頂いた吉田雅英さん、佐々木松男さん。滞在した民宿の福田輝一さん・一子さん、吉田弥津子さん。この時代をいつも一緒に見つめて下さった藤林泰さん、道場親信さん。

第二章：聞き取りに応じて頂いた、島岡幹夫さん、河野守家さん、佐竹貞夫さん、田中哲夫さん、渡辺典勝さん、山本哲資さん、郷土をよくする会関係者の皆さん、甲斐良治さん、明治学院大学国際平和研究所窪川原発反対運動スタディーツアーの参加者の皆さん。

第三章：「土壌スクリーニング・プロジェクト」の現場統括者紺野茂美さん、福島生協での事務総括・広報担当のライター平井有太さん、福島大学「うつくしまふくしま未来支援センター」特任准教授石井秀樹さん、そして誰よりも、本章主人公の現地スタッフさん。

第四章：お話をうかがったり、資料を見せていただいたり、またご意見をいただいたりした方々のお名前などは、諸事情から明示しなかった。みなさまにお礼を申し上げたい。

第五章：お話をうかがった栗山京三さんと佝三さん、小笠原義行さん、中村一夫さん、笹島岩秋さんほか、米代川の清流といのちを守る流域連絡会のみなさん。また小坂町役場と小坂製錬株式会社の担当者各位にも。

第六章：わらじの会関係者の皆さん。

なお本書第一章は、友澤悠季「広田湾埋め立て開発計画をめぐる人びとの記憶」（『社会学・社会情報学』二四号、二〇一四年三月）、同「「美しい郷土」をめぐって」（『地域社会学会年報』二八号、二〇一六年五月）を初出、また第二章は、猪瀬浩平『むらと原発』（農文協、二〇一五年）の一部を初出として、その後の調査と考察結果を加えたものであり、そのほかの章はすべて書き下ろしである。

本書の各章は、危機的な出版事情もあり埋もれかけていた。それを世に放つことができたのは有志舎・永滝稔氏のおかげである。感謝の言葉もない。公刊を引き受けて頂いたことには、各章の中に「挑戦的な歴史書を応援したい」という有志舎の「志」を看て取って頂いたからだろうか。時代が変わっても錆びることのない個別具体的な地域史が、本書に見いだせることを願う。

執筆者一同

二〇一七年九月一一日

編者・執筆者紹介

中田英樹（なかた　ひでき）
1971 年生まれ．京都大学大学院農学研究科博士後期課程修了，博士（農学）．
専門は，農業経済学・農村社会学・ラテンアメリカ地域研究．
現在，社会理論・動態研究所所員
〔主要業績〕
『トウモロコシの先住民とコーヒーの国民』（有志舎，2013 年）
『先住民からみる現代世界』（共著，昭和堂，2017 年）
「移民の開拓する毎日は「進出」か「侵略」か」（『現代思想』45 巻 18 号，2017 年）

髙村竜平（たかむら　りょうへい）
1968 年生まれ．京都大学大学院農学研究科博士後期課程修了，博士（農学）．
専門は，社会人類学・朝鮮近現代史．
現在，秋田大学教育文化学部准教授
〔主要業績〕
『大東亜共栄圏の文化建設』（共著，人文書院，2007 年）
Invisible Population: The Place of the Dead in East-Asian Megacities（共著，Lexington Books, 2012 年）
『在日済州人とマイノリティ』（共著，済州大学校在日済州人センター，2014 年）

友澤悠季（ともざわ　ゆうき）
1980 年生まれ．京都大学大学院農学研究科博士後期課程修了，博士（農学）．
専門は，環境社会学，公害・環境思想史．
現在，長崎大学大学院水産・環境科学総合研究科准教授
〔主要業績〕
『「問い」としての公害』（勁草書房，2014 年）
『宇井純セレクション 全 3 巻』（共編著，新泉社，2014 年）
「「公害反対運動」の再検討」（『同時代史研究』第 8 号，2015 年）

猪瀬浩平（いのせ　こうへい）
1978 年生まれ．東京大学大学院総合文化研究科博士課程単位取得満期退学，博士（社会人類学）．専門は，文化人類学．
現在，明治学院大学教養教育センター准教授
〔主要業績〕
『むらと原発』（農山漁村文化協会，2015 年）
「土地の名前は残ったか？」（『現代思想』44 巻 19 号，2016 年）
「水満ちる人造湖の辺から」（『現代思想』45 巻 18 号，2017 年）

原山浩介（はらやま　こうすけ）
1972 年生まれ．京都大学大学院農学研究科博士後期課程修了，博士（農学）．
専門は，日本現代史．
現在，国立歴史民俗博物館研究部准教授
〔主要業績〕
『食の共同体』（共著，ナカニシヤ出版，2008 年）
『消費者の戦後史』（日本経済評論社，2011 年）
『食と農のいま』（共編著，ナカニシヤ出版，2011 年）

関連年表

西暦	各地域のできごと
1884	小坂鉱山を藤田組が引き受ける〈5〉
1896	6月15日　明治三陸津波〈1〉,「三陸鉄道株式会社創立申請書」〈0〉
1915	藤田組が花岡鉱山を買収〈5〉
1923	小坂鉱山で大争議〈5〉
1927	小坂鉱山の煙害補償体系確立〈5〉
1933	3月3日　昭和三陸津波〈1〉
1935	福島市周辺の養蚕のピーク〈3〉
1945	花岡事件発生，藤田組が「同和鉱業」に社名変更〈5〉
1956	このころ福島市周辺で果樹生産定着〈3〉
1960	5月24日　チリ地震津波〈1〉，陸前高田市で小友浦干拓事業着工〈1〉
1962	小坂鉱山で「上向」鉱床開発，このころ大館・小坂周辺で黒鉱ブーム〈5〉
1965	越谷市・草加市など「埼玉県東部清掃組合」(のち東埼玉資源環境組合)設置〈5, 6〉，このころ越谷市増林で養鶏業がピークをむかえる〈6〉
1967	小坂鉱山で硫酸回収システム開発，煙害補償終了〈5〉
1968	越谷市増林に埼玉県東部清掃組合第一次ごみ処理施設完成〈6〉
1969	陸前高田市長が広田湾埋め立て開発計画を市議会に提案〈1〉

西暦	日本と世界のうごき
1871	廃藩置県
1888	明治の大合併，翌年市町村制施行
1908	笠戸丸移民を皮切りにブラジルへの移民が増大しはじめる〈7〉
1923	9月1日　関東地震，関東大震災
1929	世界恐慌〈3〉
1931	満州事変
1932	満州国成立，満州移民始まる，農山漁村経済更生運動
1933	日本，国際連盟を脱退
1934	ブラジル政府が日本からの移民を制限（二分制限法），翌年移民の受け入れ停止〈7〉
1937	盧溝橋事件，日中戦争開始
1938	国家総動員法，満州分村移民，満蒙開拓青少年義勇軍始まる
1941	真珠湾攻撃，太平洋戦争開始
1942	日本とブラジルの国交断絶〈7〉
1945	敗戦，第一次農地改革
1946	経済安定本部発足，第二次農地改革はじまる
1947	日本国憲法，地方自治法，農業協同組合法施行
1950	朝鮮戦争勃発，国土総合開発法施行
1951	サンフランシスコ講和条約（翌年発効）および日米安全保障条約署名，出入国管理令施行〈7〉，九電力会社発足
1953	町村合併促進法施行（昭和の大合併）
1956	原子力基本法施行，新市町村建設促進法施行（昭和の大合併），経済企画庁「経済白書」「もはや「戦後」ではない」〈1〉
1960	60年安保，池田勇人政権「国民所得倍増計画」閣議決定
1961	低開発地域工業開発促進法施行〈1〉，農業基本法施行〈2，3〉
1962	全国総合開発計画（全総）〈1〉
1965	市町村の合併の特例に関する法律（合併特例法）施行
1967	公害対策基本法施行
1969	新全国総合開発計画（新全総）〈1〉

西暦	各地域のできごと
1970	東京電力福島第一原発１号機営業運転開始〈2,，3〉，「陸前高田市新総合開発基本計画」市議会で可決〈1〉
1971	陸前高田市米崎漁協が広田湾埋め立て開発計画に反対を決議〈1〉
1972	「広田湾埋め立て開発に反対する会」がミニコミ『美しい郷土』創刊〈1〉
1973	増林に第二次ごみ処理施設完成〈6〉，岩手県新県勢発展計画から広田湾開発が削除される〈1〉
1975	田老町摂待地区に原発立地調査が申し入れられる〈0〉
1979	モモ「あかつき」ブランド登録〈3〉，高知県旧窪川町で東部地区県営ほ場整備事業開始〈2〉
1980	窪川町長，原子力発電所の立地可能性調査を四国電力に要請〈2〉
1981	第三セクター「三陸鉄道株式会社」設立〈0〉，町長解職投票成立により窪川町長が失職し出直し選挙で返り咲く〈2〉
1982	東京電力福島第二原発１号機営業運転開始〈2，3〉，三陸沿岸の数カ所が原発立地候補地となる〈0〉，「窪川町原子力発電所についての町民投票に関する条例」可決・制定〈2〉
1985	草加市に埼玉県東部清掃組合ごみ処理施設完成〈6〉
1987	大館市花岡に廃棄物処理会社「同和クリーンテックス」創立〈5〉
1988	窪川町議会が原発論議終結宣言〈2〉，越谷市大相模に「レイクタウン」計画〈6〉
1989	岩手県による陸前高田市を含む「さんりく・リアス・リゾート構想」〈1〉
1990	小坂鉱山採掘終了〈5〉
1991	陸前高田市市勢発展計画から広田湾開発が削除され，高田松原近くに道の駅「タピック 45」建設〈1〉
1992	窪川町の東部地区県営ほ場整備事業完了〈2〉
1994	花岡鉱山採掘終了〈5〉
1997	ナホトカ号重油流出事故〈4〉 愛知県小牧市で日系ブラジル人少年が地元暴走族によりリンチされ死亡する〈7〉
1999	東海村 JCO 臨界事故で３名死傷〈4〉，所沢市の農産物からダイオキシン検出による風評被害〈4〉
2001	国内初の BSE 発生，牛肉売り上げ減少〈0，4〉

西暦	日本と世界のうごき
1970	総合農政開始，コメの需給調整本格化〈2, 3〉
1972	田中角栄『日本列島改造論』出版，首相就任
1973	産油国による石油価格の引き上げ，第一次石油ショック
1974	電源三法（電源開発促進税法，電源開発促進対策特別会計法，発電用施設周辺地域整備法）施行〈3〉
1977	第三次全国総合開発計画（三全総）〈1, 2〉
1980	日本国有鉄道経営再建促進特別措置法（国鉄再建法）施行〈0〉
1982	出入国管理令を出入国管理および難民認定法（入管法）に改名〈7〉
1985	プラザ合意〈0, 2〉
1986	ガット・ウルグアイラウンド開始〈0, 2〉，チェルノブイリ原発事故〈2, 3, 4, 7〉
1987	第四次全国総合開発計画（四全総）〈1〉，総合保養地域整備法（リゾート法）施行〈1〉，国鉄分割民営化
1990	改正入管法施行，日系人の移住増加〈7〉
1995	1月17日　兵庫県南部地震，阪神淡路大震災
1998	二十一世紀の国土のグランドデザイン〈0〉
1999	食料・農業・農村基本法（新農業法）施行，合併特例法改正（平成の大合併）

西暦	各地域のできごと
2005	廃棄物最終処分場「グリーンフィル小坂」開業〈5〉
2008	「越谷レイクタウン」街びらき〈6〉，小坂にリサイクル対応のTSL炉導入〈5〉
2010	宮崎県を中心に牛口蹄疫の大流行〈0〉
2011	4月15日　日本生活協同組合連合会による「風評被害を受けている地域の農水畜産物を利用することで，生産者・産業を応援しましょう」とのお知らせ〈4〉 7月11日　秋田県大館市・小坂町への搬入廃棄物から基準値を超える放射性セシウム検出〈5，6〉 7月28日　宮城県全域で牛肉の出荷停止（8月19日に一部解除。「全戸検査対象農家」（汚染稲藁未利用農家）及び「全頭検査対象農家」（汚染稲藁利用農家）に区分。区分に応じた時期に，全頭検査を実施した上で出荷）〈0〉
2012	宮城県の「全頭検査対象農家」の食肉市場への出荷再開〈0〉，JA新ふくしま管内で「土壌スクリーニング・プロジェクト」はじまる〈3〉，小坂町が首都圏からの廃棄物搬入を再開〈5，6〉
2014	三陸鉄道全線復旧〈0〉，マンガ『美味しんぼ』の鼻血描写が問題にされる〈4〉，東日本大震災の国営追悼・祈念施設を陸前高田市と石巻市に設置することが閣議決定される〈1〉
2016	JA新ふくしまなど四農協合併で「ふくしま未来農業協同組合」発足〈3〉

〈　〉内の数字は関連する章番号．序章は〈0〉，終章は〈7〉とした．ただし間接的に関連するもの，本書全体に関連するものにはつけなかった．

西暦	日本と世界のうごき
2005	新合併特例法施行（平成の大合併）
2008	リーマンショック〈7〉
2011	3月11日　東北地方太平洋沖地震，東日本大震災 3月12日　福島第一原発1号機が爆発，つづいて2，3，4号機でも爆発や火災など 3月22日　菅直人政権，「復興庁」（仮称）創設の検討を発表 4月17日　「東北に食料基地構想　農地・漁港集約　法案提出へ」（朝日新聞東京本社版）との報道 6月21日　復興基本法成立 7月29日　東日本大震災復興対策本部，「東日本大震災からの復興の基本方針」決定
2012	復興庁が2020年度末までの期限付きで発足，自公連立・第二次安倍政権成立 大飯原発三号機で福島原発事故以来初めての原発再稼働
2013	2020年の東京オリンピック開催決定と安倍首相による「アンダー・コントロール」発言〈1，7〉，NHK連続テレビ小説『あまちゃん』放送〈0〉
2014	国立歴史民俗博物館企画展示「歴史にみる震災」開催〈3〉
2015	川内原子力発電所1号機，再稼働
2016	4月14日～　熊本地震

復興に抗する
——地域開発の経験と東日本大震災後の日本——
2018年2月10日　第1刷発行
編　者　中田英樹
　　　　髙村竜平
発行者　永滝　稔
発行所　有限会社　有　志　舎
　　　　〒166-0003　東京都杉並区高円寺南4-19-2
　　　　　　　　　　クラブハウスビル1階
　　　　電話　03(5929)7350　FAX　03(5929)7352
　　　　http://yushisha.sakura.ne.jp
DTP　言海書房
装　幀　奥定泰之
印　刷　中央精版印刷株式会社
製　本　中央精版印刷株式会社

ISBN978-4-908672-18-7